U0874449

# 创新探索

## The Path of Innovation

### ——中国石油和化工企业调结构、转方式典型经验

中国石油和化学工业联合会　编写

化学工业出版社

·北京·

本书由中国石油和化学工业联合会编写，全书对“十一五”时期33家典型企业在“调结构、转方式”方面所做出的突出贡献进行了介绍，并对其发展实践进行了全面深入的总结，展现了这些企业在技术创新、管理创新、经营模式创新和发展循环经济、资源综合利用等方面一个个独特的发展之路。

本书可供国家有关部委、专业协会、地方行业领导及专家，石化企业管理者，石化行业研究单位负责人阅读参考。

**图书在版编目（CIP）数据**

创新探索——中国石油和化工企业调结构、转方式典型经验/中国石油和化学工业联合会编写. —北京：化学工业出版社，2013.2

ISBN 978-7-122-16202-1

Ⅰ.①创… Ⅱ.①中… Ⅲ.①石油化工企业-工业企业管理-经验-中国 Ⅳ.①F426.22

中国版本图书馆CIP数据核字（2012）第315930号

责任编辑：陈　茁　陈小滔　　装帧设计：张　辉
责任校对：宋　玮

出版发行：化学工业出版社（北京市东城区青年湖南街13号　邮政编码100011）
印　　刷：北京永鑫印刷有限责任公司
装　　订：三河市万龙印装有限公司
710mm×1000mm　1/16　印张20　字数323千字　2013年1月北京第1版第1次印刷

购书咨询：010-64518888（传真：010-64519686）　售后服务：010-64518899
网　　址：http://www.cip.com.cn
凡购买本书，如有缺损质量问题，本社销售中心负责调换。

定　　价：78.00元

# 《创新探索》编委会

# 创新探索

The Path of Innovation

## 序

新世纪以来，在世界经济全球化发展的浪潮中，我国改革开放和现代化建设事业取得了辉煌成就，石油和化学工业实现了超常规、跨越式发展。经过“十一五”的艰苦努力和“十二五”的良好开局，行业经济总量快速攀升，经济规模迅速扩大，2011年，行业总产值突破11万亿元，利润总额达8000亿元，固定资产投资达1.4万亿元，进出口总额达5900亿美元；重点产品增势强劲，已有40多种大宗产品的产量位居世界前列，主要石油和化工产品的增量和消费量保持世界领先地位，目前已经形成拥有50多个子行业、生产6万多种产品、门类较为配套、品种比较齐全、基本可以满足国民经济和人民生活需要的、较为完整的工业体系，成为世界石油和化工生产、消费第二大国，其中化学工业的经济总量已经超越美国，位居世界第一。

从石油和化学工业的历史性跨越中使我们深刻体会到，坚持科学发展观，认真贯彻党中央、国务院的宏观经济战略决策，大力调整产业结构，努力转变发展方式，是石油和化学工业破解发展难题、实现可持续发展的根本之策、关键之举。“十一五”期间，石油和化工行业680万产业大军高举中国特色社会主义的伟大旗帜，解放思想、艰辛探索，以一往无前的进取精神和波澜壮阔的创新实践，积极调整产业结构，努力转变发展方式，大力推动技术创新，认真落实节能减排，谱写了顽强奋进的壮丽史诗，积累了丰富的实践经验，涌现出一大批调结构、转方式的先进典型。他们中有的打破国外技术封锁与垄断，自主开发出具有世界领先水平的技术装备；有的大力调整结构，淘汰落后产能，研发生产高端专用化学品，转型升级迈出了重要步伐；有的大力发展循环经济，积极推进资源综合利用，可持续发展能力大幅提高；有的抓住经济全球化的历史机遇，积极“走出去”，在激烈的国际竞争中大显身手。同时产业集聚进入快速发展时期，涌现出一批理念先进、特色突出、安全环保的化工园区。这些先进典型为全行业“调结构、转方式”做出了榜样。

为全面落实石油和化学工业“十二五”发展规划，充分发挥典型经验的示范引领作用，从理论和实践的结合上破解调结构从何处入手、转方式从哪里破题，中国石油和化学工业联合会在制定《“十二五”发展指南》的基础上，不失时机地着手“调结构、转方式”典型经验的调研、总结和筛选。这是一个深入企业调查研究、实现思想大解放的难忘经历，我们为典型企业自强不息、顽强奋进的精神所感动，也为企业家们的魄力和智慧而赞叹，更为石油和化工企业艰辛探索取得的发展成就和宝贵经验而自豪。归结起来，有以下五个方面的共同点：

第一，把技术创新作为强企之本，抢占发展与竞争的制高点。石油和化学工业是技术密集型产业，技术创新是石油和化工企业持续追求的核心竞争力。中石油长庆油田持续推进关键技术创新，突破了“低渗透”油田开发的世界性难题，为建设“西部大庆”、保障国家能源供应奠定了坚实的基础。烟台万华集团在历时五年引进技术无望的情况下被迫走上了自主创新的道路，最终开发出具有世界先进水平的MDI制造技术，振兴了民族聚氨酯工业，获得了国家科技进步一等奖。神华集团坚持自主开发与对外合作相结合，开发出百万吨级煤直接液化制油关键技术，并在国家示范项目上成功应用，使我国成为世界上唯一实现百万吨级煤直接液化制油关键技术工业化的国家，抢占了现代煤化工产业的制高点。中国化学工程集团坚持科技兴企，在技术开发、知识产权保护、创新平台建设等方面取得了优异成绩。多氟多公司围绕氟、锂、硅三个元素做文章，在小行业里打造成世界冠军。四川得阳公司以强烈的民族自尊心和企业责任感，谱写了我国特种工程塑料发展的新篇章。这次总结推广的典型企业基本上都把技术创新放在突出的位置，在“调结构、转方式”中发挥了巨大的支撑作用。事实证明，技术创新是企业的强企之本，关键核心技术是引进不来的，转变发展方式只有依靠自主创新才能实现。

第二，把改革调整作为发展之基，努力构建现代产业体系。改革调整是石化企业转换机制、激发活力的主要手段。上海华谊、天津渤海是由原地方化工局改制而成的大型企业集团，他们面对大城市功能定位变化、资源环境约束限制等严峻挑战，果断采取“关、停、并、转、破”等改革措施，大刀阔斧地淘汰落后产能，积极向产业链高端延伸，实现了集约发展和跨越式发展，成为化工新材料、精细化工、现代煤化工、绿色轮胎、生产性服务业等一体化的综合性大型现代企业集团。中石化镇海炼化通过建设百万吨乙烯项目实现炼化一体化，促进了炼油与化工的深度联合，实现了整体效益的最大化，使公司竞争能力位居炼化企业国内之首、亚太前列。陕西延长集团努力建设资源综合利用园区和示范项目，实现了由单一炼油加工向油化并举和油气煤盐综合化工发展的转变。中国中化集团努力打造国际贸易商形象，做全球市场的运作者；掌控产业链关键环节，做全球资源的组织者；经受了生死攸关的考验，实现了发展方式的华丽转身。中海油把落实科学发展观与企业内部改革紧密结合，大胆探索、独辟蹊径，闯出一条具有自身特色的存续企业改革发展之路。华峰集团通过创新发展模式，成功实现了产业结构由传统产业向高新技术产业转型，股权结构由封闭向开放转型，治理结构由家族式管理向现代法人治理结构转型。云天化集团、浙江新安化工集团通过体制改革、结构调整、技术与管理创新，盘活了资产，增强了活力，初步构建起结构优化、技术先进、清洁安全、附加值高的现代产业体系，提高了企业的竞争力和永续发展能力。

第三，把人才作为财富之源，形成了灵活高效的人才机制。人才是企业发展的第一资源，特别是创新型高端人才是推进“调结构、转方式”的主力军。青岛软控是由专家、学者创办的民营企业，起点高、眼界宽、创新能力强，他们从开发控制软件入手快速进入轮胎装备行业，开发出国际先进水平的数字化装备和信息化控制系统，成功开发并应用了反式异戊橡胶等一批世界先进技术成果，打造了一条涵盖原材料、装备制造、产品生产、物流仓储、废旧轮胎回收利用等橡胶轮胎全产业链，为振兴我国轮胎装备制造业做出了贡献。东岳集团坚持“以效益体现价值，用财富回报才智”的人才理念，实施“不求所有，但求所用”的人才整合机制，“特殊人才特殊政策”的人才引进机制，“赛马而不相马”的人才选用机制，“以贡献论英雄”的人才激励机制，开发出氯碱用离子膜技术并成功产业化，摘下了含氟高分子材料“皇冠上的明珠”。江苏三木、浙江龙盛等企业注重用待遇留人、用事业留人、用感情留人，建立了具有自身特色的人才激励机制，培育了一支包括战略管理、技术研发、生产操作、市场营销等在内的多层次多类型人才队伍，为“调结构、转方式”注入了强大的活力和动力。

第四，把绿色发展作为必由之路，走循环经济的康庄大道。建设资源节约型、环境友好型企业是行业加快转变发展方式的重要着力点。新疆天业集团围绕传统煤化工企业如何保持和扩大竞争优势这一课题，以敢为天下先的创新精神，积极开发、大胆应用最新科技成果和关键技术，成功构建了涵盖资源—热电—化工—高效农业—废弃物综合利用产业链，开辟了西部地区企业把资源优势转化为生态优势、经济优势和竞争优势的新路子。贵州瓮福集团、开磷集团以循环经济理念致力于磷矿、伴生资源和废弃物的开发利用，通过整合自然资源和科技资源，实现了产业结构和产品结构的优化升级，形成了具有自身特色的包括磷化工、煤化工、氟化工、氯碱化工、建筑材料、商贸物流、物业服务等多元化发展的产业格局。青海盐湖公司按照“立百年盐湖，创永续事业”的理念，走质量型、节约型、技术型、集约化发展道路，在做大做强盐湖产业上取得了显著成绩。山东鲁西化工集团继承小化肥行业自力更生、艰苦创业的优良传统，面对剧烈的市场竞争，努力转变企业发展方式，走上循环经济的康庄大道。福建双赢集团把握市场脉搏，经过十年打拼，从立足西部到走向全国，从一元发展到多业并举，从传统化肥到生态肥料，为促进生态农业、共享生态食品做了有益的探索。

第五，把文化创新作为聚力之魂，为企业提供强大精神动力。企业文化是企业软实力的综合体现，反映着企业的发展理念和员工的精神风貌。这些典型企业都十分重视企业文化的创新，并通过不同的文化内涵表现出来，成为团结和凝聚广大干部职工的精神动力。如中石油长庆油田、四川得阳、多氟多"为国分忧、为民族争光"的爱国精神；青岛软控、中海油、浙江华峰"爱惜人才、关爱员工、共享改革发展成果"的人本文化；双赢集团和青海盐湖"中国第一、世界领先"的品牌文化；烟台万华、浙江龙盛"敢于创新、宽容失败"的创新文化；中国化工和中石化镇海炼化"全员参与、科学精细、追求卓越"的管理文化；山东鲁西"安全环保、与社区共建和谐"以及神华集团、陕西延长"高碳能源低碳化发展"的社会责任文化，等等。这些典型企业的文化是在继承石油和化工企业传统文化的基础上，以科学发展观为指导，在创新发展中形成的，充分展示了新时期石油和化工行业的文化自觉和文化自信，为企业加快转变发展方式提供了强大的精神动力。

此外，中国化工集团在"用WCM/CI优化存量结构，实现国有企业内涵式发展"方面进行了有益的探索，为我们提供了管理创新方面的经验。上海化学工业区、江苏氟化工园区坚持科学规划，努力为园区内企业搭建技术创新、资源综合利用、安全环保等公共服务平台，打造特色鲜明的循环经济产业链，努力把园区建设成为"调结构、转方式"的助推器，为化工园区建设积累了宝贵的经验。

这里需要提到的是，外资企业在世界经济格局的大变革中，与我国石油和化工企业一道，在"调结构、转方式"中积累了丰富的经验，本书特别开辟了"它山之石"专栏，对外资企业的经验做了专门介绍。通用电气公司以绿色经济发展为己任，通过科技创新为节能减排、可持续发展提供强大技术支撑。他们树立全新的开放创新理念，以海纳百川的气度实施技术创新战略合作；通过整合内部高科技资源，推动节能减排和产品创新；弘扬诚信合规文化，积极承担企业的社会责任，为助推中国石化行业的“调结构、转方式”做出了积极的贡献。陶氏化学适应新形势果断进行战略转型：一是实施宏观战略转变，从追求规模最大转到追求盈利最佳；二是实施增值的业务组合，从基础化学品公司转到收益增长型公司；三是调整公司的业务布局，从欧美市场转到新兴市场；四是优化经营管理模式，从“卓越运营”转到“以市场和客户为导向”；五是坚持不变的企业承诺，从严谨自律转到共同进步；成为全球盈利最佳的科技型化学公司。帝斯曼集团通过总结一个多世纪以来成功转型发展的历史经验，以超前的思维和宽阔的视野，制定和审视公司的发展战略，坚持以科技创新为本，以占领产业发展制高点为目标，发展成为一个多元化、具有高附加值产品、强劲经济增长力和稳定企业利润的著名特种化学品制造商。塞拉尼斯公司把中国作为企业全球发展战略的关键一环和未来发展的重要动力，凭借一流的生产技术、强势的市场地位和优秀的专业人才，顶住了金融危机、后金融危机的冲击，在中国这块土地上因地制宜，坚持科学发展，通过调结构、转方式，从一个没有差异化的化学品制造商，成功转型为多元复合型的、全球领先的化工技术和特种材料公司。朗盛集团是全球领先的特殊化学品供应商，他们坚持剥离与收购并举的重组策略，在业务领域展开了深层次的变革；他们实施价格优于销量的经营策略，让客户得到行业内物美价廉的顶级产品；他们以领先的专业技术和源自德国的独创精神推出绿色解决方案，为企业发展提供不竭的动力；他们视中国为坚实朋友和战略伙伴，树立全新的朗盛品牌和企业形象，取得了丰厚的回报和良好的经济效益。朗盛集团的重组与发展之道，值得我们学习借鉴。

“榜样的力量是无穷的”。这些典型企业识时务、领潮流，是行业“调结构、转方式”的佼佼者，我们要大力宣传推广。

一是要以高度的使命感和责任感宣传典型，在全行业形成“比先进、学典型、创佳绩”的强烈氛围。“十二五”已经过去一年多时间，行业经济运行面临严峻的下行压力，我们既要保持经济的平稳运行，又要在“调结构、转方式”上取得积极进展，时间紧、任务重，形势逼人。石油和化工企业要把学习典型经验作为一项重要任务，对照典型查找自身不足，学习典型企业在困境中不畏艰难、加快转型升级的经验与做法，不断在“调结构、转方式”上取得实效。

二是要以科学求实的精神和理念学习典型，把握好典型经验的精神实质。企业所在的行业、所处的环境以及发展阶段等等都不一样，学习典型就是要把别人的经验与本企业的实际相结合，吃透精神实质，把握内在规律，创造性地开展工作。新闻媒体在宣传典型经验中要做到不刻意拔高、不主观粉饰、不夸大成效。使典型经验在推进“调结构、转方式”中取得实实在在的成效。

三是要以认真细致的工作作风与工作态度，深入挖掘和用好典型经验。随着“调结构、转方式”深入推进，行业中还会涌现出新的典型，产生新的经验与做法，要注意发现和挖掘新鲜经验。这次宣传推广的典型企业要再接再厉、开拓进取，争取为行业加快转变发展方式提供更多有益和有价值的指导。

绚丽的典型经验之花，必将结出丰硕的改革发展之果。调整产业结构、转变发展方式，是我国工业领域的一场深刻变革，是深入贯彻落实科学发展观的重要目标和战略举措。建设石油和化学工业强国，是我们这代人的历史使命，也是展示智慧和才华的广阔舞台。让我们以“咬定青山不放松”的毅力和“千磨万击还坚劲”的精神，认真学习借鉴先进典型经验，努力把握科学发展的客观规律，在“稳中求进”中不断开创石油和化学工业发展的新局面，以优异的成绩向中国共产党第十八次全国代表大会献上一份厚礼。

**中国石油和化学工业联合会会长　李勇武**

**2012年9月于北京**

# 创新探索

The Path of Innovation

## 目录

# 创新探索

The Path of Innovation

## 解放思想　持续创新<br>在“磨刀石”上建设西部大庆

中国石油天然气股份有限公司长庆油田分公司

中国石油天然气股份有限公司长庆油田分公司（以下简称“长庆油田”）是中国石油地区分公司，主营鄂尔多斯盆地油气勘探、开发、生产、储运和销售业务，勘探面积37万平方千米，生产区域横跨陕甘宁蒙4省（区）61个市（县），现有员工7万余人，资产总额2300多亿元，年产油气当量4000万吨。

长庆油田开发的油气资源，属于世界上典型的“低渗透”油气藏。40多年来，几代石油人牢记“我为祖国献石油”的光荣使命，面对复杂的地质条件和艰苦的自然环境，攻坚克难，在“低渗透”上建成了我国特大型油气田。尤其是近年来，面对国际油价居高不下、国内石油需求对外依存度跨越50%之后直线上升的现实，长庆油田按照中国石油“把鄂尔多斯盆地建成我国重要油气生产基地”的要求，紧紧围绕科学发展主题和转变发展方式主线，不断解放思想，依靠技术创新、管理创新，探索高效开发“三低”油气田新思路、新途径、新方法。年产油气从2007年的2000万吨，攀升到4000万吨，相当于4年给国家新增了一个2000万吨级大油田。2013年，长庆年产油气当量将达到5000万吨，建成我国又一个“大庆”。

下面，从四个方面汇报长庆油田转变发展方式的主要做法。

## 一、解放思想，探索建设大油气田的思路和方法

建设西部大庆，是中央对长庆油田的期望，也是国家经济发展的迫切需要，更是考验长庆石油人智慧和毅力的挑战。长庆油田转变发展方式，就是依靠解放思想带动实践创新，在“低渗透”油气藏上建设发展大油气田。

找到了发展大油气田的“路线图”。长庆油田围绕思维方式、管理方式和生产方式的转变，解放思想、持续创新，着力于解决石油、天然气上产的资源问题、大规模建设的管理问题和效益开发问题，把在“低渗透”上发展大油田、建设大气田的战略，转化为破解发展难题的“1234”综合解决方案。

“1”就是运用“勘探开发一体化”模式，满足“三低”油气藏条件下大规模增储上产的需要；“2”就是锁定苏里格气田和超低渗油藏两个发展战略区域，拉动油气快速上产；“3”就是做好技术创新、管理创新和深化改革“三篇文章”，走低成本、内涵式、集约化发展之路；“4”就是实施“标准化设计、模块化建设、市场化运作、数字化管理”的“四化”模式，适应大规模建设、大油田管理需要。

“1234”综合解决方案，是长庆不断解放思想、创新实践过程中逐步形成完善的发展“路线图”。它产生于思想的解放，形成于油气田大规模建设、开发、管理的具体实践。既是拉动油气储量高速增长的引擎，又是加快“三低”油气藏高效开发的利器，也是低成本建设现代化大油气田的思路和方法。

落实了加快发展的油气资源。鄂尔多斯盆地巨大的油气资源总量和相对较低的资源探明率，使长庆有了建设大油气田的资源基础。据最新油气资源评价结果，这里拥有石油资源量129亿吨、天然气资源量15万亿立方米。对经济快速发展的中国而言，无疑是建设大油田的现实接替区。但是，在投资、时间、技术、环境等因素制约下，为了尽快把资源转化为经济可采储量，长庆打破“先探明、后评价、再开发”的传统方式，着眼于落实探明储量、寻找富集区、控制储量规模，全面推行勘探开发一体化模式：勘探在点上突破，评价全方位跟进，开发整体部署，使新发现的油气储量能够迅速变成现实的生产能力。

2008年至今，长庆油田新增油气三级储量连续四年突破15亿吨，其中探明油、气储量每年保持在2亿吨、2000亿立方米以上。目前已落实了四个

10亿吨级规模储量区；苏里格气田连续四年新增天然气基本探明储量5000亿立方米，成为我国首个探明储量超万亿立方米大气田。实施“勘探开发一体化”，加快了资源向产能转化，实现了当年勘探、当年开发、当年建产。过去开发一个储量亿吨级油田需要5～8年，现在只用2～3年就可以实现从勘探到规模开发。

锁定了油气快速上产的主战场。经历几十年“先肥后瘦、先易后难”的勘探开发之后，从哪里寻找油气大规模上产的突破口？长庆人转变思想观念，在重新认识盆地油气资源潜力，重新认识“低渗透”诸多优势，重新认识自己的基础上，依靠科技攻关和技术集成创新，成功地开发了苏里格气田和超低渗透油藏，掌握了油气加速上产的主动权，打开了油气储量产量增长新局面。

思想的解放，让长庆油田找到了“低渗透”上建设大油气田的思路、对策和方法。“重新认识”的找油思路，是长庆人油气勘探经历多年困惑，深化地质认识，转变思想观念，创新思维方式的结果。从20世纪末到21世纪初这十几年来，长庆人靠不断解放思想，才能够坚持不懈地在“磨刀石上闹革命”，才能通过不断的技术创新，最终攻破“低渗透”这道世界性难题。

正是思想的不断解放，使我们过去认为的“小土豆”油气藏，如今变成连片的大油气田；以前认为不能有效开发的“特低渗、超低渗”油气资源，不但实现规模有效开发，还成为长庆建设西部大庆的主力油气田。

## 二、坚持技术创新，破解“低渗透”效益开发难题

能源决定一个国家的命运。当我国原油对外依存度超过50%警戒线之后，石油对国家安全战略的重要性不言而喻。如何在我们国家土地上建设几个大油气田，把能源的主动权掌握在自己手中，是亿万中国人共同的梦想。

国家经济发展需要更多的油气，在低渗透上发展起来的长庆油田，深知在鄂尔多斯盆地寻找和开发油气的艰难。

经过数十年的开发，在鄂尔多斯盆地找到的油气储量，易开发的都动用了，未动用的基本上都是难以有效开发的“超低渗”。长庆人面对的是世界少见的“三低”（低渗、低压、低丰度）油气藏，被称为“磨刀石”。国际上把渗透率小于50毫达西的油田划为低渗透油田，长庆70%的油气田渗透率都小于1毫达西，属于特低渗、超低渗范畴，是国际公认没有开发价值的“边际油田”。

长庆油田发展，就是依靠技术进步，在不断挑战低渗透极限过程中实现

的。曾因为受“低渗透”之困，20世纪80、90年代，长庆原油产量在140万吨左右徘徊近20年。新世纪以来，由于油气勘探开发的关键技术攻关不断获得重大突破，长庆油田步入发展快车道。攻克3～1毫达西之间油气藏，油气产量攀上1000万吨；突破1毫达西界限，油气产量达到了2000万吨；解放1～0.5毫达西之间的油气藏，油气产量达到了3000万吨。上产4000万吨、实现5000万吨，必须突破0.5毫达西以下致密性油气藏开发难题。

以前，长庆的油井平均日产量只有2吨，苏里格气田单井日产量仅1万立方米，“低产多井”是长庆的最大现实。当把目标定位在建设“西部大庆”时，长庆人将目光锁定渗透率小于0.5毫达西的“超低渗”油气资源。“超低渗”是比“特低渗”更难对付的“低品位”油气藏，其分布面积巨大，开发意义非凡，在于它不仅对长庆来说是第一次，在国际上也具有较大的挑战。

长庆专门组建了苏里格气田、超低渗油藏研究中心两个科研单位，集中精力推进科技攻关、自主创新、集成创新，与中科院、清华大学、石油大学等国内知名科研院校和斯伦贝谢、哈里伯顿、壳牌等跨国公司展开合作。实施以12项关键技术、7项配套技术和7项开发试验为主的“1277科技创新工程”，每年投入10亿元，持续深化关键技术创新，加大水平井、压裂等核心技术攻关，形成一批具有自主知识产权的关键技术和核心技术。以苏里格气田为代表的致密气藏高效开发的12项主体技术、以华庆油田为代表的致密油藏规模有效开发5大技术系列的形成和完善，使超低渗油藏和苏里格气田实现规模有效开发。目前，苏里格气田日产天然气突破4600万立方米，年产天然气135亿立方米；超低渗区域日产原油水平达到1.8万吨，年产原油550万吨。

技术创新带动长庆油田从“多井低产”向“少井高产”时代迈进。水平井钻探和压裂技术获得的一系列重大突破，让地下油、气渗流通道由原来的“羊肠小道”变成了“高速公路”，目前投产的近300口水平井，单井油、气产量较直井提高了3～5倍。自主研发的裸眼封隔器、新型套管分压配套工具，打破了国外公司技术垄断。水力喷砂压裂技术，在气井先后实现一次压裂改造5段、10段甚至到15段的跨越。近3年先后获得38口日产超100万立方米的高产气井，最高试气无阻流量达到219万立方米。

由于在“低渗透”油气藏领域科技攻关能力的迅速提升，长庆油气开发被列入国家重大专项示范工程、提高采收率示范区、重大科技示范项目，国家低渗透油田开发实验室、国家“863”项目课题也落户长庆油田。“十一五”期间，长庆获得国家级科技进步奖3项，省部级科技奖97项；授权专利253

件，其中发明专利17件。2011年，长庆获得国家科技进步奖1项、省部级科技进步奖29项，获得授权专利165件。

技术的进步也为简化油气田地面工艺流程、节约土地资源提供了广阔空间。在苏里格气田创新应用的井下节流技术，实现了中、低压集气和井间串接，单井采气管线长度减少了36%，地面建设投资下降了50%。在超低渗透油藏，用自主研发的智能增压装置，代替过去的转油站或增压点，油田工艺流程从三级布站简化为一级半布站，减少占地60%，降低投资20%。丛式井开发技术在油、气田广泛应用，节约土地50%以上。新世纪以来，长庆油田依靠技术创新累计节约用地25.4万亩，节约资金65.2亿元。2012年，长庆作为石油石化系列唯一一家企业在全国开发区土地节约集约利用会议上介绍了经验。

技术攻关、集成创新，让长庆油田掌握了高效开发“特低渗、超低渗”油气田的一系列关键技术、核心技术和配套技术。“十一五”以来，长庆油田全面整合油田承担的国家专项、国家“863”支撑计划以及中国石油重大现场攻关试验等各类项目，累计投入科技项目研究经费40亿元，推广应用了500多项适用技术，形成了保障5000万吨油气上产和持续稳产的科技储备，建成了中国石油特低渗透油气田勘探开发先导试验基地、低渗透勘探开发国家工程实验室，为年产油气当量5000万吨稳产奠定了基础。

## 三、依靠管理创新，建设现代化大油气田

早在2008年，长庆人担负起建设5000万吨大油田的重任之时，面临的困难是前所未有的。大规模的油气田建设工作量，每年仅需要钻机就达800部以上。按配套每部钻机2000万元、最少50人算，组建600支钻井队就需要100多亿元、3万余人，这还不包括压裂、试油（气）、固井、修井设备及后勤服务保障的配套。按传统的油气开发方式，长庆油气年产量上到5000万吨，员工总量至少需要10万人来保障生产运行，每年需要增加50亿元的人力成本，这必然给油田稳产背上沉重包袱。

为适应“大油田管理、大规模建设”的新形势，长庆人在油、气田地面工程建设中，创造性地实施“标准化建设、数字化管理和市场化运作”，推动油田向现代化管理转型，迈上了低成本、集约化、内涵式发展之路。

实施标准化建设，提升油气田发展质量。标准化就是以标准化设计与模

块化建设为核心，用一套符合长庆地下油、气开发和地面工程建设需求的标准设计文件，统一油气田开发工艺流程，统一井站建设。标准化设计通过设计图纸的复用率，使设计速度提高近两倍；模块化建设通过建构部件的“工厂化预制”和“积木式拼装”，使油气田建设按照“组装”、“复制”的方式，降低投资成本，提高建设质量和效率。由此延伸到物资、设备规模化采购，每年节省成本超过10亿元。目前，气田中小型站场标准化建设覆盖率达到100%，油田也达到95%。标准化的思路还被延伸到管理、操作层面，推行标准化流程管理，建立了目标、业务和资源要素三大类、22册管理标准，基本建成涵盖公司和基层单位两级管理的标准化体系。推行标准作业程序，开发了覆盖油气生产的13个专业9126项标准作业程序，实现了公司所有业务的流程化、规范化运行。

推行数字化管理，走低成本发展之路。长庆油田以数字化油气田建设推动传统石油工业管理向现代化转型，由于数字化技术催生油气生产前端、中间管理及后方指挥方式的革命性变化，产生了无人值守集气站、百万吨数字化作业区，百亿立方米数字化大气田。

针对油田生产区域高度分散和大规模建设、快速上产的现状，长庆运用现代信息技术改造传统石油工业的指挥、生产和管理方式。按照生产前端、中端和后端三个层次进行数字化建设，“让数字说话，听数字指挥”，提升油田自动化和信息化管理水平。目前，长庆气田全部实现数字化管理，油田新建区域一次配套到位，老区逐步调整改造到位。

数字化管理让原有油气生产方式发生深刻转变。传统的采油方法，要依次经过油井、增压站、转油站、联合站才能向外输送，与之配套的有井站、班组、井区、作业区、厂等多个管理层级，百万吨规模的油田全过程生产、管理需要近3000人。而现在井场无人值守，数据自动采集、储存，生产过程自动监控，只需1000余人。

数字化管理让一线员工由“蓝领”变成了“白领”，以网络传输、自动控制、远程监控等高科技手段为核心的数字化，把长庆千里油气区的数万口油、气井，千余座站、库，数千公里长输管道的诸多生产、管理要素，集中在鼠标的控制下，使油气田的开发管理由过去的“守株待兔”变成“精确制导”。长庆用数字化技术实现了油气田的网络化管理，也极大地改善了一线员工的工作环境，减轻了劳动强度，向现代化管理迈出了坚实步伐。

运用市场化机制，组织国内最大规模油气会战。长庆油田每年钻8000口油、气井，新建上百座各类场站，上千家队伍、几十万人参与建设，怎么组织、如何保证质量和安全？我们运用市场机制组织了国内最大规模油气会战。

引入市场竞争机制，既解决了工程技术力量不足问题，又提高了油田专业化水平。2008年以来，组织上千部钻机、20万人参与的油气大会战，钻油气井2万余口，建设场站及大型站库400余座，建成油气产能2800余万吨，完成了占中国石油50%的钻井工作量，创造了日钻井进尺超过10万米、一个月建一座集气站、三个月建一座联合站、半年建一座大型天然气处理厂的速度。

实施结构调整，实现又好又快发展。2008年油田重组整合后，长庆油田既面临着油田发展主营业务人力资源不足的矛盾，又面临着未上市业务庞杂、效能低下的困境，公司确立了“做大做强油气主营业务、做精做专工程技术服务业务、做优做好矿区服务业务”的发展定位，坚定不移地推进业务结构调整，运用市场机制拉动资源配置，激活存量，用好增量，满足了油田快速发展需求，按照“有所为有所不为”的原则，实施未上市业务转型。整合五个采油、采气技术服务处，其中三个采油技术服务处退出原有检泵、小修等井下作业业务，整建制转型从事超低渗透油藏开发，其原有业务向社会市场开放；油田建设工程处退出筑路、道桥等业务，强化长输管道、油气田大站大库系统工程建设和维修抢险业务；机械制造退出传统“三抽”等低端制造业务，转型从事油气田数字化配套设施和采油采气高效节能设备的研发制造。理顺了物资供应、水电、通信、多元经济体制，形成服务油气上产的发展优势。未上市业务通过实施分类指导、定额减亏、定期扭亏等措施，提前实现了“三年内整体盈利”的目标。同时，着力改善矿区环境和提高服务质量，走“用人少、效率高、逐步市场化”的现代物业管理路子，形成了具有长庆特色的矿区服务品牌。

着眼于发挥人力资源最大潜力，按照油气发展需求优化人力资源结构。用政策引导二三线富余人员向一线岗位流动，盘活用工总量1.5万人，一线用工比例由重组前的不到50%提高到66%。特殊工种人员向生产前端转移，技术人员向厂部集中，用工效率显著提高，人均油气产量从339吨上升到772吨，较好地化解了油田发展与人员需求刚性增长的矛盾。

## 四、转变发展方式实践探索的启示

解放思想是我们实现科学发展的基本前提。长庆油田的发展历史，就是不断解放思想、持续深化认识的过程。实践证明，唯有解放思想，打破固有观念的束缚，才能在解决影响和制约油田科学发展的关键因素和问题上实现重要突破，面对复杂的地面地下条件和内外部环境，“三个重新认识”、“低渗透八个优势”等思路的形成，有力地推动了生产实践，并在实践中形成新的思路、目标和举措，开创了长庆油气发展新局面。

持续创新是我们实现科学发展的重要支撑。长庆油田的快速发展，得益于致密油气藏勘探开发技术的重大突破和持续创新。实施科技创新工程，攻克低渗透、解放特低渗、再战超低渗，实现了油气储量的快速增长和效益开发。多年的实践表明，实现低渗透油气田高效开发的根本出路在于持续创新。只有持续推动技术创新、管理创新和改革创新，充分发挥先进技术的引领和支撑作用，不断提升资源掌控、资源转化和低成本发展能力，才能赢得发展新优势。

市场机制是我们实现科学发展的动力源泉。在鄂尔多斯盆地规模有效开发“三低”油气藏，世界上没有现成的经验可以借鉴。长庆油田探索形成的“四化”模式，其核心是运用市场机制科学配置生产要素，加快了增储上产步伐，大幅提升了管理水平和效率效益。发展大油田、建设大气田，必须坚持市场化的方向，创新生产组织方式，综合运用信息化等现代管理手段，形成充满活力、富有效率的体制机制。

## 专家点评

中国是一个人均油气资源相对贫乏的国家，也是一个油气消费增长十分迅速的国家。中国石油长庆油田分公司面对世界级“低渗透”油气藏，大胆解放思想，勇于创新发展，以技术创新为核心，积极实施低成本、内涵式、集约化发展的综合性解决方案，攻克了高效开发“特低渗、超低渗”油气田的世界级技术难题，开发出一大批具有自主知识产权的关键核心技术，改变了人们长期以来形成的“特低渗、超低渗”油气田不能有效开发的认识，创造了在“磨刀石”上开采油气资源的奇迹，为再建一个西部大庆奠定了坚实的基础，为探索世界油气资源的多样化来源，保障国家能源安全做出了重要贡献。可以说，“我为祖国献石油”的崇高使命感是长庆油田加快“调结构、转方式”的灵魂，而持续创新则是长庆油田“调结构、转方式”取得突破性进展的不竭动力。

# 创新探索
The Path of Innovation

## 依靠科技创新　做优示范工程
## 争当现代煤化工的先行者和领跑者

神华集团有限责任公司

神华集团有限责任公司（以下简称“神华集团”）是于1995年10月经国务院批准设立的国有独资公司，是中央直管的53户国有重要骨干企业之一，在国家计划和中央财政实行单列，享有对外融资权、外贸经营权、煤炭出口权。神华集团以能源为主业，集煤矿、电力、铁路、港口、航运、煤制油化工为一体，实施跨地区、跨行业、多元化经营，在国民经济中占有重要地位。

作为中国最大的煤炭企业，神华集团积极调整产品结构、转变增长方式，通过发展煤电和煤化工两次成功转型，延伸产业链，优化了产品结构，提高了企业的整体实力和核心竞争力。2011年，集团实现营业收入2820亿元，比上年增加624亿元，同比增长28.4%；实现利润750亿元，比上年增加165亿元，同比增长28.2%。煤制油板块实现历史性跨越，全面盈利。全年生产焦炭590万吨、油品83万吨、合成树脂66万吨、精甲醇173万吨，产量创历史新高，成为我国乃至全球现代煤化工的先行者和领跑者。

## 一、战略转型：抢占现代煤化工制高点

"七五"期间，为加快我国能源建设，中央提出用国务院煤代油专项资金，建设一个特大型煤炭基地，以解决东部和东南部经济发达、能源需求旺盛地区的能源紧张问题。在这种背景下，1995年10月经国务院批准，神华集团应运而生。

神华集团不辱使命，成立伊始，就开始了煤、陆、港一条线的运作，在煤炭深加工方面迅速实现转型。第一个转型是成立了电力板块，第二个转型是成立了煤化工板块。

在战略层面，我们向煤化工方面转型主要基于以下原因。

一是开发石油资源替代产品，保障国家能源安全。从1993年起，我国原油开始依赖进口，在国内原油无法大量增加的情况下，用丰富的煤炭资源生产亟需的或战略上必需的油品、化学品十分迫切和重要。当时我国80%～90%的能源都要通过马六甲海峡，而频繁爆发的中东战争对我国进口保障方面存在冲击隐患，国家从战略上考虑，要求神华集团建成具有国际竞争力的一流综合能源企业，这也要求神华集团必须实现煤炭生产、销售、运输和发电、现代煤化工等几个板块齐头并举。

二是优化我国能源结构，开辟能源供应新途径。我国资源特点是"富煤、贫油、少气"，煤炭在我国能源消费结构中所占比例约为70%，大大超过世界平均水平。与石油相比，我国拥有丰富的煤炭资源，充分利用国内相对丰富的煤炭资源，发展煤制油化工产业是解决我国石油资源不足、优化我国能源结构的重要途径之一。

三是发展低碳清洁能源，促进我国能源持续健康发展。传统的煤炭开发、利用和消费过程中，环境问题越来越突出，对我国经济的可持续发展带来严峻挑战。因此，实现高碳能源低碳发展，既是我们应尽的国际义务，也是保证我国能源产业可持续健康发展的必然选择。神华集团公司发展煤制油化工产业是实现我国煤炭洁净利用的有效手段之一，通过$CO_2$捕集与封存（CCS）研究实验，有望在煤制油化工产业解决大部分$CO_2$排放问题，对促进我国煤炭清洁利用具有重要的示范意义。

四是神华集团延伸产业链，发挥神华整体优势的需要，也是提高企业核心竞争力的重要途径。一方面，由于亚洲金融危机的冲击和影响，煤炭行业异常困难，煤炭大量积压，发展煤制油化工产业可以提高产品附加值，提高

煤炭资源利用效率，延伸产业链，促进企业自身持续发展；另一方面，发展煤制油化工产业必然要进行技术创新，可以使企业拥有更多的自主知识产权，凝聚各种专业人才，确立行业领先优势，提升核心竞争力。

在战术层面，我们选择煤制油化工项目着重考虑了以下方面。

一是适应国家产业政策。考虑示范项目存在的技术风险及当前煤化工产业存在发展“过热”的趋势，2009年国家发布的《石化产业调整和振兴规划》及国务院批转发展和改革委员会等部门《关于抑制部分行业产能过剩和重复建设，引导产业健康发展若干意见》等文件中均明确指出“要稳步开展现代煤化工示范工程建设，今后三年原则上不再安排新的现代煤化工试点项目”。按照国家政策要求和在目前阶段规避风险以及审慎发展煤制油化工业务的原则，“十二五”期间新规划的项目进度要充分考虑与已投产的示范项目做好衔接，依托已有项目的实施经验，做好项目前期研究工作，在示范项目成功后能尽快开工建设。

二是选择适宜的工艺路线。根据目前煤制油化工产业的发展现状和神华的发展基础，重点发展煤制油、煤制烯烃、煤制天然气三种工艺路线。考虑到产品的互补性，煤制油的发展要兼顾直接液化和间接液化两种工艺路线。针对当前国内甲醇产能严重过剩的局面和集团公司即将形成较大规模甲醇产能的现状，考虑发展甲醇制烯烃及下游产品项目。

三是保持适当的投资规模和投资强度。煤制油化工作为资金密集型、技术密集型产业，必须量力而行，适当控制总投资规模和逐年投资强度，加快在建工程建设进度，提高资金使用效率。

四是大力开发副产品综合利用项目。要在已投产项目稳定运行的基础上，大力开发副产品综合利用项目，延伸产业链，增加产品附加值，提高项目整体经济效益。

2011年，在“2011（第三届）中国能源企业高层论坛暨‘能源之夜’能源年度评选颁奖典礼”上，神华集团被授予2010～2011年度“社会责任突出贡献奖”。神华集团还入选了美国《新闻周刊》发布的2011年“全球500绿色企业”榜。

## 二、科技创新：攻克世界级技术难题

现代煤化工作为一个新兴产业，具有技术密集、资金密集的特点，只有依靠科技创新，才能占领现代煤化工技术的制高点和持续处于领先地位，确立核心竞争优势，保证现代煤化工产业持续稳定发展。

神华集团以保障国家能源安全为己任，积极抢占市场先机，在国内率先开展多项技术示范，坚持产业发展与科技创新相结合、相辅相成、同步发展的原则，加快项目建设、掌握核心技术、降低项目运行成本，逐渐扩大技术创新的力度与范围。目前，神华集团拥有国家煤炭直接液化工程实验室、国家能源研发中心等国家级煤炭清洁研发平台，承担着国家能源煤基燃料行业标委会秘书处工作，投入5亿元，筹建了低碳能源领域的国家级研究机构——北京低碳清洁能源研究所，已启动37项瞄准世界前沿和引领行业未来发展的低碳能源项目。

通过近十年的科技攻关和科技创新，神华集团已经掌握并实施了目前主流的现代低碳清洁煤化工工艺技术，主要包括以下几个方面。

### （一）煤炭直接液化技术

2003年，按照神华煤直接液化工艺，完成了对煤炭科学研究总院规模为0.12吨/天的煤直接液化连续试验装置（BSU）的改造，进行了10次近5976小时的试验；2003年，在上海建设了规模为6吨/天（干煤）的神华煤直接液化工艺开发装置（PDU），截至2008年6月，PDU研发装置共进行了4次技术改造、5次投煤运行试验；在建设百万吨级煤直接液化示范工程中，与不同的技术专利商结合，针对神华煤直接液化示范工程特点，共同完成示范工程不同工艺单元技术软件包的开发，联合具有煤直接液化工程经验的美国Axens工程公司，合作开发了神华煤直接液化工艺包；成功完成百万吨级工业示范，针对“煤直接液化核心工艺及放大技术、超大型设备研制和安装、首套工业化示范装置的安全稳定长周期运行”三大工程技术难题，开发了防止反应器矿物质沉聚、含固物料系统防止结焦、超大超厚煤直接液化反应器现场制造和吊装、高温高差压耐磨阀等核心技术和装备，通过系统集成创新，成功地将现代煤化工、石油化工和无机化工有机地结合为一体；开发并掌握了大型煤液化装置的操作和运行技术，形成了具有自主知识产权、世界领先水平的煤直接液化成套工艺技术；筛选和开发出了适合煤直接液化柴油（DDCL）作为车用燃料的功能性添加剂，开展了DDCL燃料及其混配燃料的发动机性能的试验研究及4台轿车每台8万千米的耐久性行驶试验和4台商用车发动机每台500小时（折合8万千米）的耐久性试验；进行了煤液化残渣的萃取工艺研究，考察并选出了残渣萃取剂，建立了一套处理量为100千克/天的中间试验装置，并开展了煤液化残渣制备碳素材料和道路沥青改性剂的研究。

依托国家发展和改革委员会"煤炭直接液化国家工程实验室建设"项目，神华集团完成了总建筑面积为6772平方米的国家工程实验室厂房、煤直接液化工艺技术工程化等7个试验平台建设，建成了煤炭直接液化研究领域世界最高水平的实验室，使神华具备了从煤直接液化小试、中试到百万吨工业示范装置，形成了目前世界上最完整的研发体系，为煤直接液化基础技术、应用技术研究提供良好的研发平台。

多年来，神华在煤炭直接液化领域共承担了5项国家科技项目，其中多项研究成果已成功应用到百万吨级示范工程中，共获得国家知识产权局授权专利63项，其核心技术"一种煤炭直接液化的方法"于2006年5月在中国获得发明授权。2005年7月通过PCT（专利合作条约）途径，进行了国际申请，目前已在美国、俄罗斯、日本、加拿大、澳大利亚、乌克兰、印尼、印度8个国家获得发明专利授权。

### （二）煤炭间接液化技术

2006年起，开始开展具有自主知识产权的浆态床费托合成关键技术的开发，利用3年时间，建成了5千克/批次催化剂中试放大制备装置（CPU）、10升/小时油品规模费托合成催化剂评价装置（CEU）、多套费托合成催化剂微反评价装置和搅拌釜评价装置；开发出了高活性、较好选择性、高机械强度的浆态床费托合成铁系催化剂；开发了费托合成浆态床反应器，其反应器内构件、反应取热技术、浆液固液分离技术均有创新特色，并在自主研发、建设的中试试验装置上得到验证。2009年，经过CEU1200小时连续运转，以煤基合成气为原料，采用自主研发的费托合成铁系催化剂，在浆态床工艺装置上成功生产出费托合成油和蜡产品。

2010年3月30日，神华自主研发的"煤基浆态床费托合成催化剂及工艺"在北京通过中国煤炭工业协会组织的成果鉴定。核心专利"一种费托合成反应的含钴助剂铁催化剂及其制备方法"获得国家发明授权。"一种费托合成方法及系统"于2010年7月9日向国家专利局提交了发明申请，2011年7月进行了PCT国际申请。2010年3月，神华费托合成铁系催化剂专利技术实施对外许可。

### （三）褐煤热解技术

为了对开发利用率较低的褐煤进行高效、高附加值利用，扩大我国化工用煤渠道，保障煤化工产业可持续发展，针对褐煤水分含量高、发热量低、热稳定性差等特点及优质气化原料要求，神华集团开发出了拥有自主知识产权、适应性广的模块化褐煤提质制取优质气化原料新工艺关键技术及装备，已申请3项国家发明专利。

2011年4月，6000吨/年褐煤热解中试装置在内蒙古鄂尔多斯煤制油厂区内正式开工建设，10月实现项目中交，11月开始进行设备单机试车和能力标定试验，目前，该装置已完成全系统冷态带料联调、固体热载体（兰炭）热态投料和循环联调，即将开展运转试验。6000吨/年褐煤热解中试装置的建立，为开发低变质煤热解技术和项目提供了良好的研究和试验平台，可为新工艺大规模工业化应用和项目开发提供基础数据和技术支持，有助于褐煤资源战略规划和布局。

### （四）$CO_2$捕集与封存（CCS）技术

从2003年开始，神华集团开展了煤直接液化环境与经济研究、煤直接液化CCS预可行性研究；2005年作为中美化石能源合作协议附件Ⅱ内容的“神华煤直接液化CCS技术研究”项目启动；2008年10月，依托中美合作开发成果和神华自主研发技术，中国第一个煤转化过程$CO_2$捕集、输送、盐水层封存全流程项目——神华10万吨级/年CCS示范项目启动，示范项目是世界上首个采用多层合注工艺与多层多方式监测的CCS项目，集成了目前世界CCS领域最先进的注入及监测技术。

为继续对高浓度$CO_2$捕集、$CO_2$输送和盐水层规模化封存、典型煤化工过程二氧化碳排放全生命周期分析等技术开展更深入研究，神华集团承担了国家科技支撑计划、科技部国际合作计划和国家能源局应用技术研究及工程示范等3项国家科技项目。

### （五）甲醇制烯烃技术

神华集团历经三年，开发出了具有自主知识产权的SAPO-34分子筛中试合成技术以及SAPO-34为主要成分的MTO催化剂中试制备技术，并完成了实验室小试、5升、1立方米和10立方米规模的催化剂放大试验，现已获得发明专利授权9项。2011年8月公司对MTO催化剂及制备等相关专利和非专利技术进行了对外许可和实施，并在包头煤制烯烃项目开展了工业试验。

### （六）粉煤灰制备氧化铝技术

2005年神华启动了准格尔粉煤灰提取氧化铝的技术研发。通过几年攻关，成功开发出了基于“一步酸溶法”的粉煤灰制备氧化铝成套工艺技术和装备，年产4000吨粉煤灰制取氧化铝的中试生产线建成并试车成功。目前正在规划建设10×50万吨氧化铝示范生产线，形成以煤炭开发—燃煤热电联产—粉煤灰制取氧化铝、镓—电解铝、铝加工及硅、镓系列产品的循环产业链条。

目前，神华集团掌握了煤直接液化工艺及催化剂工业化技术，使我国成为世界上唯一掌握现代煤直接液化工业技术的国家，在该领域处于国际领先水平；掌握了煤基费托合成催化剂及工艺，开发的催化剂达到国际先进水平，开发出百万吨级费托合成工艺包，拥有建设百万吨级工业示范装置的自主知识产权技术；建设了全球首个全流程二氧化碳咸水层封存示范项目，掌握了咸水层地质封存选址、注入、监测等核心技术，为煤制油化工大规模产业化发展提供了保障。此外，神华集团成功开发出自主知识产权的MTO催化剂，并已进行工业应用；开发了粉煤灰制备氧化铝技术，进一步拓展了神华的产业领域。

## 三、闯创结合：做优做强示范工程

神华集团在政策、技术、人才、市场、区域、资金等方面进行了充分调研和全面、科学、理性的分析，整合资源，合理布局，以煤制烯烃、煤制油（直接液化、间接液化）等为突破口，争取了一批国家示范项目。目前建成投产的有包头煤制烯烃项目、鄂尔多斯煤制油（直接液化）项目、宁夏甲醇制丙烯项目，正在建设的有煤制油（间接液化）项目、陕西榆林煤制烯烃项目。

### （一）神华煤直接液化示范工程

作为世界上唯一的煤直接液化工业化示范项目，采用了神华集团自主研发、具有我国自主知识产权的煤炭直接液化新工艺技术和高效合成催化剂，设计年产各种煤炭液化油品108万吨。示范工程2005年5月开工建设，2008年5月建成；2008年12月30日装置一次投煤开车成功，并安全稳定运行了13

天。该项目的建成投产，使我国成为世界上第一个掌握百万吨级煤炭直接液化工业化技术的国家。

针对煤炭直接液化项目首次开车发现的设计、设备、自控等方面的问题，在2009～2010年我们通过采取一系列技术攻关、技术改造、设备国产化攻关和优化生产运行等措施，初步实现了安全、稳定、较长周期、较高负荷运行。

2011年，煤直接液化百万吨级示范工程转入商业化运行，全年累计生产各类油品79.26万吨。通过加强技术攻关，消除了煤液化减压炉结焦等制约长周期稳定运行的隐患，开工率、能源转化效率达到较高水平，2011年全年平均运行负荷84%，最高负荷达到105%，装置“安稳长满优”运行水平进一步提高。

### （二）神华包头煤制烯烃（MTO）示范工程

包头煤制烯烃项目是目前世界上唯一的煤炭经甲醇生产聚烯烃塑料的示范项目，项目坐落于包头市九原区，建设规模分别为180万吨/年煤制甲醇装置、60万吨/年甲醇制烯烃装置、30万吨/年聚乙烯装置、30万吨/年聚丙烯装置、10万千瓦热电联产装置以及相应的公用工程和辅助设施，核心工艺甲醇制烯烃技术采用了我国自主研发的工艺技术。项目于2007年9月开工建设，2010年5月项目全面建成；2010年8月8日甲醇制烯烃装置投料开车，8月21日打通全流程，生产出合格的聚乙烯、聚丙烯塑料产品。该项目的成功建成投产，使我国成为世界上唯一掌握煤制烯烃工业化技术的国家。

通过技术攻关、优化操作，该项目已实现了安全、稳定、长周期、高负荷运行，各项技术经济指标均达到或优于设计值。

2011年，包头煤制烯烃项目投入商业化运行，生产运行稳定，经济效益良好，生产聚烯烃产品50.01万吨、其他产品12.7万吨，全年平均运行负荷91%，聚烯烃装置最高负荷达到110%。

### （三）神华宁煤煤制丙烯（MTP）示范工程

神华宁煤煤制丙烯（MTP）项目设计规模为50万吨/年聚丙烯、副产18.48万吨/年汽油、4.12万吨/年液化石油气（LPG）、1.38万吨/年硫磺。该项目是目前世界上在建的最大煤制丙烯项目，由煤气化、变换和净化、甲醇合成、甲醇制丙烯、聚丙烯、动力站、空分等装置和公用工程组成。

该项目于2007年5月开工建设，2010年9月投料试车，于2010年底打通全流程。项目GSP气化工艺及甲醇制丙烯（MTP）工艺技术均为首次工业化应用，神宁集团针对试车过程中暴露出的一些问题，及时技改消缺，目前全厂装置生产运行逐步趋于稳定。2011年4月28日生产出合格的聚丙烯产品，顺利转入试生产阶段。2011年神华宁煤煤制丙烯项目共计生产聚丙烯16.02万吨、混合芳烃7.55万吨、液化石油气3.84万吨。

### （四）神华煤炭间接液化示范项目

在煤炭间接液化技术的研发和产业化方面，神华集团依托煤直接液化项目的原料气和公用工程，走产学研用结合的道路，2009年底建成了一套规模为18万吨/年的煤间接液化合成油示范装置，并采用神华自主研发的费托合成催化剂进行了运转试验，已平稳运行超过1100小时。

神华集团开发的费托合成工艺通过了中国煤炭工业协会组织的技术鉴定，自主开发的费托合成催化剂在工业试验装置上成功使用，标志着神华在煤间接液化技术方面具备了进一步建设大规模工业化装置的条件。

### （五）10万吨／年$CO_2$捕捉和封存示范项目

在进行煤炭清洁转化技术的研发和产业化实践的同时，神华集团也积极应对低碳技术挑战，在$CO_2$捕集与封存（CCS）技术上进行了有益尝试，建设了一套CCS全流程示范项目。

该项目是我国首例全流程工业示范装置，项目封存$CO_2$规模为10万吨/年，将煤直接液化项目生产的$CO_2$经过提浓、压缩和液化注入地下深部盐水层进行封存。项目每年能减少约5100万立方米$CO_2$排放量，相当于274公顷阔叶林碳汇造林。目前该项目已经建成并成功实现了将$CO_2$液体注入地下2000多米的低渗透咸水层区域。该项目的成功，标志着神华在$CO_2$捕捉和封存关键技术上取得了突破，为实现大规模$CO_2$捕捉和封存奠定了基础，从而实现在发展煤炭转化项目时不增排$CO_2$，真正实现煤炭的清洁、低碳化利用。

## 四、展望未来：培育新的经济增长极

“十二五”期间，神华集团将重点抓好已投产示范项目的“安稳长满优”运行，为煤制油和煤化工行业发展做好产业示范；根据国家发展规划和战略部署，建设一批新的煤制油、煤制烯烃、煤基多联产、褐煤提质、煤基甲醇下游深加工项目，着力将现代煤化工产业培育成为神华集团新的经济增长极。

按照国家政策要求和现阶段规避风险、有序发展现代煤化工项目的原则，新规划项目进度将充分考虑与已投产的示范项目做好衔接，依托已有项目的实施经验，做好项目前期研究工作，在示范工程项目成功实践的基础上，加快煤制油和煤化工项目的产业化发展。

根据目前煤制油化工产业的发展现状和发展基础，神华集团将重点发展煤制油、煤制烯烃、煤制天然气3种工艺路线。考虑到产品的互补性，煤制油兼顾直接液化和间接液化两种工艺路线。针对当前国内甲醇产能严重过剩的现状，稳步推进发展甲醇制烯烃及下游产品深加工项目。

预计到2015年，神华煤制油化工板块预计实现油品产量296万吨、化学品产量471万吨、天然气产量17.3亿标准立方米、兰炭产量920万吨、其他副产品（油渣）69万吨；到2020年实现油品产量1068万吨、化学品产量975万吨、天然气产量17.3亿标准立方米、兰炭产量1060万吨。

## 专家点评

神华集团是我国最大的煤炭企业，在转型升级的发展中，神华集团紧紧依靠科技创新，积极调整产业结构，成功实现了由煤炭企业向煤化工的战略转型，并以“敢为天下先”的勇气勇敢地承担了一批国家现代煤化工的示范工程，特别是在煤直接液化示范工程、煤制烯烃（MTO、MTP）示范工程和10万吨/年$CO_2$捕集与封存示范工程上取得了突破性进展，为我国现代煤化工的发展做出了突出贡献。他们加大科研投入，攻克了一批现代煤化工发展的世界级技术难题，先后获得了国家知识产权局授权专利63项，其核心技术“一种煤炭直接液化的方法”不仅获得中国发明专利，还在美国、俄罗斯、日本、加拿大、澳大利亚、乌克兰、印尼、印度8个国家获得了发明专利授权。神华包头煤制烯烃已成为我国现代煤化工示范工程中第一个进入商业化运营并取得较好经济效益的项目。

神华集团的经验再一次告诉我们：只有紧紧依靠企业现有的基础和条件，按照产业链拓展延伸规律，选择产业结构调整的方向，才能保证战略转型的成功。只有紧紧依靠科技创新，瞄准世界前沿和引领行业未来发展的技术制高点，才能取得技术升级和竞争优势的成功！

# 创新探索

The Path of Innovation

## 坚持创新驱动　加快转型升级　努力实现华谊集团跨越式发展

上海华谊（集团）公司

上海华谊（集团）公司（以下简称“华谊集团”）是上海市国资委旗下的大型企业集团，拥有17家子公司，其中双钱、氯碱、三爱富三家为上市公司，也是上海化学工业区发展有限公司的主要股东之一。“十一五”以来，华谊集团在上海这一国际大都市环境下，在城市定位调整、远离资源产地、安全环保、搬迁整合等一系列挑战面前，顶住压力、顽强生存，走出一条“结构调整推进创新发展，创新发展优化结构调整”的涅槃重生之路，实现了跨越式发展。

在经营规模上：调整了一批高物耗、高能耗、高污染、低附加值的产业、企业和产品，虽然影响集团业务收入60亿元，但煤基多联产、绿色轮胎、化工新材料、精细化工、现代服务业等五大核心业务实现了高端升级、集聚发展。2011年实现工业总产值436.8亿元，比2005年增长53.8%；主营业务收入提高54.78%；资产总额和净资产分别增长45.49%和96.63%。

在经济效益上：集团盈利能力有较大幅度提高。2011年集团实现利润

19.2亿元，较2005年增长167.3%，为国有企业发展和资产保值增值做出了贡献。

在节能减排上：提前完成“十一五”期间国家和上海提出的减排目标。工业废水排放削减36.3%，二氧化硫排放削减75.8%；万元产值能耗下降29.7%，折合标煤98万吨。

在实力地位上：通过高端发展、创新发展、跨市发展、一体化发展，2011年，集团名列上海制造业企业50强第9位，上海企业100强第21位，中国制造业500强第109位，中国企业500强第218位。

“十一五”期间，华谊集团坚持科学发展、和谐发展，实现了4个方面的创新。

## 一、坚持改革创新，勇于担当“责任国企”义务

华谊集团是1996年由原上海市化学工业局改制成立的大型企业集团。作为一家传统的国有企业，遭遇的困难和挑战更为突出。一是城市定位的挑战。地处上海这一国际大都市，上海城市功能定位和维护城市运行安全对集团安全环保、结构调整等工作提出了更高要求。二是物质资源的挑战。作为传统化工企业，华谊集团每年需要400万吨煤炭及大量基础性资源。上海本身没有资源，加上市政府标煤总量控制，为集团持续发展带来制约。三是安全环保的挑战。“十一五”期间，华谊集团先后面临上海市两轮“三年环保行动计划”，节能减排考核，举办上海世博会，以及从内环、中环到外环内企业限期关停搬迁。每一次，化工企业总是首当其冲，给集团安全环保稳定带来难以想象的压力。四是市场竞争的挑战。由于人才激励机制、创新动力不足，生产成本、劳动力成本居高，耗散了集团有限的资源，效益空间被挤压，难以拥有市场竞争优势。五是调整整合的挑战。50年形成的行业、企业、产品格局，改革越向“深水区”发展，难度也越大。企业调整、职工安置的费用也远高于其他兄弟省区，调整压力相当沉重。

面对上述挑战，我们清醒地认识到：上海化工产业受城市定位的严重制约，华谊集团改革调整“等不得”，否则我们将失去生存的希望；传统产业受到严峻挑战，不进则亡，市场竞争“输不起”，否则我们将失去华谊的未来。攻克生存“障碍”与发展“瓶颈”，已经到了关键时刻，必须主动作为。

为实现上海化学工业的科学发展和城市的和谐发展，我们以“与生态环

境相容，与上海产业发展导向相符，与所在地区经济发展相联，与上海国际大都市形象相称”为“四相原则”，以打造“绿色化工，让生活更美好”为目标，以破釜沉舟、壮士断腕的勇气，推进行业结构、企业结构、产品结构、组织结构、人员结构的调整，经过“十一五”期间的努力，实现了调整求生存、改革促发展、创新促提升的目标。一是企业减少了，总量规模上升了。“十一五”期间，结合产业调整、企业搬迁，我们主动从塑料、染料、化肥、试剂等行业退出，集团行业从31个收缩到22个；企业从786户降到299户；管理层级从七级降到四级以下。调整与退出使集团业务减少60亿元，但我们利用技术、人才、管理、品牌优势，在全国建设了一批基地和项目，增加营业收入几百亿元，经营规模得到发展壮大。二是员工减少了，劳动生产率上升了。华谊集团历史上员工多达15万人，2005年仍有员工57233名。我们通过各种途径，妥善分流安置员工2万多名。目前，集团从业人员数下降到26681人。劳动生产率从人均61万元上升到123万元。三是装置减少了，竞争能力上升了。按照“节能减排”要求，我们先后关闭、淘汰了高物耗、高能耗的炼焦、合成氨、氯碱等46套关键装置，主动从高污染、低附加值领域退出。同时，围绕做大做强“五大核心业务”，大力推进拥有自主知识产权的技术、装置和产品的产业化。

## 二、坚持产业创新，提升集团核心竞争力

华谊集团在历史上曾有一大批企业是国内行业的排头兵。然而，随着经济全球化进程加快和同业竞争加剧，集团的中高端产品面临跨国公司和央企的激烈竞争；中低端产品遭遇到民营企业的比拼。为在市场竞争中求生存、求发展，我们重点推进五大核心业务，构建“一个华谊、全国业务”的发展格局。

### （一）坚持聚焦主业，推进“五大核心业务”发展

一是煤基多联产业务。充分发挥集团在煤的高效转化和综合利用方面的技术和管理优势，积极发展高端产品、替代石油产品、战略能源产品。将现有醋酸及酯、甲醛、聚甲醛等主要产品，向产品链下游延伸。目前，上海吴泾基地已建成了80万吨甲醇、70万吨醋酸、20万吨醋酸乙酯和5万吨醋酐等示范装置。在安徽无为投资建设了煤基多联产绿色化工示范基地。

二是绿色轮胎业务。加快载重轮胎产品开发和高端升级。“双钱”作为国内首个通过美国环境保护署（EPA）认证的轮胎品牌，进军“绿色轮胎”领域。双钱轮胎产品销往全球近百个国家和地区，年产全钢载重子午胎超过700万条。2011年，双钱公司销售收入超过108亿元。在安徽无为，与米其林公司共同投资建设年产1500万条“回力”高性能半钢丝子午线轮胎项目。

三是化工新材料业务。依托自主知识产权的核心技术，加强与巴斯夫、拜耳、亨斯曼等跨国公司配套合作与产业联动，积极向高端产业链延伸。集团旗下氯碱公司在化工区为巴斯夫、拜耳、亨斯曼等跨国公司提供氯化工产品，并合资生产MDI（二苯基甲烷二异氰酸酯）、TDI（甲苯二异氰酸酯），同时自主研发ABS、特种树脂；三爱富公司在常熟为杜邦提供氟化学品，近十个产品市场占有率全球领先。列为上海市新材料重大国产化攻关项目的本体法ABS一期项目全面建成投产，实现向产业化转移。

四是精细化工业务。依托“飞虎、眼睛、光明”等众多著名品牌，以低碳环保生产工艺，打造技术一流的精细化工企业和创新产品。自主技术掌控的丙烯酸及酯核心产品，拥有自主知识产权的SAP、MAA依靠自主技术发展的丙烯酸及酯国内市场占有率领先。自主技术掌控的丙烯酸及酯核心产品将实现产业化。

五是生产性服务业。在整合集团业内3家甲级设计院的基础上，组建华谊工程有限公司，推进集团工程项目建设向EPC（设计采购施工）总承包模式转型；组建新天原集团，完成与上海化工区优质资产的整合，形成以物流、国际国内贸易为主要业务，年营业额达到20亿元的天原集团，为打造现代化工物流标杆企业打下坚实基础。

目前，五大核心业务占集团主营业务收入的90%以上，主业发展更加突出。

### （二）抓住中西部开发机遇，构筑“全国业务”格局

中西部开发为华谊集团提供了机遇。“十一五”期间，集团坚定不移地实施“走出去”战略，目前已初步建成“吴泾基地高端升级、化工区集聚发展、吴淞基地战略转型、市外绿色化工示范基地加快崛起”的发展格局。

在安徽无为打造“安徽华谊产业园”，整合集团核心业务及技术、品牌、供应链资源实现产业链集聚发展。华谊产业园煤基多联产项目一期已于2012

年4月27日成功投产；与米其林公司合资建造的年产1500万条“回力”高性能半钢丝子午线轮胎项目也落户“安徽华谊产业园”，第一条轮胎已于2012年3月28日成功下线，今年下半年将实现规模化生产。在安徽安庆，与中石化共同投资组建合资公司，计划在安庆承接产业转移集中区（化学工业区）凤凰片打造约1平方千米的新材料产业基地。

在内蒙古，合资建设了年产40万吨聚氯乙烯（PVC）、40万吨烧碱及配套工程生产基地。引进战略合作伙伴，转让了内蒙古昊盛煤业有限公司部分股权，掌控了煤资源。成功收购内蒙古万豪公司70%股权，巩固氟化工产业的领先地位。

在江苏，集团与杜邦、阿科玛等世界知名企业合作，在常熟建成中国最大的含氟化学品生产基地。在如皋，投资建设的载重胎和工程胎生产基地，产能将达430万条，成为全球单厂产能最大的轮胎制造基地。

在重庆，建成西南地区最大规模的轮胎生产基地等。

在实施“走出去”战略中，我们不仅构建了“一个华谊、全国业务”的发展格局，为国家实施中西部发展战略做出了积极贡献。而且将传统制造业中长期沉淀的技术、管理、品牌、人才优势转化为现实生产力，促进了国有资产保值增值。

## 三、坚持科技创新，推动产业高端升级

化学工业是技术密集型产业，科技创新是企业发展的内生动力。“十一五”期间，为了推进产业升级，我们一方面抓住改革开放机遇，建立了40多家合资企业，学习先进技术与管理，提升我们的水平。另一方面，通过引进、消化、吸收、再创新和自主创新，走出一条科技创新的新路子。

我们大力推进科技资源整合，成立华谊集团技术研究院，加强与高校和研究院所合作，组建了工业催化、化工新材料、精细化工、过程开发与装备4个技术研发平台。聚焦重点产业项目，建立技术创新支撑平台和院企联合攻关新机制。加强与高校科研院所合作，建立“院士专家工作站”，开展“院士专家华谊行”活动，优化创新创造氛围，建立有利于人才成长的空间。开展了两轮科研开发三年行动计划，实施了46项重点科研项目，其中28项已实现产业化，结出了丰硕的科技成果。

在煤化工领域：通过自主创新研发，掌握了包括催化剂在内的醋酸生产

核心技术，形成了自主知识产权。掌握了新一代的羰基化醋酐生产技术，建成了4万吨工业化示范装置。

在绿色轮胎领域：实现了巨型工程胎等高端产品的研发和产业化推进。2009年，外直径3.5米、重3.1吨的巨型全钢工程子午线轮胎下线；2010年，外直径2.7米、重1.5吨的巨型轮胎出口北美市场，成为我国巨型工程轮胎出口的第一家制造商；与大飞机配套的航空胎研发工作正积极推进。

在精细化工领域：丙烯酸成套自主知识产权技术、丙烯酸及其酯新工艺生产关键技术获得国家科学技术进步二等奖。成功开发了高吸水性树脂（SAP）工艺技术，2万吨/年高吸水性树脂工业化示范装置已提前建成，投入试运行，加快向产业化迈进。拥有核心技术的飞机蒙皮涂料已实现线上喷涂飞机2架次，计划今年7月份喷涂第3架飞机，将成为国内首家进入民用航空涂料领域的企业。

在新材料领域：6000吨/年四氟丙烯项目，填补了国内环保汽车制冷剂产业化的空白；与杜邦合作的新型环保制冷剂HFO-1234yf成套技术研究和工业化示范项目已进入试生产阶段；建成了具有自主知识产权的20万吨本体ABS工厂一期工程；采用自主技术“膜极距”复极槽的氯的三次循环利用项目，获得了“国家重点产业振兴和技术改造中央预算内投资计划”资金支持。

“十一五”以来，集团科技研发累计投入27.5亿元；获得国家级新产品奖7项，中国国际工业博览会铜奖1项，上海市科技进步奖9项，专利授权340项。有28项成果成功实现产业化，累计新产品产值达263亿元。

## 四、坚持管理创新，完善总部经济格局

“十一五”期间，集团引进跨国企业和央企的先进管理经验，明确“三级定位”的管理模式，着力加强“总部、一体化、信息化”建设，积极构建以“决策中心、研发中心、营销中心、管理中心”为核心的总部经济。

一是加强总部建设。2008年，我们确立了总部为决策中心、二级单位为利润中心、三级单位为成本中心的“三级管控”模式。集团总部加强对“资源、资本、资产、资金”的运作，实现财务集中、资产集中、技术决策集中、投资决策集中。并实施总部部室功能整合和岗位“六定”。归并管理部门7

个，管理岗位由144个压缩到100个左右。总部人员知识化、年轻化、专业化程度大幅提升。

二是加强一体化建设。强化与外企、央企、大型企业集团和大客户的战略合作。通过优化供应商、代理商管理和集中采购等，发挥集团整体优势。实施了财务、资金“两个集中”，通过集中管理，优化债务结构，拓宽融资渠道，大幅降低了集团财务成本。积极打造集团一体化的金融运作平台，2010年，集团成立了华谊香港公司，并依托香港公司平台成功实现境外贸易融资投资；2011年，集团小贷公司开业营运，为产业链上下游企业提供金融服务。2012年，集团获批组建财务公司，将进一步完善集团产融结合平台。

三是加强信息化建设。与中石化、宝钢下属子公司合资成立了“华谊（集团）信息技术公司”；深化与埃森哲公司和SAP公司的战略合作，推动集团向“战略管控与运营管控并举”转型。建成集团统一的生产管理和主要产品市场信息平台，主要生产装置运行情况的实时监控系统；建设“生产运营、资金集中、预算管理、人力资源和采购管理”等“4+1”信息化项目，实现数据的实时传输、实时监控、实时应用，提高了集团管控效率。启动ERP“一个提升，两个试点”项目，为在集团内建立统一的业务流程规范奠定了基础。

“十一五”期间的创新驱动、转型发展，使华谊集团初步实现了“四个转向”：一是从单一的上海基地，转向全国多个生产基地，使“走出去”的战略构想变为现实；二是从单项产品生产，转向产业链两端，使产品链真正实现“补缺联线”；三是从单个企业的调整，转向“一体化、区域化”整合，使调整真正凸现“一体化”增值；四是从单纯的制造业，转向制造和生产服务业多元化发展，使“双核驱动”真正实现价值。

“十二五”期间，华谊集团将紧紧抓住发展机遇，继续以创新和发展为主题，进一步推进集团业务整合和产业布局调整，优化产业结构，优化产品档次，打造核心产品链；进一步加大技术引进、技术合作和自主研发力度，提高成果产业化能力；进一步加快“一个华谊、全国业务”的发展，推进产业园区、重要基地、重点项目建设，实现优势资源集中、产业链集聚、一体化发展。力争工业总产值达到700亿元，主营销售收入比“十一五”时期翻一番，努力把华谊建设成为具有较强国际竞争力的化工企业集团。

## 专家点评

中国有一个典故，说的是凤凰经历烈火的煎熬和痛苦的考验获得重生，并在重生中达到升华，称之为“凤凰涅槃”，以此典故寓意不畏艰难、义无反顾、不断追求、提升自我的执着精神。在21世纪的今天，华谊集团把这一神话传说变成了现实。他们在最不能发展化学工业的国际大都市环境下，顶住压力、顽强生存，走出了一条“结构调整推进创新发展，创新发展优化结构调整”的涅槃重生之路，实现了超常规、跨越式发展。

华谊集团的经验给我们4点启示：

一是坚持改革创新，勇于担当“责任国企”义务。他们面临“五大挑战”，提出“四相原则”，以破釜沉舟、壮士断腕的勇气，实现了调整求生存、改革促发展、创新促提升的目标。

二是坚持产业创新，提升集团核心竞争力。他们发挥资金、技术、人才、管理的优势，遵循“集中、集约、集聚”发展的理念，重点推进“五大核心业务”，构建了“一个华谊、全国业务”的发展格局。

三是坚持科技创新，推动产业高端升级。他们推进科技资源整合，聚焦重点产业项目，加强高校院所合作，优化创新创造氛围，通过引进、消化、吸收、再创新和自主创新的实践，走出一条科技创新的新路子。

四是坚持管理创新，完善总部经济格局。他们以信息化带动工业化、现代化，着力加强总部、一体化、信息化三大建设，构建了以“决策中心、研发中心、营销中心、管理中心”为核心的总部经济。

# 创新探索

The Path of Innovation

## 构建油气煤盐一体化产业新格局 实现百年延长石油创新转型发展

陕西延长石油（集团）有限责任公司

陕西延长石油（集团）有限责任公司（以下简称“延长石油”）是中国拥有石油和天然气勘探开发资质的四家企业之一，也是中国唯一的百年老字号石油企业。延长石油始创于1905年，1907年打成中国陆上第一口油井，结束了中国陆上不产石油的历史，曾为中国革命和经济建设做出了重要贡献。1944年毛泽东同志题词“埋头苦干”予以鼓励。改革开放后，经过1998年和2005年两次重组，延长石油成为一个上下游一体化、采炼销相配套的大型石油集团。“十一五”以来，延长石油一年一个大台阶、三年销售收入翻一番，实现了跨越式发展，一举成为我国西部规模最大的省属企业和全国财政贡献最大的地方企业。2011年与2006年相比，延长石油销售收入由403亿元增长到1236亿元，年均增长25%；实现税费由144亿元增长到424亿元，年均增长24%。6年累计上缴财政1556亿元，为陕北革命老区和陕西地方经济社会发展做出了重要贡献，在全国石油和化工行业的影响力大幅提升。

重组后的延长石油，作为一个地方性能源企业，面临着油气后备资源不足、产品附加值不高、高端精细化产品较少、产业链条较短等诸多问题。为此，我们把推动产业结构调整和转型升级作为企业可持续发展的战略任务，提出并大力实施“油气并重、油化并举、油气煤盐综合发展”的产业战略，积极探索多种资源综合利用的新技术、新工艺、新路径、新模式，走出了一条具有自身特色的创新发展道路。我们的主要做法概括为以下几个方面。

## 一、由单一的石油资源向油气煤盐多种资源转变

拥有足够的矿产资源是资源型企业的生命线。与我国三大石油公司相比，延长石油所拥有的石油资源面积非常有限，登记油气资源面积仅8.67万平方千米（其中：陕北地区1.07万平方千米，陕西省外7.6万平方千米），而且主力勘探开发区属于特低渗透油田，地质条件差、开发难度大。特别是企业所处地区大部分已开采多年，勘探程度高，探明储量和面积几乎全部动用，油田储采比低于国际警戒线。资源接替严重不足的问题已经成为制约企业可持续发展的瓶颈。但是，延长石油所处的鄂尔多斯盆地除石油之外还有丰富的天然气、煤、盐等资源，是国家重要的能源保障基地。为此，集团领导班子在深入分析企业内外资源状况的基础上，提出并积极推进由单一石油资源向油气煤盐多种资源拓展，为延长石油集团“调结构、转方式”奠定了坚实基础。

### （一）实现了千万吨级油田稳中有增

按照“省内省外并重、国内国外齐抓”的勘探思路，全方位多渠道拓展资源。在陕西省内，坚持横向扩大面积、纵向查找新油层，“十一五”期间新增石油地质储量5.19亿吨，新增含油面积931.44平方千米，已累计探明石油地质储量21.01亿吨。陕西省外，在二连、海拉尔、松辽，以及羌塘、南襄、洞庭盆地等15个地区实施勘探，其中，内蒙古地区已形成10万吨原油产能。国外，在马达加斯加、泰国、中非、吉尔吉斯斯坦获得勘探开发区块面积64420平方千米，已完成部分探井钻探、二维地震采集及分析研究工作，2012年突破海外油气产量关。如今的延长石油，已从陕北一隅大步走向全国乃至世界。

针对开采多年的“特低渗”、“超低渗”、“低品位”油田，我们认真总结经验、不断探索实践，创造了低品位资源开发的“延长模式”。一是由大规

模上产向稳产增产转变。从油田可持续发展的战略高度出发，保持千万吨级油田适度稳产增产，“十一五”以来，原油产量年均增长6.67%，2011年达到1232万吨，位居我国第五大油田。二是由依靠新井求产量向新井增产与旧井挖潜相结合转变。以“少打井、打高产井”为目标，注重投资效益，调整产能布局，推广应用丛式井、水平井等工艺技术，向老油区、老油层、老油井要产量。三是由一次采油向二次采油与三次采油相结合转变。全面推广注水开发，“十一五”期间注水控制储量增加了4.51亿吨，是“十五”末期的6.1倍。同时，探索出适合油田实际的表面活性剂、空气泡沫、微生物、$CO_2$等驱油技术，油田采收率连年提高，综合递减率逐步降低。经过近年来的努力，延长这一百年石油老矿，在特低渗油藏条件下，实现了千万吨以上稳产增产，创造了我国低品位油田勘探开发的一个奇迹。

## （二）天然气和页岩气勘探取得历史性突破

通过创新地质认识，开展区域评价，相继打成了一批高产气井，累计探明储量2000亿立方米以上，形成产能10亿立方米，建成了两个液化天然气（LNG）和1个压缩天然气（CNG）厂。规划到“十二五”末期，探明天然气地质储量5000亿立方米以上、产能80亿～100亿立方米/年。天然气已经成为延长石油重要的资源接替。

页岩气是一种重要的非常规天然气资源。延长石油从2009年开始进行地质研究，2010年承担了国土资源部《鄂尔多斯盆地东南部页岩气高效开发示范工程》，2011年在延安甘泉下寺湾地区打成了中国第一口陆相页岩气井并压裂产气，实现了我国陆相页岩气勘探的历史性突破，受到国土资源部、国家能源局的高度评价。据初步估算，延长油气区页岩气资源量近18万亿立方米，具有巨大的开发潜力。延长石油被确定为我国首批40个矿产资源综合利用示范基地之一。规划“十二五”末期形成页岩气地质储量2500亿～3000亿立方米，形成产量5亿立方米。

## （三）获得了一批煤炭资源配置

陕西省是我国重要的煤炭基地之一，全省含煤总面积约57000平方千米，累计探明资源量1700亿吨，煤炭保有量位居全国第3位。通过积极努力，陕西省政府已将巴拉素、波罗、西湾、魏墙、海则滩等井田配置给了延长石油，总面积约1006平方千米，保有煤炭资源储量约186亿吨，预计可采储量50亿吨，规划总生产服务年限70年。目前，部分煤矿项目已启动实施，规划到“十二五”末期，将建成几个具有国际先进水平的现代化大型煤矿，累计形成煤炭产能4000万吨、产量1900万吨。

### （四）岩盐和其他资源取得新进展

陕北盐田是国内罕见的巨型石盐矿田，远景储量达60000亿吨，超过目前国内已发现的岩盐储量总和，且与煤油气等资源同储一地。延长石油坚持“油气煤盐”立体式勘探，在陕北北部区域钻遇了厚度大、连续性好、品味高的盐岩层。此外，延长石油积极争取陕南的萤石矿产资源、钒钛磁铁矿以及硅资源，为企业做大做强提供更多的资源保障。

目前，延长石油已成为国内乃至世界上为数不多的在同一区域拥有油气煤盐四种资源的企业。这是延长石油发展的最大优势，不仅有效化解了石油资源接替不足的矛盾，而且为能源产品的产能扩张和资源综合利用奠定了坚实基础。

## 二、由单一的炼油加工向油化并举和油气煤盐综合利用转变

资源综合利用是提高资源利用率的重要方式，也是国家促进能源结构优化升级的重要举措和国内外能源化工产业的发展趋势。延长石油“调结构、转方式”的重点和亮点就是：由主要依靠资源开采、初步加工向资源深度转化和综合利用转变，由粗放、高耗、低效、单一发展向集约、低碳、高效、多元发展转变，最终实现绿色发展、清洁发展、低碳发展、循环发展。

### （一）由单一炼油向油化并举转变

由于历史原因，延长石油原油加工集中度较低，炼油一二次加工不平衡，使得产品结构单一，附加值不高，炼厂资源未能得到全部有效利用，制约了企业效益的提升。为此，我们在不断完善原油加工装置配套的基础上，积极发展石油化工，初步实现了从单一炼油向“油化并举”的转型。一是建成投产了延炼300万吨/年常压及200万吨/年催化联合装置、120万吨/年连续重整、140万吨/年柴油加氢，榆炼180万吨/年催化等炼油改造项目，使97#、93#高标号汽油和高品质柴油成为主打产品。二是对全集团液化气和芳烃进行集中

加工，建成了90万吨/年气分、30万吨/年聚丙烯、18万吨/年甲基叔丁基醚（MTBE）以及12万吨/年乙苯、苯乙烯等化工项目，进一步延伸了炼化产业链。三是正在研究利用醚后混合碳四和企业自产的醋酸，发展醋酸仲丁酯项目，可有效提高汽油标号，并解决醋酸与甲醇价格倒挂的问题。四是计划对CPP裂解轻油进行增值开发，发展橡胶填充油、导热油等特征油品，进一步提升整体效益。

### （二）由油气煤盐单一转化向资源综合利用转变

当前，世界上煤化工、石油化工、天然气化工和盐化工大都各自转化，很难做到原料相互利用，综合能耗高，产品单一且成本高，资源浪费大，环境污染严重。尤其是单一煤化工，面临投资大、能源转化效率低、产成品综合能耗高、生产成本高、温室气体排放量大等突出问题。延长石油根据国家产业政策，充分发挥自身拥有的油气煤盐等资源优势，将其中所含化学元素综合利用，工业装置相互关联，生产工艺技术集成，使单一装置生产中的产出物、排放物互为原料，实现资源的优化配置、工艺路线的优化选择、生产装置的相互利用、三废的大幅减量，使全部资源得以充分利用，进而降低生产成本，提高企业的经济效益。目前，已启动建设榆林靖边、榆神、延安富县、洛川等大型化工园区和一大批资源综合利用的技术创新项目，努力开创一条清洁高效、低碳循环发展的新路子。

1.榆林靖边能源化工综合利用产业园区。该园区是一个以煤、油、气为原料的综合性、创新型资源综合利用的化工园区。一期启动项目装置总投资233亿元，主要建设180万吨/年甲醇、150万吨/年渣油催化热裂解、60万吨/年甲醇制烯烃（DMTO）、60万吨/年聚乙烯、60万吨/年聚丙烯等装置及公用工程，将建成循环经济、节能减排的生态型示范园区。目前已完成投资77.4亿元，今年计划完成投资68亿元，预计2013年建成，2014年上半年投产。该项目主要有以下几个特点。

一是打破传统的煤化工、天然气化工和石油化工的单一模式。通过多种先进技术的组合、创新和资源优化配置，可有效弥补煤制甲醇中“碳多氢少”和气（包括天然气、油田气、炼厂干气）制甲醇中“氢多碳少”的不足，还将渣油裂解中的干气用于生产甲醇，从而极大地提高甲醇产量，在不增加原料消耗的情况下，甲醇产量可提高8.3%～15%。

二是实现多种原料优化配置，提高了资源利用率。项目通过多原料资源的优势互补和工艺路线的优化设计，使碳的综合利用率由传统煤化工的35%～38%提高到67%，资源转化效率较国际先进水平高6.1%，比国内先进水平高12.68%。

三是装置能耗大幅下降，节能节水效果明显。据测算，该项目吨甲醇能耗为37吉焦耳，比国外和国内先进水平煤制甲醇装置低22.8%～25.9%，年节约标煤达67.3万～79.6万吨；DMTO、CPP、聚乙烯等装置能耗也达到国际或国内先进水平。

四是实现污染物末端治理向污染预防和生产全过程控制的转变，节能减排效果显著。据测算，该项目可减排$CO_2$ 435万吨/年，减排幅度60.42%；减排废水135.6万吨/年、减排幅度67%；减排废渣27万吨/年、减排幅度67.81%；减排$SO_2$755吨/年、减排幅度54.36%；吨甲醇的水耗值仅为4.1吨，比国内先进水平低59%～72.6%，年节约水1000余万吨。

五是建设循环经济和生态型工业园区。项目充分考虑到了配套设计、建设雨水回收装置和浇灌系统，把雨水与装置深度处理后的废水加以储存和利用，作为园区绿化及沙生湿地的调剂水源，大力实施植树造林和荒漠绿化工程，对于陕北半干旱地区和生态脆弱地区发展循环经济具有重要意义。

六是开创油气煤盐综合利用模式，示范意义重大。该项目依托同储一地的油、煤、气等资源优势，通过多种现代先进技术的组合、创新并进行深度优化和配置，建立起集约化并具有很强循环经济和节能减排特征的一体化产业集群，被评为“联合国清洁煤技术示范项目”和“陕西省循环经济示范项目”。与传统煤化工相比，还具有明显的原料成本优势、投资成本优势、生产运行成本优势和低碳节能优势。随着国内外能源化工产业进入技术创新、成本制胜、低碳发展的新阶段，该项目的实施对于国内油气煤资源产地发展综合化工具有重要的借鉴意义。

2.延安富县煤油气综合利用化工园区。以煤、油田气、炼厂轻油为原料，投资216亿元建设180万吨/年甲醇、60万吨/年DMTO、40万吨/年轻油裂解及配套装置。项目通过煤、油田气与轻油的结合，可以减轻煤制甲醇变换的负荷，使碳利用率由35%～38%提高到70%以上，资源利用率比国内先进水平高14.2%。采用世界首套轻油流化床催化裂化制烯烃（ACO）装置，使乙烯与丙烯总收率比蒸汽裂解技术提高15%～20%，副产混合$C_4$进一步生产高附加值的MTBE、丁醇、二丙基庚醇等产品，提高企业效益。该项目吨甲醇综合能耗、吨甲醇原水耗量均比国内先进水平低，减排$CO_2$ 348.2万吨/年，减排废水165.7吨/时，减排废渣27万吨/年，减排$SO_2$ 750吨/年，效果十分显著。

3.油煤共炼工业示范项目。油煤共炼充分利用褐煤或年青烟煤与炼厂减压渣油具有的良好协同效应，可使无水基煤转化率达到90%，煤与减压渣油1∶1比例混合后的轻油收率可达70%。油煤共炼与煤直接液化相比，具有氢耗低、投资低、转化率高等优势，同时也可实现劣质渣油的深加工，开辟一条更为洁净高效的煤炭转化与石油深加工相结合的工业路线。目前，延长石油正在合作开展油煤共炼技术研发和中试，已开工建设进料量45万吨/年油煤共炼工业示范装置，计划2013年建成投产。

4.陕北煤化工$CO_2$捕集与提高采收率技术示范项目。由于煤化工装置生产过程中排放$CO_2$，而$CO_2$又是油田开发的重要原料。利用$CO_2$驱油或压裂，能够大幅提高油田采收率。延长石油正在开展国家科技支撑计划《陕北煤化工$CO_2$捕集与提高采收率技术示范项目》，探索建立CCUS（$CO_2$捕集、利用与封存）机制。集团内部既有化工厂，又有特低渗透油田，且距离近、运输成本低，能够实现内部配套。“十二五”期间，将形成陕北煤化工$CO_2$捕集、储存、运输工业化成套技术，建成40万吨/年的$CO_2$捕集装置，建立15平方千米、100个注采井组、近400口油井的示范基地，年埋存$CO_2$ 15万吨以上，每年可增油10万吨以上，最终提高原油采收率5%～8%。该项目对于鄂尔多斯盆地特低渗透油田提高采收率和陕北煤化工产业低碳发展都具有重要意义。

总之，油气煤盐综合利用符合国家能源产业政策，符合石化产业调整与振兴规划的要求，是一条石化产品原料多元化发展的新途径，对于我国能源资源高效开发和综合转化具有重要的引领和示范作用。因此得到了温家宝、贾庆林、周铁农、顾秀莲等党和国家领导人和陕西省领导的充分肯定与支持，也得到了中国工程院院士谢克昌、倪维斗、金涌，中国科学院院士陈俊武、张懿，中国石化联合会李勇武、李寿生等专家学者的一致赞同和认可。在第三届中外跨国公司CEO圆桌会议、世界石油大会、世界煤制油大会、中国国际石油化工大会、中国煤转化高新技术国际论坛等国际会议上，油气煤盐综合利用模式在国内外专家中都引起了很大震动。目前，延长石油正在建设多个资源综合利用化工园区和一大批前瞻性创新型项目，积极构建集约化并具有循环经济和节能减排特征的一体化产业集群。

## 三、由资源依赖型向创新驱动型和科技支撑型转变

科技创新是“调结构、转方式”的重要支撑。延长石油作为一个资源型企业，不能再走依靠资源开发扩大生产规模的老路子，必须把科技创新作为企业发展的第一驱动力，全面提高自主创新能力，加快建设具有重大技术研发能力的创新型企业，实现从资源依赖型向创新驱动型和科技支撑型转变。

### （一）构建具有延长石油特色的科技创新体系

一是建立了三级科技经费投入体系。全集团科技经费由2007年2.8亿元增加到2011年26亿元。二是搭建了科技创新组织体系。集团公司成立了科技委员会、科技成果评审鉴定委员会和科技部，集团及下属单位配备了总工程师、副总工程师、主任工程师、工程师等技术序列岗位。整合形成了延长石油研究院、西北化工研究院、陕西省石油化工研究设计院、陕西省轻工业研究院和北京石化工程公司等5个科研设计机构。三是打造科技研发平台。已建成1个国家级工程中心、8个省级工程技术中心，正在建设1个省级工程中心、1个化工产品中试基地、10大研发试验平台、4个重点实验室和3个科技产业园区。四是加强政产学研合作。与陕西省科技厅共同设立“延长能源化工专项”，创造了政策、资金、技术、人才等资源高效集成和政产学研结合的“延长模式”。参与中科院大连化物所“国家能源化工联合实验室”筹建工作。与国内各大高校建立了科技联合攻关机制，破解制约企业发展的技术瓶颈。

### （二）取得了一大批科技创新成果

“十一五”期间，延长石油集团获得国家科技进步奖2项、陕西省科学技术奖32项、陕西石化科学技术奖21项，申报专利143项，授权69项，获得“联合国清洁煤技术示范企业”和陕西省“创新型企业”称号。一是采取新的勘探理论、先进技术与设备，提高了勘探成功率。尤其是承担了国土资源部《鄂尔多斯盆地东南部页岩气高效开发示范工程》研究，为页岩气勘探开发的突破提供了技术支撑。二是承担了国家“十一五”科技支撑计划项目，建成了5个注水示范区和提高采收率示范工程，改进工艺后油田采收率由10%提高到24%，递减率由11%降为9%，直接经济效益达50亿元以上。承担的鄂尔多斯盆地低渗透油气田含油污水回用处理技术及工程应用，获得国家科技进步二等奖，为油田稳产增产提供了技术保障。三是在资源综合利用技术研发

上，与国内外技术公司、科研院所共同建立创新产业联盟，依托他们现有的技术成果与研发优势，由延长石油进行中试、放大和产业化，缩短科技成果转化为生产力的路径。

### （三）开展一批资源综合利用重大技术示范项目

延长石油依托自身资源、资金等优势与国内外技术公司、科研院所，联合开展资源综合利用技术攻关和产业化项目，抢占行业发展制高点。目前，正在开展醇油联合制烯烃技术研发及20万吨/年工业示范装置建设，这将开辟一条多原料生产烯烃的工艺路线；还在开展20万吨/年油醇制芳烃、10万吨/年合成气制乙醇、天然气无氧芳构化等中试及工业示范项目。这批技术的突破及工程化应用，不仅打破了国外相关技术封锁，而且大幅度提高资源利用率，实现能源化工清洁高效生产，对于国内外能源化工产业发展将产生重大而深远的影响。

### （四）加快科技人才队伍建设

一是加大人才引进力度。每年招聘硕士、博士及归国留学人才200多名，制定了《高层次人才引进管理办法》，吸引了一批行业内的重量级人物和学科带头人。二是加强人才培养。制定了《核心工程技术人才职级序列管理试行办法》，畅通科技人才成长通道。建立省级院士专家工作站，主办了《工业催化》、《应用化工》、《延长能源与化工》、《非常规资源》等科技期刊。三是完善科技人才激励机制。实施专利申请补助，探索建立知识、技术、管理等要素参与分配的制度和措施。鼓励开展群众性发明创造。目前，全集团拥有国家级突出贡献专家4名、享受国务院特殊津贴专家40名、陕西省突出贡献专家22名、省“三五”人才7名、三秦学者1名。计划到“十二五”末期，全集团各类专业技术人员达到1.9万人，其中教授级高级工程师800名，高级工程师3000名以上。

当前，我国石油和化学行业正处在推进结构调整和转变发展方式的重要时期。延长石油经过几年的探索实践，走出了一条油气煤盐综合利用的特色发展之路。实践证明，这条道路符合科学发展观的要求，符合国家产业政策和行业发展趋势，是延长石油“调结构、转方式”的重大突破，不仅可增强企业的综合实力和市场竞争力，扩展后续发展空间，而且可实现与国内大型石油、煤炭企业错位发展和差异化发展。

展望未来，延长石油将在“十一五”期间形成的油气煤盐综合发展产业布局的基础上，“十二五”期间形成油气煤盐综合发展产业格局，2012年计划实现销售收入1500亿元以上、冲刺世界企业500强；到“十二五”末期，实现年原油产量1500万吨，天然气产能100亿立方米，原煤产能4000万吨，煤制油300万吨，各类化工产品总量超过1000万吨（其中烯烃350万吨），年销售收入2000亿元以上。“十三五”期间全面完成产业结构调整目标，把延长石油打造成产业结构合理、产业链条完整、产业优势凸显、核心竞争力强、发展后劲充足的创新型国际化现代能源化工企业。

## 专家点评

延长石油集团是一家大型地方性能源企业。面对激烈的市场竞争以及油气后备资源不足等诸多问题与挑战，延长石油集团积极实施“油气并重、油化并举、油气煤盐综合发展”的发展战略，大力推进技术创新，实施了一批重大技术示范项目，实现了资源的多元化综合利用，不断完善、延伸上下游产业链，成功实现由单一的油气资源企业向创新型国际化现代能源化工企业转变。延长石油集团的发展经验表明，走能源资源综合利用的发展道路，是地方性能源资源企业实现与国内外竞争对手错位发展、差异化发展，增强综合实力和市场竞争力，推动“调结构、转方式”的一个重要途径。

# 创新探索

The Path of Innovation

## 思想观点决定发展方式

软控股份有限公司

软控股份有限公司（以下简称“软控”）成立于2000年，由青岛科技大学（原青岛化工学院）的一批专家、学者创建；2006年登陆深圳证券交易所，是青岛市首家在国内上市的民营企业；现已成为橡胶轮胎全生产线所需软件、硬件装备最齐全的提供商，2011年橡胶装备行业排名全球第二，以现有发展速度，未来三年有望跃居橡胶装备行业全球第一。

2009年，软控与青岛科技大学、赛轮股份有限公司联合承建了“国家轮胎工艺与控制工程技术研究中心”（以下简称“国家轮胎工程中心”）。近年来，“国家轮胎工程中心”向橡胶轮胎产业链上下游延展，现已成功构建起一条从原材料生产、装备制造、软件研发到轮胎制造、技术输出直至国内外市场销售终端环环相扣的产业链一条龙，实现了全产业链式发展。

这些成绩的取得，根本上得益于发展方式的转变。我们的做法和体会表现在以下几个方面。

## 一、转方式首先在转思想，有什么样的思想观念，就有什么样的发展方式

从怎样最有利于企业发展的层面上看，竞争性领域企业要想“转方式、调结构”，必须先转变思想观念——思想意识到位与否，决定了企业发展质量的好坏、决定了企业能否活得长远；而“调结构”，首先需要调整体制结构，体制的好坏是竞争性领域的企业能否成功的首要条件。进而言之，做企业，必须先知道自己是谁，知道自己的优势在哪，给企业准确定位才能明确和把握发展方向。

山东是轮胎大省，橡胶产业是青岛的传统特色产业与优势产业之一，青岛科技大学又恰以橡胶化工专业见长。橡胶产业虽是传统产业，但并非夕阳产业——随着人类文明的发展，人类越来越依赖汽车这一交通工具。只要人类还生活在地球上，地面是硬的，汽车就离不开轮胎。轮胎还是一种安全产品，承载着乘用者的生命、整个家庭的幸福，要求性能和质量要不断提升，需要应用大量的现代高科技。由此断定，轮胎是一种承载多种高新技术的产品。同时，轮胎还是国家战略物资，和平时期的建设、战争时期的各种物资均需轮胎运输，影响到国家经济和国防安全。

基于这样的思想与认知，软控的创业团队认定，进入橡胶轮胎行业发展必定大有可为。

## 二、从“摸着屁股过河”转向“摸着石头过河”，掌握核心关键技术，迅速形成核心竞争力

创新已成为当今社会经济发展的主题。但对于企业而言，强调创新，还应根据不同的发展阶段、不同的发展实情，制定不同的原则。

中国在走特色社会主义市场经济道路之初，要“摸着石头过河”。“过河”是目的，“摸着石头”是手段。在“过河”的队伍里，若有人在前面，是否还有必要去“摸石头”呢？就企业技术创新而言，若有现成的成果可以利用，还非要从头做起、另行创新，显然不是明智之举。毕竟，新创企业没资金、没技术、没品牌，“闭门造车”式地搞自主创新，很可能就是“创（撞）死”了，而企业必须先要争取活下来。

正是出于这样一种思想认知，在创立之初，软控强调引进、消化、吸收。

在公司成立的第二年，就到斯洛伐克等欧洲国家开展轮胎工艺与控制技术、重大装备等方面的交流与合作（第一年在斯洛伐克采购额高达3.5亿元，随着逐渐掌握核心技术，采购额逐年减少；2009年，将曾经的“老师”收购了，软控欧洲研发和技术中心正式成立，以往的“老师”正式成为该“研发中心”的经营管理层）。此外，软控还与世界著名的轮胎检测实验室、大学进行定期技术交流，开展前沿理论研究，均取得了很好的效果。

软控在引进并迅速消化吸收之后，逐渐走到了过河者队伍的最前面，自主创新随即提上了日程。为此，明确提出“允许创新有失败，不许一日不创新”、“为创新失败埋单”，营造支持鼓励创新的公司文化氛围。同时，积极引入外部资源，以“不求为我所有，但求为我所用”的理念，汇集行业内外专家开展研发。

目前，软控已自主研发了多项填补国内空白、达到国际先进甚至领先水平的数字化装备和信息化控制系统；先后承担了国家级科研项目30余项；拥有专利、软件著作权等知识产权370余项；主持或参与起草国家标准30余项；有近40项科技成果经鉴定达到国际领先或先进水平，已全部掌握了轮胎全生产线所需关键、重大装备的核心与关键制造技术，成为国际市场上轮胎生产装备最齐全的供应商之一，自主品牌“MESNAC软控”已在国际上享有了较高的知名度与美誉度。

## 三、以新技术、新工艺、新设备改造提升传统橡胶产业，构筑展示、示范平台，并顺势向产业下游战略延伸，全力推动轮胎工业整体技术进步

2000年左右，与国际先进水平相比，中国轮胎产业在技术、装备、应用软件、产品质量各方面都比较落后，基本没有机械自动化，工人工作环境差，生产效率极其低下，精度完全不符合要求。

在初创期，软控具有智力资源和专业知识，但启动资金较少，所以巧妙地选择以应用软件为切口——软件生产主要是智力投入，而且做装备的控制软件，还能借此深入了解用户，不断加深自身对行业的理解，又由于当时中国轮胎产业信息化水平比较落后，非常需要信息化技术，所以软控迅速找到了市场的突破口。

不过，中国多数企业重硬件而轻软件，认识不到软件的价值，一家纯粹

的橡胶行业软件企业很难发展壮大。鉴于此，软控在实现了原始积累之后，通过广泛开展国际合作，开始重点发展橡胶产业重大技术装备。由于软控有着天然的信息化技术优势，生产出来的装备比其它设备厂商的产品多了一个聪明的“大脑”，所以软控很快敲开了市场的大门，还实实在在地推动了中国橡胶轮胎工业的整体技术进步。

与此同时，软控还认识到，新技术、新工艺、新设备亟需一个展示、示范的平台。于是，2002年，联合业内专家、企业发起并创建了赛轮信息化生产示范基地。

如今的赛轮，已是“国家轮胎工程中心”的科研示范基地，各项与橡胶轮胎行业有关的科研成果均可在该基地进行实验，完成小试和中试；也是国内唯一的行业人才培训、输出基地，为高校内与橡胶专业有关的学生提供实习场所，解决橡胶专业师生无处实验、实习的问题；还是轮胎产业化孵化基地，已技术孵化了17家具有经济规模的现代化子午线轮胎生产企业，通过全行业的共同发展防御各类经济危机。2011年6月，赛轮成功在上交所上市，成为中国唯一一家上市的民营轮胎企业。

## 四、新材料将引发行业新革命，国家轮胎工程中心系统引领行业低碳科学发展

我们在很早之前就洞悉到世界需要“循环经济”，所以及早开始了行动——关注各种管理细节以节能降耗，投资开发高能效技术产品，并寻找新的商业盈利模式来应对产业与经济发展方式的转型。就橡胶轮胎业来看，我们认为，“低碳经济”概念的提出，给行业的发展指明了方向，也为已经占领技术制高点的业内企业提供了新的商业机会。这些机会涉及橡胶新材料、废旧轮胎循环利用、低碳生产装备、太阳能利用等多个领域。为此，“国家工程中心”着重开展了如下工作：

### （一）合成橡胶新材料的研发与产业化应用，将为轮胎工业带来一场新的革命

我国所需天然橡胶75%以上依赖进口，上游原材料已经扼住了轮胎产业的咽喉。在“国家轮胎工程中心”看来，发展可替代天然橡胶的合成橡胶新材料——稀土（顺式）异戊橡胶，是使我国橡胶轮胎工业摆脱目前尴尬局面

的一条必由且可行之路。目前，“国家轮胎工程中心”顺式异戊橡胶产业基地已成功投产。而“国家轮胎工程中心”反式异戊橡胶产业基地，将于2013年建成全球第一套反式异戊橡胶工业化装置，可实现年产反式异戊橡胶（TPI）6万吨。加入一定量TPI制成的轮胎，可使油耗降低2.5%，轮胎寿命可延长20%左右。以轮胎使用10万公里计，可以节省燃油35～50升。由此推算，TPI的产品如果全部用于制造轮胎，可节油420万吨，减少温室气体排放1200万吨。而且由于关键合成技术的突破，生产成本已大幅降低，生产过程中没有“三废”的排放。

综观历史，任何一个行业，新材料的研发与产业化应用，都会为行业带来一场新的革命。如此则不难断定，不久之后橡胶轮胎工业一场新的革命即将到来。

### （二）废旧轮胎是世界各国为之头疼的固体废弃物污染源，已成为亟待解决的世界性难题

轮胎翻新不仅可以保证轮胎的使用寿命（翻新胎寿命相当于新胎的90%～150%），还可以大大降低成本和能耗（原材料相当于同规格新胎的15%～20%，能耗仅为20%～30%）。但由于我国的运输业超载现象普遍，使得轮胎受到破坏以致无法翻新，造成翻胎业长期缺乏胎源，处于非常落后的状态，而且高档设备与关键技术都依靠进口，浪费了大量资源，也严重制约着翻胎业的发展。

现在，“国家轮胎工程中心”已成功自主研发出了废旧轮胎成套检测设备和具有世界先进水平的旧轮胎环形胎面预硫化翻新与废轮胎制粉技术。对于无法翻新的废轮胎，制成胶粉，然后进行活化改性，不仅有效避免了硫化氢、苯、二甲苯等有害气体对环境造成的污染，还可以直接用作翻新轮胎及各类橡胶制品，真正实现了资源的循环利用。

### （三）制造业企业的节能降耗必须有整体方案，在日常运营中更应注意“管理降耗”

软控重工园区、科研装备研发制造基地，均采用了地源热泵技术，满足园区供暖供凉需求。此外，还在各车间采用了燃气红外线辐射供暖，不仅使人体能有较好的舒适度，而且热损失小、节能达到30%～60%、经济性好。采用这些技术，节省运行费用达到约40%，减少污染物排放40%以上。

此外，还不断尝试利用激光识别技术、射频自动识别技术等先进的信息传感设备，实现产成品的智能化识别、定位、跟踪、监控和管理，并通过计算机局域网和互联网实现产成品信息的互联与共享，形成了物物相连的“物联网”，在企业的生产、物流、销售、客服等多个环节收到了明显的效果。

出于对全行业的节能降耗考虑，“国家轮胎工程中心”专门设立了低碳技术研究所，从气动节能、能量系统优化、轮胎氮气硫化节能、大规模集成电路技术、射频识别技术及其他自然资源利用等方面，为业内企业提供咨询与节能整体方案的设计实施以及相关的配套节能技术与装备，并协助企业制定完善的节能管理和运行机制，创造社会、经济效益。

### （四）创建产学研结合新模式，掌握核心、前沿的低碳技术；“国家轮胎工程中心”着眼于产业链的和谐发展，作为低碳技术研发应用的“先行者”，引领行业低碳发展

“国家轮胎工程中心”相当于青岛科技大学放大了的不同体制的技术应用型实验室。对应青岛科技大学十几个与橡胶有关的专业分别成立了研究所，吸引老师和学生参与企业技术研发与管理，很好地实现了高校科研成果向生产力的转化以及高校与企业之间科研人才的共享。

“国家轮胎工程中心”作为推动、引领橡胶轮胎行业发展进步的中国最高技术研发平台，有责任、有义务开发利用低碳技术，并向全行业推广以提高行业企业综合竞争力，促进行业可持续发展。

现在，“国家轮胎工程中心”以青岛科技大学、软控、赛轮为操作平台，与业界同行广泛开展交流、合作，联合进行产品、技术研发，所打造的产业链一条龙的各个主体，都已成为低碳技术的研发者、低碳成果的应用者与推广者，不仅抢先一步进入了低碳经济时代，系统引领轮胎行业低碳发展，且自身也因“管理运营的绿色低碳”受益匪浅。

特别需要指出的是，任何一个产业，都有一条产业链。传统的轮胎业，做轮胎的企业只做轮胎，做装备的企业只做装备，做原材料的企业则只做原材料。一旦市场形势发生变化，损害了链条上的某个环节，整条链就会出现问题；上下游关系不通畅，某一环节上规模越大，包袱越重，风险越大。若整条产业链能够实现均衡和谐发展，向上可以解决原材料价格波动剧烈的问题，向下可以解决产品销售渠道通畅问题，各个环节关注于自身专业的部分，就能有效提高整体产业链利益。而且，在这个产业链中各个专业都有，天生

就是一个组合的团队，面对任何一个问题，都可以从软件、硬件、工艺、配方、市场等多个方面寻找解决方法，集中优势资源攻关薄弱环节，从而实现产业链效益的最大化。一言以蔽之，产业链上下游的均衡与匹配，综合成本才最低，才是最大的“低碳经济”。

为谋求产业链上下游的协调发展，“国家轮胎工程中心”重点在6个环节上发力。

在原材料环节，建设合成橡胶研发、生产基地，降低对天然橡胶的依赖。

在信息化装备环节，集中全世界的人才，攻克技术难题，提高现有产品的技术含量，增强产品市场竞争力；建设软控精工园区，专业生产高技术含量、高品质的轮胎模具；打造世界级橡胶装备研发制造基地，提升装备产品质量及其稳定性；与青岛科捷自动化公司合作，将机器人技术引入信息化装备制造过程。

在轮胎制造环节，充分利用赛轮信息化示范基地的实验条件，攻克一次法密炼、巨胎成型机等行业高端技术，提高轮胎制造水平，并在越南、缅甸建立东南亚生产制造中心。

在废旧轮胎循环利用环节，研发适合我国国情的废旧橡胶轮胎技术、装备和产品，并提供从翻新轮胎、半成品、技术、技术支持、培训和装备到翻胎工具及消耗品等产品在内的一站式整体解决方案，建立翻新轮胎示范工厂，融新胎销售、旧胎翻修为一体，在促进新胎销售的同时，实现循环经济。

在市场渠道掌控环节，与北美轮胎销售商进行合作，建立销售和售后服务体系，控制市场网络，提升产品的品牌价值。此外，充分发挥软控欧洲研发中心的作用，积极开拓欧洲市场。

在物流仓储环节，在青岛保税区建设物流仓库，将所需原材料统一配送，统一计划调度，而生产出的不同型号的轮胎产品则在此统一配柜、统一发货。

## 五、完善现代企业治理结构，以文化推进管理；“让努力工作的员工过上更好的生活”，构建合理分配关系与和谐劳动关系；以“六高”理念建设人才队伍，助力企业发展

上市对一个公司改善治理结构，建立起现代企业制度非常有益，能使企业全面规范、透明、更具可信度。不上市，企业老板就类似于“土皇帝”，一

个人说了算，缺乏有效的监督约束；而上市后，企业老板就相当于“总统”，一举一动都在公众眼皮底下，必须透明，接受投资者监督，对投资者负责。所以，软控在成立之初，就瞄准了上市这一目标，并通过上市真正实现了规范运作，形成了现代企业的崭新机制。

软控创业者的知识分子属性也决定了公司的价值观和文化理念与众不同。在软控看来，只有为民族工业的振兴以及全社会的和谐进步多贡献力量，才是最有意义、最有价值的，精神也才能更加富足；人不能片面地追求财富，更要有奉献精神，有永续的创业精神，企业的生命将因此得以延长，企业的社会价值也才能真正体现出来。为此，在成立的第二天，软控高管集体就正式宣布：高管直系亲属一律不准进入公司工作；公司董事长还明确告知全体员工：其本人的股权收益将不留给自己的孩子；公司未来的接班人，将从在公司工作8年以上的职工中挑选。这些内容都写进了《软控基本法》，以制度的形式固化下来。

在软控，员工们自信的神态和幸福的笑容处处可见。原因很简单，软控一直倡导“软控人的私事是公司最大的事”、“软控人是公司最宝贵的财富”等文化理念。关注每一位员工的个人成长与家庭幸福，年轻员工面临着婚姻大事，每年都会免费为员工举办集体婚礼；员工家里遇到疾病等重大事件时，“软控爱心基金”会立即为员工解决困难，“爱心基金”最初是由软控高管用每年所获各种奖励的奖金设立的……如此，员工可以没有后顾之忧地投入工作。

软控还为所有员工提供完善的培训体系和公平的发展机会，每年都拿出大量资金，分层次、有重点地对员工实施专项培训和继续教育；先后派出大批骨干员工到美、德、法等国学习，积极吸取国外先进生产技术和先进管理经验；还建立多通道的发展模式供每一个员工选择，通过内部招聘制度，凡有空缺岗位首先面向公司内部招聘；除此之外，还建立了科学合理的晋升模式，使每一个员工的自身价值都能得到最大体现。

概括来说，软控提出的“通过提高入门待遇吸引人才，快速提升待遇稳定人才，满足价值需求留住人才”和“六高”即“以高待遇吸引高水平的人才，以高要求培养高素质的人才，以高标准选任高觉悟的人才”的理念，这些年来得到了很好的落实与执行，为企业的人才队伍建设起到了至关重要的作用。

归根结底，就是让核心骨干得到充分的价值体现，让努力工作的员工过上更好的生活，让所有软控人“在家庭中有地位、在朋友中有面子、在公司中有价值、在行业中有影响”。

## 六、结语：民营企业要想有更大作为，须胸怀产业发展全局

在当今世界橡胶轮胎行业竞争激烈的大形势下，软控认为，民营企业要想有更大作为，显然不能只囿于自身，必须放眼世界、胸怀产业发展全局，站到行业发展乃至国民经济发展的高度上看问题。

综上不难发现，如何实现“有更大作为”，软控早已明确思路并已积极付诸实践。概括说来，第一，以思想方式转变、体制结构调整、产学研结合的发展模式创新为切入点来办好企业，争取更大作为；第二，用人本文化推进科学管理，勇于担当社会责任，“让努力工作的员工过上更好的生活”以切实“保障和改善民生”，争取更大作为；第三，将推动行业、企业低碳发展与提升自身素质结合起来，争取更大作为。如此，“有更大作为”也就现实可期。

### 专家点评

成立短短12年的一家民营企业，变成了橡胶轮胎全生产线所需软件、硬件装备最齐全的提供商，构建起一条从原材料生产、装备制造、软件研发到轮胎制造、技术输出直至国内外市场终端销售，环环相扣的全产业链条，其中橡胶装备制造位居全球第二，自主品牌已在国际享有较高的知名度。软控何以能取得这样的成绩？其高明之处在于：

一是深刻理解思路与出路的关系，在转变思路上狠下工夫。俗话说：“没有思路就没有出路”。这句话告诉我们：思路是出路的决定性因素。橡胶加工虽然是传统产业，但是随着人类文明的发展，轮胎仍将是多种高新技术的承载体。软控正是基于这样的认知，决心在提升橡胶加工产业技术水平上干一番大事业。

二是始终着眼自主创新，在掌握核心技术上狠下工夫。有了正确的思路，还要有创新的意识和创新的思维方法。软控在实践中学会了“从摸着屁股过河”到“摸着石头过河”，以产学研结合的模式创建了“国家轮胎工程中心”，同时营造培育了“允许创新有失败，不许一日不创新”的文化氛围，既向上下游延伸，又为行业构筑展示和示范的平台，围绕核心与关键技术，瞄准国际先进水平攻关，全力推动轮胎工业整体技术进步。

三是胸怀产业发展全局，在实现“有更大作为”上狠下工夫。软控从一开始就认定，进入橡胶行业发展必定大有可为。而要实现“有更大作为”，则必须放眼世界、胸怀产业发展全局，站到行业发展乃至国民经济发展的高度上看问题。他们从思路转变、体制调整，到探索产学研结合的发展模式及推动行业的低碳科学发展，一路走来都展现着对行业发展发挥好引领作用的大胸怀。

# 创新探索

The Path of Innovation

# 坚持结构调整走集约发展之路 为打造千亿集团奠定坚实基础

天津渤海化工集团公司

天津渤海化工集团公司（以下简称“渤化集团”）是国家计划单列企业，现有国有及国有控股企业105家，合资合作企业31家，国家级企业技术中心1个，市级企业技术中心9个，科研院所7个，博士后科研工作站1个，甲级设计院2个，职业技术学院1所，财务公司1家。

“十一五”以来，天津渤化集团紧紧抓住滨海新区开发开放战略机遇，把“调结构、转方式”与滨海新区建设发展相结合，把集团发展纳入天津大发展中来规划，融入滨海新区开发开放去布局，建设了占地5平方千米的渤海化工园和占地近1平方千米的精细化工基地，使企业布局调整取得明显成效，产业结构得到明显优化，初步实现了园区化的发展格局。在滨海新区发展中占有重要位置，成为天津市优势重点支柱产业之一，经济规模由“十五”末期的186亿元增加到2011年的578亿元，位居2010年中国企业500强第185位，中国制造业500强第91位，实施了集团公司第二次创业，实现了产业升级和跨越发展。

## 一、坚持布局结构调整，打造园区化的发展格局

天津化工历史悠久、源远流长。历史既造就了具有中国近代化学工业摇篮美誉的天津碱厂等一批大型骨干企业，也形成了星罗棋布，分散在城市众多区域的一批中小化工企业。截至“十五”末期，渤化集团所属262家生产企业分布在天津18个行政化区县中的12个区县，其中以天津碱厂为代表的一批企业位于城市的中心区域。企业发展受到严重限制，与城市规划建设的矛盾越发突出。

面对城市建设和企业生存发展的矛盾，我们清醒地认识到：随着人民生活质量、环境质量要求的提高，化工企业远离城市集中发展已成必然。因此，集团所面临的不是一家一户企业的搬迁，只有从战略上进行布局调整，才能从根本上解决好成批分散企业的聚集发展，在重围中杀出一条血路，真正实现与城市建设的相互融合、和谐发展。“十一五”期间，我们痛下决心，以渤化园和精细化工基地建设为载体，实施了外环线以内企业和天津碱厂的搬迁改造。目前，渤化集团所属的生产企业有90%转移到滨海新区，基本形成了布局基地化的集中生产格局。这些企业通过搬迁实现了改造升级，焕发青春，勃发生机。在布局结构调整上，我们的主要做法有以下几个方面。

第一，遵循产业发展规律，确立集约发展理念。现在的渤化集团由天津市化工局改制而成，主要经历了3个重组过程：1991年由化工局三大化（天津碱厂、大沽化工厂、天津化工厂）组建天津渤海化工集团，1996年由天津长芦盐务局调整出两个盐场（塘沽盐场、汉沽盐场）并入渤化集团，1997年改制后的天津市化工总公司并入渤化集团。

为搞好“十一五”的发展，2001年集团公司和骨干企业的主要领导，先后到美国休斯敦、比利时安特卫普、德国莱比锡、新加坡裕廊岛、韩国大山、日本千叶，以及上海漕泾等石化园区，考察学习先进的化工园区发展经验。我们更加深刻地体会到：园区化、规模化已成为世界化工发展的主流模式。实现规模和聚集效应，是化工产业发展的基本规律，也是解决渤化集团主要问题的根本性出路。为实现集团布局的战略性调整，我们确定了“集中、集约、集合”的布局结构调整原则。集中就是统一规划、分期实施，全部企业进园区，实现生产的集中布局；集约就是统筹谋划、突出特色、产业聚集，基础化工在临港，精细化工进大港，形成集约发展模式；集合就是整

合各种要素资源、举全集团之力，规划建设渤海化工园和精细化工基地，坚定不移走园区化发展之路。

第二，抓住机遇借助外脑，高水平制定规划。天碱搬迁是实施集团布局调整的难点，也是实施调整的龙头。从2001年开始，我们就成立了天碱易地发展领导小组和工作班子，开始了长达3年的深入细致调研。在实施天碱搬迁和精细基地建设规划的研究制定中，我们提出“三个结合、三个必须”：一是与借助外脑相结合，规划必须高水平。经过反复调研，我们与石油和化工规划院建立了战略合作关系，共同研究制定了渤化园暨天碱搬迁的产业发展规划和总体发展规划，委托国际著名咨询公司对规划进行深入的分析评估，并邀请两院院士和全国石化与化工资深专家进行反复论证。二是遵循产业规律与集团实际相结合，规划必须可操作。我们结合集团所属企业产品和人员的实际情况，按照产业集约化和有利于降低运行成本的要求，确定以基础化工为主的企业向临港集中，以天碱搬迁改造为切入点，规划建设渤海化工园；以精细化工为主的市内企业向大港聚集，规划建设渤化集团精细化工基地。三是解决现实问题与长远发展相结合，发展必须可持续。在规划中，我们注重现有优势产品与新产品相结合，产品链上下游拓展上有空间；动脉产业链和静脉产业链相结合，资源循环利用上有空间；生产装置与研发平台建设相结合，持续保持先进性上有空间，从而保证了渤化园和精细基地的可持续发展。

第三，实施开放型建设，实现强强联合共同发展。目前，国内的绝大多数园区，由管委会统一规划建设基础配套设施。我们的渤化园和精细化工基地，除供电、供水、供天然气由管委会统一建设外，其他配套都需自行解决。针对渤化园和精细化工基地建设的特点，我们坚持开放型建设的战略，积极吸引国内外具有各种优势的企业加盟园区发展。在渤化园的建设中，我们与法国威立雅水务公司合资建设了包括循环水、除盐水、污水处理等在内的水处理工程；与法国液化空气公司合资建设了2×60000立方米/小时空分装置；与荷兰孚宝合资建设了2×5万吨液体化工码头和39万立方米的仓储罐区；与韩国LG合资成立了LG渤化公司和LG渤天公司。通过合资合作，不仅引进了建设资金、先进的技术和先进的经营管理理念，还实现了优势互补，形成了强强联合、共同发展的良好势头，同时，也为集团今后实现更大发展，聚集了一批战略上的合作联盟。

## 二、坚持产品结构调整，打造三化结合的发展格局

集团所属的海晶公司（塘沽盐场）和汉沽盐场分别有800年和1000多年的历史，优质的原盐资源为盐化工的发展提供了良好的条件。依托丰富的原盐资源，通过“十五”期间实施的百万吨聚氯乙烯（PVC）工程等基本建设和技术改造项目，形成了120万吨烧碱、155万吨PVC、80万吨纯碱等盐化工为主的产品格局，也成为中国盐化工的龙头企业。但是，随着近年来“两碱”企业的发展，我国纯碱、氯碱产能快速扩张，形成了产能过剩的局面。尽管我们在技术、质量、品牌上仍然保持一定的优势，但由于缺乏煤炭、乙烯等资源优势，再加上老企业的人员负担和能源价格的不断上涨，渤化集团盐化工的优势地位受到越来越大的挑战。

面对严峻的形势，我们深刻地认识到：产品结构调整刻不容缓，只有趋利避害、顺势而为、打造新的优势，努力走出一条具有渤化特色的结构调整之路，才能在更加激烈的市场竞争中得到发展壮大。“十一五”期间，我们紧紧抓住天碱搬迁改造和中石化天津百万吨大乙烯装置提供45万吨石化产品这一难得的历史机遇，实施了以海洋化工、石油化工、碳一化工为产业核心，专用精细化学品为特色产品的产品结构调整。通过“十一五”的调整，新增重点新产品19种，盐化工产品所占比重大幅下降，石化产品和碳一化工比重达到18.9%，精细化工和化工新材料所占比重达到21%，初步形成了多点支撑、相互拉动的产品格局。在产品结构调整上，我们的主要做法是：

第一，坚持以市场为导向，加快产品结构调整升级。我们把解决一品独大、结构单一作为产品结构调整的主攻方向。天碱在搬迁改造中，确定了以煤气化为龙头，海洋化工为基础，碳一化工为核心，与石油化工相结合，既保留纯碱优势产品，又进行较为彻底提升改造的调整思路。实施建设了两套日处理煤2000吨的煤气化、年产30万吨合成氨、80万吨联碱（含60万吨重质纯碱）、50万吨甲醇、4万吨聚甲醛、20万吨醋酸、22.5万吨丁辛醇等一批装置，形成了上下游衔接的产品链。天碱搬迁改造后，纯碱产品比重由70%下降到13%，基本实现了由单一无机产品向有机无机相结合产品结构的转变，企业营业收入比改造前增长4倍。我们抓住中石化天津大乙烯提供石化原料的机遇，发挥港化一体的优势，建设了50万吨苯乙烯、40万吨丙烯腈-丁二烯-苯乙烯共聚物（ABS）、6万吨丁苯橡胶（SBS）、12万吨发泡聚苯乙烯（EPS）、14万吨聚苯乙烯（PS）、40万吨氯乙烯单体（VCM）等装置，正在建设国内

首套60万吨丙烷制丙烯项目。随着这些项目的建成投产，渤化集团将拥有PVC、PS、ABS三大合成树脂和丙烯产品，既初步实现了氯碱产业与石化产业的结合，也为下游精细产品发展创造了条件。

在精细化工基地的建设中，我们投资21亿元，利用产业基础和技术优势，规划建设了10万吨顺酐及其下游产品、7万吨橡胶促进剂、1.2万吨抗氧剂、2万吨纺织化学品、万吨级环保型墨粉树脂等电子化学品、千吨级汽车交通配套化学品、百吨级医药中间体及医用高分子材料等19个项目，初步形成了专用化、系列化的产品格局。

第二，坚持安全环保节能减排，努力实现绿色发展。渤化集团作为地方国有大型化工企业，时刻把安全环保、责任关怀作为头等大事，始终坚持安全环保源头把关、一票否决。在渤化园和精细化工基地建设中，我们坚持统一规划建设安全环保装置，确保做到与项目建设同时设计、同时建设、同时运转，一方面通过园区化发展，实现公用工程集中建设、优化供应，另一方面充分利用顺酐生产工艺的放热反应，实现精细化工基地装置的蒸汽供应，使精细化工基地成为没有"专职供热装置"的园区。我们积极推进循环经济发展，利用热电装置的废渣建设新型建材，利用副产二氧化碳生产食品级二氧化碳，实现副产和废弃资源的综合利用。"十一五"末期，集团主要污染物化学需氧量（COD）排放较"十五"末期下降20%以上，二氧化硫排放下降20%以上，固体废弃物综合利用率达到90%以上。

第三，坚持科技进步，促进产品优化升级。结构调整，科技是支撑。我们在产品结构调整中，坚持做到科技创新的"三个结合"，即引进技术与消化吸收再创新相结合，持续保持技术的先进性；自主创新与产学研合作相结合，整合社会科技资源促进企业发展；科技开发与技术集成相结合，加速科技成果的产业化。在渤化园和精细化工基地建设中，我们瞄准国际先进工艺，引进了一批与丁辛醇、ABS等产品相关的世界先进的工艺技术，并与项目装置同步，建设重点产品研发平台，不仅大大提升了装置投产达产水平，也实现了新产品新技术的同步开发。

我们在加强集团技术中心建设的同时，广泛深入开展产学研合作，与中科院北京分院、中科院大连化物所、南开大学、天津理工大学签订了全面战略合作协议，与天津大学、华东理工大学、北京化工大学等密切合作。通过自主创新和产学研合作，建立了催化技术、化工新材料、精细化工、节能环保、海水淡化及综合利用等研发平台，取得了万吨级丙烯直接氧化制环氧丙烷等一批国际先进水平的科技成果和产业化技术。

在科技开发与技术集成结合上，我们注重科研与设计的紧密结合，使具有自主知识产权的重质纯碱与联合制碱成套技术成功向国内外转让。通过技术集成和设计创新，与重庆紫光集团合作，年产1万吨蛋氨酸项目建成投产，实现了以技术输出和工程设计为基础的外向型发展。

“十一五”期间，集团累计投入科技资金30亿元，比“十五”时期增长2.3倍；申请专利916项，比“十五”时期增长3.8倍，授权专利279项，比“十五”时期增长2.8倍；鉴定验收科技成果59项，其中有24个科技成果获得国家、天津市科技奖。2011年完成新产品产值145亿元，同比增长35%。为营造良好的创新氛围，我们制定了集团公司科技进步奖励办法和知识产权管理办法，开展了对科技人员股份奖励的试点，集团公司每两年召开一次科技表彰大会，对取得的科研成果、产业化成果、授权专利和调研成果进行表彰和资金奖励，极大激发了广大科技人员创新的热情和积极性。

## 三、坚持产业结构调整，打造多业态的发展格局

渤化集团是一个综合性的大型企业集团，拥有许多特有资源优势和潜在优势，主要包括：300多平方千米盐田土地，临港和码头罐区优势，中国人民银行批准成立的财务公司等。随着集团园区化的发展，企业生产装置不断集中，产品上下游衔接不断加强，特别是滨海新区加快开发开放的大好形势给我们带来许多新的产业发展机遇。

面对新的发展商机，我们敏锐地认识到：随着集团主业的发展壮大，发挥聚集的资源优势，实现化工为主相关多元的发展，不仅可以将潜在优势转化为现实优势，而且可以更好地促进主业的发展。“十一五”期间，我们围绕渤化园和精细化工基地建设，加强了以贸易、物流、金融为重点的相关产业发展。目前，渤化集团已经初步形成了“一业为主、相关多元”的多业态发展格局，不仅使资源优势得到较充分的发挥，也进一步降低了主业的生产经营成本，使集团整体优势得到初步彰显。在产业结构调整上，我们的主要做法是：

第一，发挥港化一体优势，发展服务贸易。在渤化园的建设中，依托临港经济区的港口优势，规划建设了两个5万吨级的液体化工码头，近100万立方米仓储罐区，与天津石化公司紧密相连的4条35千米的长输管道。我们根

据国际市场变化，瞄准国内外两种资源、两个市场，坚持整体联动，统筹进行产品销售、原料采购及仓储运输的组织协调，加强企业内部资源共享与整合，成为天津石化企业的仓储基地和出海口。2011年，集团年贸易额达到68亿元，2012年预计突破120亿元，有力促进了各企业生产、经营的协调发展。

第二，发挥土地资源优势，发展仓储物流。天津滨海新区总占地面积2270平方千米，其中渤化集团盐田面积300平方千米，占滨海新区总面积的13%。我们一方面努力提高原盐单产，提供土地支持滨海新区建设；另一方面按照融入新区、借势发展的原则，主动把握新区十大战役征用盐田的时机，顺势而为，积极发展仓储物流。目前，我们通过共建、出租等多种方式，与天津港国际物流公司、天津散货物流公司等合作，建设了散货物流、集装箱仓储等公司，2011年实现利润7000万元。与此同时，还与滨海新区合作建立了天津经济技术开发区环卫公司，承接开发区的环境卫生工作，既解决了富余职工就业安置，又为企业增加了效益。

第三，发挥财务公司优势，建设集团资金平台。企业的财务公司，是以加强集团资金集中管理和提高资金使用效率为目的，为企业提供财务管理服务的非银行金融机构。其主要宗旨是为集团企业的发展提供较低成本、快捷便利的金融服务。“十一五”以来，渤化集团财务公司按照服务企业、降低成本、确保发展的原则，在积极为企业发展提供服务的同时，自身也得到快速发展。从业务品种看，2005年财务公司业务品种仅限于短期流动资金贷款和票据贴现。经过“十一五”的拓展，财务公司目前业务品种丰富多样，主要包括：集团资金归集、贸易融资贷款、电子银行承兑汇票等10多种业务，并与多家银行建立了长期战略合作关系。与2005年相比，财务公司的注册资本增长2.3倍，资产规模增长7.23倍，营业收入增长5.8倍，归集资金30亿元，有力促进了集团的发展。

通过“十一五”的结构调整，渤化集团初步实现了“三个转变”。一是从企业分散向园区化发展的转变；二是从传统盐化工向“三化一体”的转变；三是从单一化工生产经营向“化工为主相关多元”的转变。回顾“十一五”的发展历程，我们深深地体会到：坚持结构调整，走园区化、集约化发展之路是传统化工企业加快发展的必由之路，要不等不靠、顺势而为、主动出击，并在实践中坚持“三个高水平”：一是技术装备高水平、不欠技术水平账，确保世界一流、国内领先；二是质量效益高水平、不让后人背包袱，确保项目经济效益好，竞争能力强；三是安全环保高水平、不给社会添负担，确保安全环保、绿色生态。

天津市委市政府高度重视石化产业发展，在滨海新区南部规划了200平方千米的南港工业区，建设世界规模的石化产业基地，并确定在南港工业区规划20平方千米建设渤化南港基地。“十二五”期间，渤化集团将按照世界一流的标准，以深化产品、产业、资本、组织、人才5大结构调整为抓手，重点实施优化渤化园、提升精细基地、开发南港新区3大任务，力争到“十二五”末期把渤化集团建成国际化、具有领先水平的千亿规模现代化工企业集团。

## 专家点评

天津渤海化工集团公司是一家老国企，既有悠久的化工生产历史和经验，也面临着城市快速发展与传统化工布局、生产方式不相适应等一系列新矛盾。渤化集团抓住天津市开发滨海新区的机遇，大力实施老厂搬迁改造，提高集约化水平；坚持科技创新，大力开发绿色、环保、安全的高端专用精细化学品；坚持多元发展，发挥资源的聚集优势，提高综合竞争力。通过结构调整，渤化集团实现了3大转变：从分散向园区化发展转变，从传统盐化工向“三化一体”转变，从单一化工向“化工为主相关多元”转变，使老的国有化工企业焕发出勃勃生机。渤化集团的经验可以归结为一句话：坚持园区化、集约化、精细化发展，是传统化工企业加快“调结构、转方式”的必由之路。

# 创新探索

The Path of Innovation

## 瞄准世界领先　立足自主创新<br>振兴发展民族聚氨酯工业

烟台万华聚氨酯股份有限公司

30多年来，烟台万华聚氨酯股份有限公司（以下简称“烟台万华”）以振兴民族聚氨酯产业为己任，坚持改革开放和技术创新，克服重重困难，开发出具有自主知识产权的MDI（异氰酸酯）制造技术，其中“年产20万吨大规模MDI生产技术及产业化”获得了国家科技进步一等奖，打破了少数国家、少数跨国公司的技术封锁与垄断，在激烈的国际市场竞争中脱颖而出，产能上升至亚太地区首位、全球第二，产品质量已达国际领先水平，产品价格成为国际市场的风向标，成功走出了一条以自主创新为核心驱动力的内涵式发展道路。

烟台万华与中国千千万万的化工企业一样，发展之初面临着无核心技术、社会负担沉重等困难与挑战；同时，我们又有着与其他化工企业相区别的特殊发展环境，MDI行业的垄断性、市场竞争的残酷性、工艺技术的复杂性均超过了其他行业。面对严峻复杂的内外部环境，我们不畏艰难、顽强拼搏，以敢为天下先的勇气，积极推进改革改制，大力开展技术创新，实现了由依赖技术引进向坚持自主创新的转变，由追随型本土企业向创新型跨国公司的转变。

烟台万华发展历程大致可分为以下3个阶段。

## 一、由依赖技术引进向自主创新艰难转变

MDI是生产聚氨酯的重要基础原料，属高技术产品，广泛应用于航空航天、军工、汽车、家电、纺织、建材、轻工、医疗卫生等国民经济、国防建设以及人们的日常生活等各领域，世界主要化学公司及科研机构均投入大量人力、物力进行技术开发。MDI技术工艺复杂、工序环节多，生产中使用氯气和光气，自动化控制水平要求很高，技术开发难度很大，竞争者很难进入。MDI技术自20世纪50年代诞生以来，一直由跨国公司长期高度垄断封锁，严格限制向其他国家或企业转让。

1978年，为解决全国10亿人民的穿鞋问题，国务院决定从日本引进合成革生产线，配套引进了1万吨/年MDI的生产装置，日方企业并没有通知MDI技术所有方英国ICI公司，是MDI制造技术转让严格受限下的一条“漏网之鱼”。这套装置属于20世纪60年代技术水平，工艺落后、消耗大、成本高，而且由于日方仅转让操作规程，不转让核心技术，自1984年装置开始运转后一直极不稳定，物料堵塞、泄漏时有发生，现场经常能闻到苯胺、盐酸、氯苯的味道，一个月停车三四次，每次停车至少要抢修3天，历经10年都未达产，产品质量差，客户不接受，企业运营十分困难。

面对困境，我们没有退缩，而是迎难而上，MDI课题小组靠着一股子拼劲和不服输的精神，对引进装置进行技术消化，使用最原始的手工核算方式，经过艰苦实践和探索，积累了大量的第一手数据，终于找出了装置运行不稳的原因。在此基础上，与有关高校和科研机构开展产学研合作，对装置进行了多项技术改造，装置运转5年后终于趋于稳定，1988年，MDI产量达到了8000吨，技术改造取得了初步成效。

20世纪80年代末，中国MDI市场出现了井喷式的增长，产品供不应求，1988年需求量达到了2万吨。跨国公司为了抢占和垄断中国市场，加快在中国布局，严重威胁到烟台万华的生存与发展。由于具有技术优势与规模优势，跨国公司的MDI产品质量好、竞争力强，占据中国市场份额达90%以上，而烟台万华的MDI产品仅占市场的9%左右，企业经营十分困难。

为摆脱生存的困境，提高产品竞争力，我们首先想到了继续引进技术。因此，我们找到原来转让技术的日本公司，提出再次引进技术的愿望。日本公司明确表示，新技术不会转让，可以考虑转让老技术，但用老技术改造老装置也只能提高2000吨/年的产能。其实，日本公司根本不想转让技术，以天价转让费紧紧关上了转让技术的大门。

遭到拒绝后，我们把目光转向了欧美的跨国公司，先后多次谈判引进技术，包括采取与中石化合资的方式，邀请中石化出面，以提高谈判的筹码，但均被回绝，甚至都不让我们的技术人员看一看装置近景。当一家跨国公司表示，烟台万华如果能拿出中国市场调研报告，就可以考虑合作之后，我们真诚地带领该公司人员到烟台MDI装置现场进行考察，并组织近20人的团队，花费巨资、耗时半年，跑遍大江南北进行国内市场调研。在对方拿到调研成果后，却因为看到了中国的巨大市场潜力，决定单独在中国建厂，烟台万华引进技术的道路彻底被堵死了。历时5年的技术引进经历，使我们备尝屈辱，由此得出了一个深刻的教训："核心技术是引进不来的，自主创新能力不是靠金钱可以买到的！"

1993年，我们10多年前引进的装置寿命已经到期，新技术又引进无门，产品明显缺乏市场竞争力，烟台万华陷入了前有堵截、后有追兵、进退维谷的境地。自古华山一条路，置之死地而后生，万华人达成了"与其等待跨国公司把自己扼杀，不如自主创新闯出一条新的生路"的共识，走上了义无反顾的自主创新之路。

## 二、实施9688工程，成功突破国际技术垄断

1994年，我们通过产学研合作，对引进装置的瓶颈逐项进行分析、核算，拿出改造方案，并且在不影响正常生产的情况下，利用大修时间进行技术改造。1995年，作为全国百家建立现代企业制度试点企业之一，原烟台合成革总厂被改制为烟台万华合成革集团有限责任公司。这一改革进程，为企业完成股份制改造和经营机制转换奠定了基础。焕发生机的万华，经过一年多的努力，1995年MDI年产量首次突破1万吨，引进装置历经11年终于达产，并于1996年达到了1.5万吨，标志着我们完成了引进装置的消化吸收。在此基础上，我们积极推进MDI制造技术的自主创新，先后投资1500万元，经过两年的艰辛探索，终于在光气化制造、DAM制造、粗MDI制造和粗MDI分析与

精制等重大关键技术方面取得全面突破，其中缩合和光气化两项关键技术达到国际先进水平。

1998年，连续精馏装置投料试车成功，跨国公司解决不了的残液变成了合格产品。这一年，在中央有关部委和省市政府的大力支持下，万华集团把优质资产MDI剥离出来，将MDI分厂改制为烟台万华聚氨酯股份有限公司。这次改制对烟台万华来说是革命性的，是对国有企业僵化体制的一次脱胎换骨的变革。通过改制、改组和改造，建立起“产权清晰、权责明确、政企分开、管理科学”的现代企业制度，从此真正成为了市场的主体，确立了以技术创新为核心的发展理念，为烟台万华今后的发展奠定了坚实的基础。

改制之后，新机制产生了新的活力，公司的领导层迅速做出一系列重大经营决策和管理举措，启动了“创新工程”、“人才工程”、“3I国际化战略”，制定了科技进步奖励办法、工资与效益挂钩的考核办法、项目经理负责制、比价采购管理办法、竞聘上岗、末位淘汰制等一系列长期激励约束机制。新的体制逐步消除束缚生产力发展的体制性障碍，烟台万华逐步走上了创新发展的快车道。

技术创新激励机制的改革最能体现烟台万华改制的精神。《科技进步奖励办法》的提出，使科技人员受到极大鼓舞。同时，我们以学术带头人作为主要引进目标，从国内外引进了化学工程和化工过程工程化计算机软件开发、化学基础工艺研究等方面的学术带头人，公司配以良好的研究开发环境，与企业中具有丰富实践经验的工程技术人员有机结合，使烟台万华技术开发逐步与国际接轨。

体制创新从根本上激活了公司的发展潜力，技术接连突破，产能连续翻番。1999年光化增容系统改造完成，MDI产量突破2万吨；2000年4万吨/年MDI制造技术通过专家论证，产品质量基本达到国际先进水平，标志着我国完全打破了跨国公司的垄断封锁，成为世界上第5个拥有MDI制造技术自主知识产权的国家。2000年，烟台万华获得国家批准上市，于2001年1月5日正式在上海证券交易所上市，为公司做大主业、壮大实力、加快发展打下了坚实的基础。

## 三、由本土企业向创新型跨国公司转变

跨国公司时刻关注着中国MDI市场的变化和烟台万华的发展。2002年，

烟台万华MDI国内市场占有率快速上升到第一位，在新的形势下，跨国公司又一次加快了在中国市场的布局。一是2001年获批在中国兴建16万吨/年MDI项目；二是凭借规模优势与技术优势，在中国市场“植根倾销”MDI，企图继续维持垄断地位，将刚走出困境的烟台万华再次推向了生死边缘。

在危急存亡的关键时刻，我们果断采取有力措施。一是向国家有关部门提出反倾销申诉，对跨国公司的倾销行为开展调查取证，迫使跨国公司收敛违反市场规则的行为，MDI市场秩序得以逐渐恢复。二是在2002年成功开发出16万吨/年MDI制造技术的基础上，我们在行业主管协会、聚氨酯专家和有关领导的支持下向国务院加快立项申请，2003年即获批准，并得到国债支持。万华宁波大榭岛16万吨/年MDI项目是年开建，到2005年仅用两年时间实现装置一次投料成功，快速达产，运转稳定，抢占了MDI产业自主发展的先机。宁波大榭岛项目的建成投产，标志着烟台万华具备了大型MDI装置的建设能力，在世界MDI产业布局中占据了举足轻重的地位。三是开始在中东、俄罗斯、日本、美国、欧洲设立分公司、办事处，实施全球化布局和竞争制衡战略，向国际化迈进。经过艰苦努力，烟台万华彻底改变了被动抗争的局面，成功从跨国公司的扼制封杀中彻底突围。

2007年，我们自主研发的“年产20万吨大规模MDI生产技术及产业化”获得了国家科技进步一等奖，树立了中国石油和化工行业技术创新的一个标杆。通过应用新技术，对宁波大榭岛16万吨/年装置进行改造，产能增加到24万吨/年，再经过装置运行优化，2011年达到40万吨/年；2008年，烟台的MDI装置产能达到了18万吨/年，2011年达到了20万吨/年，至此比原产能整整提高了20倍。一家跨国公司的权威人士对烟台万华的崛起给予了极高评价：“MDI产业化40多年来，都由几家世界级公司控制，你们依靠自己的努力挤进了MDI家庭，我们认可你们这个成员。”

在技术创新取得重大突破，成功打破跨国公司封锁垄断以后，我们进一步意识到技术创新没有止境，仍然把技术创新作为公司成功转型，在激烈的国际竞争中赢得优势的最核心要素。一是努力实施高端发展战略，通过建立光气化、催化加氢、催化氧化、先进材料等研究平台，构建完整的异氰酸酯产业链，ADI系列产品中试成功，HMDI产业化装置、煤造气装置、苯胺装置的建设，标志着我们在异氰酸酯产业链拓展取得重大进展。二是大力发展循环经济，将生产中的中间产物全部吃干榨尽、循环利用，建成了世界上规模最大、产业链配套最合理的MDI制造基地。三是引领发展节能环保新兴产业，建成世界上第一套零甲醛农作物秸秆板生产线，不仅解决了焚烧农作物秸秆引发的环境污染问题，而且可以减少使用树木，保护森林，真正从源头上减少污染排放，目前已形成15万立方米/年的产能，每年减少$CO_2$排放26万吨。

2011年，万华的MDI产能达到124万吨/年，比2000年增长了30多倍。单位能耗比最初引进的技术低85%；万华烟台工业园项目一期工程全面启动，包括60万吨/年MDI、30万吨/年TDI、24万吨/年环氧丙烷、30万吨/年聚醚、42万吨/年丙烯酸酯等。2011年，经过两年的谋划和艰苦谈判，我们斥资12.6亿欧元成功并购了匈牙利Borsodchem公司，在海外拥有了年产24万吨MDI、25万吨TDI、40万吨PVC和3000多名外籍员工的生产基地，并通过技术和管理输出，力求将其改造为欧洲最具竞争力的MDI制造基地，进一步增强了烟台万华的全球战略制约和平衡能力，极大地提升了我国MDI产业在全球产业链中的地位和作用。此次并购，被《国际金融评论》评为“2010年度欧洲、中东、非洲地区最佳重组交易”。

事实证明，通过技术创新引领发展方式转变，是烟台万华近30年跨越式发展的精髓，烟台万华先后成为编制上证180指数、沪深300指数、中证100指数、巨潮100指数、道中指数和道沪指数的样本股，成为上市公司中最具成长性的公司之一，这是对烟台万华创新发展的最有力诠释。

经过30多年的发展与实践，我们深刻体会到，技术创新是一个系统工程，转变观念、体制改革、培育创新型人才队伍、构建产学研相结合的技术创新体系、建设创新型文化等在技术创新中均发挥着重要作用，为烟台万华快速成长为一个具有国际化聚氨酯企业做出了重要贡献。具体有以下几方面体会。

一是必须转变观念，坚定不移地走立足自主创新的转型发展之路。

我们为引进先进技术，经历了几十次与欧美日等跨国公司艰难而屈辱的谈判，前后花费了5年的漫长时间，一次次期盼换回来一次次失望，事实证明先进技术是引进不来的，特别是核心技术是引进不来的，只有走自主创新的发展道路才能真正打破垄断，才能发展壮大MDI这一战略性新兴产业。我们是被逼上自主创新道路的，最终从单纯依靠技术引进的旧观念中走了出来，开启了烟台万华辉煌的自主创新的新征程。我们把转变观念总结为两句话：“凡是不适合市场竞争的，凡是不利于生产力发展的，都必须创新；怎么适应市场竞争，怎么适应生产力发展，就怎么干”。

二是必须改革体制，建立起以法人治理结构为基础的现代企业制度。

我们几次重大体制改革均走在全国化工企业的前列，比如实施干部聘任制、全员劳动合同制、建立现代企业制度、融资上市等。这些改革措施，使企业真正做到了“产权清晰、权责明确、政企分开、管理科学”，企业的管理体制和经营机制发生了翻天覆地的变化，真正成为“自主经营、自我发展、自我约束、自负盈亏”的市场主体，资产、技术、人才等各种创新要素被激活并得到有效配置，极大地激发了人们的能动性和创造力，技术创新的积极性和主动性一下子被调动起来，为烟台万华技术创新、转变发展方式提供了无尽的活力和制度基础。我们通过ISO9000、ISO14000和OHSAS18000三个体系的认证、实施以六西格玛为中心的精益生产管理体系、杜邦安全管理体系、以价值为导向的全面预算管理体系、面向全球化的信息化运营体系，使烟台万华的企业管理快速与国际接轨，得到社会的普遍赞誉和认可，先后荣获国家环境友好工程、国家优质工程金质奖、中国工业大奖表彰奖以及获得了全国首批28家“国家安全标准化一级企业”认证等奖项和荣誉称号。

三是必须实施引才、育才、留才、借才、用才的系统人才工程。

万华的飞速发展，让万华人切身体会到：创新是万华发展的动力源泉。人才又是创新的不竭动力，离开人才，一切的创新活动都无从谈起。万华坚持“人才是能够为企业带来超额价值”和“人才是企业最重要的战略资源”的人才理念，特别注重人才经营，实施以“引才、育才、借才、用才、留才”为主要内容的人才工程，为自主创新提供不竭动力。

万华为“广聚英才，共创伟业”，结合企业实际，认真组织、落实“中央人才工作协调小组关于实施海外高层次人才引进计划的意见”和“引进海外高层次人才暂行办法”，在省市委组织部和人事部门的指导和支持下，首先把学术带头人作为主要引进目标。实施全员荐才和伯乐奖，在国内外分别引进了化学工程和化工过程工程化计算机软件开发、化学基础工艺研究等方面的学术带头人，公司配以良好的研究开发环境，与原来很有实践经验的工程技术人员有机结合，相得益彰。

万华提倡“终身学习，学以致用”，从基层员工到总经理都需不断充电，以适应市场竞争和公司发展的需要。所有高层分期、分批到国内外著名大学读取EMBA学位；学术带头人要求每年必须出国参加专业对口方面国际学术会议，以保持其在学科的前瞻性；所有管理人员提倡专业对口学习；中层干部要求具备工商管理知识，与北大光华管理学院合办了MBA远程教育班；表现优秀的员工公司资助脱产考读硕士、博士；基层生产员工可以参加公司与国内高校合办的化工工艺和自动化控制两个大专班，在公司上下形成了一种学习的氛围。

万华采取灵活措施，在世界范围内优化配置人才资源。针对一些高层次人才的具体情况，烟台万华本着“不求所有，但求所用”，借“外脑”发展，聘请了多名外籍顾问，并聘请了法律、税务、国际收购兼并等方面专门顾问。公司还实施“银发工程”，聘请跨国公司已退休的技术专家、市场专家和管理专家为公司做咨询，为万华的发展献技（计）献力。同时，公司还聘请了多位国内专家学者作为发展战略顾问。

万华始终倡导“用人用长处，有为就有位”的用人策略，重用在各方面能为万华事业做出贡献的人才。逐渐建立了与国际标准接轨的科研人员薪酬体系，建立了与公司行政职务对等的研发人员职级晋升体系，即“职务职级管理双序列体系”，改变了岗位不变、薪级不变的薪酬管理体系，给优秀人才提供了一个成就事业的广阔平台。

正如《万华之歌》中所描述的那样：“心交心英才广聚，情中情心灵归属”，万华实施了“靠良好待遇、事业感召和健康文化打造一支朝气蓬勃，达到国际水准的人才团队是实现万华战略目标”的留人策略。对20%骨干而言，最关键的要用事业留人，万华想方设法为他们创造能够充分发挥作用、体现个人价值干事业的环境，目前万华聚集了国内MDI、聚氨酯相关领域的大批专家和高科技人才，拥有一支以化工工艺为主，兼有化学工程、高分子材料、化学分析、化工设备、自动化和计算机科学等多学科相结合的研发队伍。以50余位海内外博士、300多位硕士为骨干，活跃于公司技术开发、新产品开发、应用研究、工程开发等众多领域。

通过实施人才工程，造就了一支600余人的世界级专业研发创新团队。其中，享受国务院津贴专家、泰山学者特聘专家、国家“千人计划”、“山东省万人计划”和“省有突出贡献中青年专家”等称号的高层次人才20余人。这支团队屡建奇功，被山东省政府授予十大优秀创新团队，记集体一等功；成员个人先后获得“何梁何利科学技术奖”、“山东省科学技术最高奖”、“中国青年科技奖”等多项荣誉（奖励）称号。烟台万华相继被国内外权威机构授予“CCTV最佳雇主”、“翰威特中国最佳雇主”等荣誉称号。

四是必须开展产学研合作，积极构建以我为主的产学研相结合的技术创新体系。

我们从下决心走自主创新的道路开始，就建设了以企业为主体、产学研相结合的技术创新体系。我们先后与中科院、清华大学、北京化工大学、厦门大学、南京工业大学以及西安设计院等数十家科研院所和高校建立了紧密的合作关系，有效利用和配置了行业的科研资源，形成了开发MDI制造技术的合力。经过近30年的实践与积淀，我们依托国家聚氨酯工程技术研究中心，已建立起具有国际影响力的光气化技术平台、催化加氢平台、先进表面技术平台和化工过程系统集成平台，建立了烟台、北京、宁波和美国休斯敦4大研发基地，成立了7个专业核心研发机构，搭建起层次清晰、构架合理，从基础研究、工程化开发到产品应用研发覆盖技术创新全部环节的创新体系，使企业整体研发处于行业领先水平。

五是必须建设创新型文化，为技术创新营造“敢于创新、宽容失败”的文化氛围。

MDI技术工艺复杂，有毒有害物质多，无论是早期对引进装置进行技术改造，还是后来自主开展的技术创新，企业领导和科研人员均承担着巨大的风险。在创新—失败—再创新这一实践过程中，我们形成了敢于创新、宽容失败的创新型文化。在创新型文化激励下，连续精馏、光气合成、光化反应、溶剂回收等技术难关被一一突破，最终使烟台万华由MDI制造技术的追随者变成了MDI制造技术的国际领先者。

未来5年，我们将以战略为导向，以实业运营为主体，以自主创新为核心，以资本运作为辅助手段，以人才为根本，以卓越运营为基础，以优良文化为保障，突出主业，实施产业链、市场、技术的多元化发展，打造具有全球竞争优势的一体化、绿色化工产业链，实现本土化向国际化的转变、万华聚氨酯向万华化学转变，建成以聚氨酯原料为主体，集石油化工、煤化工、盐化工、精细化工和化工新材料为一体的绿色综合工业园区，发展成为具有全球竞争优势的、受行业尊重的、让员工自豪的国际一流化工公司。

## 专家点评

多年来，异氰酸酯（MDI）生产技术一直是少数国家、少数跨国公司的垄断技术，其工艺技术的复杂性、高端技术的垄断性和市场竞争的残酷性一直是我国异氰酸酯和新材料产业发展的一大瓶颈。烟台万华在引进一套年产1万吨小规模装置的基础上，不甘忍受引进技术无望的屈辱痛苦，在夜以继日、舍生忘死、反复实践的基础上，终于开发出了具有国际先进水平的“年产20万吨大规模MDI生产技术”，获得了国家科技进步一等奖。科技创新使烟台万华插上了腾飞的翅膀，成功“走出去”展开全球化布局，在世界MDI产业中占据了举足轻重的地位，也使我国成为世界上第5个拥有MDI制造技术自主知识产权的国家。

烟台万华的发展历程充分证明了技术创新在“调结构、转方式”中的核心作用：观念创新是先导，体制创新是前提，技术创新是核心，管理创新是基础，文化创新是保证，人才创新是关键，这就是万华人在实践中创造的“万华模式”。

# 创新探索

The Path of Innovation

## 调整产业结构　发展循环经济<br>努力开创鲁西化工发展新局面

鲁西化工集团股份有限公司

鲁西化工集团股份有限公司（以下简称“鲁西化工”）是在原鲁西化肥厂基础上逐步发展起来的国有化工企业，1998年6月发起设立鲁西化工集团股份有限公司，在深圳证券交易所上市。

多年来，我们继承小化肥行业自力更生、艰苦创业的优良传统，发扬大胆探索、开拓创新的时代精神，企业的工艺技术、产品结构和经营管理不断优化。进入新世纪后，面对剧烈的市场竞争，我们抢抓新的发展机遇，坚持科学发展，大力调整产业和产品结构，努力转变企业发展方式，使鲁西化工逐步走上循环经济的康庄大道。目前总资产已经达到156亿元，职工一万余人，产业涵盖化肥和化工两大领域，拥有4大系列70多个产品；建有国家级企业技术中心；生产的尿素、复合肥、磷酸二铵化肥产品全部为国家免检产品，“鲁西牌”复合肥为“中国名牌产品”，“鲁西”商标为“中国驰名商标”；荣获“全国五一劳动奖状”、“山东省省长质量奖”、“中国化工行业技术创新示范企业”等十几项省部级以上荣誉称号，为发展农业生产、振兴地方经济做出了贡献。

从鲁西化工发展的经历中我们深刻体会到，调结构、转方式事关企业的生死存亡。新世纪以来，我国化肥工业实现了高速发展。许多兄弟企业依靠自身积累的技术、管理和资金优势，产能不断扩大；一批优势企业相继在煤炭原料产地建设大型化肥装置，全国的化肥产能、产量迅猛增长，化肥市场的供求关系急剧变化，产能过剩的矛盾日显突出。特别是“十一五”期间，国家对能源和资源消耗、安全生产、环境保护、节能减排等约束性指标越来越高，对消耗高、污染重、技术落后的工艺和产品实施强制性淘汰。产能过剩、政策调整、约束增强、竞争加剧，化肥企业的生存与发展面临着前所未有的严峻考验。

1995～2000年，我们通过兼并、联合、收购、参股和控股等多种方式，将聊城和周边地区的6家小化肥、两家小化工、两家机械制造企业纳入集团，化肥产能一度达到180多万吨。但这种“小舢板”捆绑在一起的集团，终难形成“航空母舰”，难以经受市场竞争的大风大浪，企业发展的内在矛盾日益突出：一是生产装置多、规模小、布局散。集团最多时有12套合成氨生产装置，最小的才1万吨，最大的也只有12万吨，平均单套5万吨，而且这些装置分散在7个县（市），方圆数百千米。二是工艺技术落后，装备条件较差。主要设备炉、塔、机多数都是20世纪80年代的水平，装备陈旧，加之工艺技术相对落后，造成管理难、事故多、消耗高、效益低。三是产品种类单一，主要依靠化肥。2000年前后，化肥的销售收入占全集团的95%以上。由于我们地处山东西部，远离煤炭、磷矿石、原盐等原料产地，原料价格和运输价格不断攀升，供需矛盾越来越突出，不用说与新建百万吨级装置的企业相比，就是与能力和我们差不多的兄弟企业相比，差距也很明显，难以取得竞争优势。当时我们确实感到压力很大，如果不抓紧调整产品结构、转变企业发展方式，很可能在新一轮竞争中被淘汰出局。

在生死抉择面前，我们既感到面临的压力和危机，更看到自身的优势和希望。我们认为，化肥行业准入条件的提高是历史的进步，市场竞争的加剧是发展的必然，化肥的发展靠“优惠”和“扶持”的时代已经一去不复返，只有靠自己奋斗和发展，只有在“调结构、转方式”上下真功夫，才能实现鲁西化工的新腾飞。为此，我们逐步确立了新的发展思路，这就是：“做强化肥主业，练好看家本领；发展化工产品，开拓新的领域；建设化工园区，探索循环经济新路”。

近年来，我们积极贯彻国家及我省“调结构、转方式”的号召，按照“双轮驱动”的战略实施要求，以及聊城市建设化工新材料千亿产业园的总体规划和部署，紧紧围绕“安全”与“发展”两大中心任务，一手抓传统化肥产业的转型升级，一手抓新兴化工产业的发展，加大科技创新与投入，进一步加大产品结构调整步伐，集中力量开展化工园区建设。

2011年实现销售收入跨越百亿的目标，其中非化肥销售收入占比达到55%，调结构、转方式取得初步成效，在做大、做强的道路上迈出了坚实的一步。

## 一、从化肥调整入手，在做大、做强、做优主业上下真功夫

我们是干化肥起家的，调整首先从化肥开刀。一是对现有化肥生产装置实施技术改造，加大或更换关键设备，实施“填平补齐”，努力提高单套装置的生产能力。二是对改造后的化肥装置迅速进行复制建设，实现了化肥产量的快速翻番或成倍增长。三是新建大型化肥生产线，2006年上了一套年产30万吨合成氨、52万吨尿素装置，2007年顺利投产。经过择优改造，淘汰落后产能和新上大型装置，化肥装置“多、小、散”的局面得到初步改观，到2011年底，集团化肥总产能达到300多万吨，比2000年提高了近两倍，实现了做大主业的目标。

我们认为，“做大”不是根本，大而不强、大而不优，一样难以取得真正的竞争优势。为此我们采取了3项措施：

### （一）以市场需求为导向，积极开发适销对路的化肥新产品和新品种

通过技术改造将尿素细分为大颗粒、中颗粒、小颗粒3种产品，开发了聚能尿素、缓释尿素、含钾尿素等多个品种；根据不同作物、不同区域和用户需求，开发了各种养分含量的新型复合肥70多个品种；不断强化农化服务意识，与科研院所和高校联合进行新型肥料试验与推广，并现场进行施肥讲课与培训指导，大大提高了鲁西化肥的市场覆盖率和占有率，一些地方出现“鲁西化肥村”，甚至鲁西化肥镇。

### （二）大力实施节能降耗改造

我们投资上马了型煤生产线，合成氨生产原料由单一优质块煤，改为块煤和煤球、煤棒的混合掺烧，目前型煤的掺烧比例达到45%～65%。我们统一规范了造气炉的装置配备和炉体高度、破渣条、防流板等，自行研制了不停炉下灰装置，增设了炉底吹灰装置，采用了熔盐夹套和二次气化工艺，实现了对造气系统的优化改造，提高了煤气质量，降低了消耗。我们在造气吹风气余热回收利用的基础上，将副产蒸汽驱动背压机组发电或代替大型电机，直接用作循环机、冰机、造气风机的动力源，对尿素装置进行热力网络及热量回收改造，实现生产过程的能量梯级利用。“十一五”以来，我们在化肥生产上实施的重要技改项目有200多项，5年技改为企业增效8500万元。

### （三）大胆改变原料路线，努力打破单一原料对生产的制约

2009年，我们与北京航天万源煤化工工程技术公司、南京国昌化工科技有限公司等单位合作，建设了国内最大的国产化粉煤气化合成氨项目，该项目经过近两年的建设，于2011年10月份建成投产，12月份实现稳定生产运行，各项运行指标均达到或超过设计要求。该项目采用了国内研发的HT-L粉煤加压连续气化、低压甲醇洗和液氮洗气体净化、低压氨合成等先进技术，被列为国家十大产业调整振兴技术改造项目和国家专项资金支持项目。该项目的建成投产，一方面使我公司合成氨生产原料由原来使用的资源紧张、价格高、难以采购的无烟块煤，调整为资源丰富、价格便宜、易于采购的烟煤、粉煤，使合成氨生产煤耗和成本明显降低，吨氨成本下降300元以上。另一方面通过动力结构的调整，使用蒸汽直接驱动离心式压缩机，每小时可以减少约6.5万千瓦的用电负荷，减少了能量转换，提高了能量的利用率，降低了燃料煤的消耗。同时，由于该套生产装置均采用集散控制操作系统（DCS），自动化程度高，运行安全系数高，用人大幅减少，降低了成本。2010年和2005年相比，吨氨煤耗降低了200多公斤，成本降低了近300元，近年来在化肥价格低迷的情况下，化肥产品仍实现盈利2.9亿元，取得较好的经济效益。更重要的是在该项目成功建成投运的同时，我们还积极开展了煤化工合成气的下游化工产品项目的建设，目前已建成和在建的项目有十多个，为公司继续延伸煤化工发展链条打下了坚实基础。

## 二、坚持创新驱动，在依靠科技进步促转变上下真功夫

“十一五”以来，我们每年的科技投入都在销售收入的3%以上，累计投入达10多亿元。1998年我们组建了企业技术中心，现在已经被科技部批准为国家级企业技术中心。我们与中科院、天津大学、华中理工大学、青岛科技大学等高等院校和科研院所建立了稳定的产学研合作；制定了技术人才培养发展战略，形成了直接引进、委托培养、定向培养、企校联合培养的全方位、多层次的人才培养机制；制定了专利技术奖励、技改创新奖励、企业标准发布奖励、商标保护奖励、技术论文发表奖励和合理化建议奖励等创新激励制度，这些举措极大地调动了科技人员的积极性。截止到2011年底，企业申报并获得受理的专利达327项，其中发明专利35项，其中3项分别获得石化联合会科学技术二等奖和三等奖。集团科研项目达170余项，其中对外合作的产学研项目达到67项；设计院完成了十几个项目及园区公用工程的设计，其中3个项目获得聊城市优秀勘察设计一等奖，两个项目获得二等奖。

以技术进步为支撑的大面积技术改造，实现了化肥品种结构的调整和装备技术的提高。我们靠产学研结合建设了国内最大的合成氨国产化项目，解决了原料对化肥生产的瓶颈制约，为发展高附加值煤化工、精细化工产品打下了坚实基础。我们先后自主研发了苯甲醇和苯乙腈连续生产工艺技术、氯化氢深冷净化技术、硫化钠生产技术，保证了苯甲醇、苯乙腈、氯磺酸、硫化钠等一系列化工项目的建设投产。通过合作攻关，开发了尿甲醛复合肥、根际肥、玉米专用肥、高氮复合肥、氮磷钾可调复合肥、大颗粒尿素、缓释尿素等新型肥料，满足不同客户需求。到2011年，集团的化工产品由原来的10多种增加到40多种，化工产品的产量由原来的100多万吨增加到300多万吨，化工产品占整体销售收入的比重由原来的10%提高到50%以上，科技进步对产业结构调整、发展方式转变的贡献凸显。

## 三、坚持发展循环经济，在化工园区建设上下真功夫

在当地政府的支持下，2004年我们启动了以发展循环经济为目标的化工园区建设。在园区规划和建设中，始终坚持高起点、高标准，从公用工程、煤化工、盐化工等基础产业做起，逐步延伸产品链条。2008年国际金融危机爆发，国家和各级政府实施了一系列扩大内需、刺激经济增长的政策，我们

抢抓机遇，加大投资力度，在现有产品基础上延伸建设了甲烷氯化物、三聚氰胺、氯化石蜡、有机硅等十几个化工项目，经过一年多的努力，2010年各个新建项目陆续建成投产，生产出合格产品并顺利投放市场。现在集团生产的40多种、280多万吨的化工产品基本都集中在园区。

通过几年的实践使我们深切认识到：建设化工园区是鲁西化工发展循环经济、调整产品结构、转变增长方式的有效途径。

### （一）通过建设化工园区，实现生产装置的集约化

在园区建设中，我们把做好项目规划布局列为重中之重，对煤化工、盐化工的延伸项目以及相关的精细化工项目，利用其装置与产品关联度高、产品互为原料的特点，经过研究、论证，进行了科学、合理的规划和布局，使它们实现了近距离输送和供给，有效地发挥了生产装置的协同效应，实现装置的集约化运行。同时，我们在布局时还注意预留空间，为后续循环发展提供保证。园区新上的项目既拉长了原有产品的产品链，又派生出新的产品，使化工园区建设逐步迈向集约化的循环经济发展之路。

### （二）通过建设化工园区，实现公用工程的集约化

我们在化工园区内统一规划和建设了水、电、气生产装置、输送管网和水处理等环保装置，使多数化工产品与原料实现了管道密闭输送，既减少了采购费用和中间环节的损耗，又消除了运输过程中的安全隐患和环保风险。对园区内废水进行集中处理，并送入系统进行二次回用，收到了环保和节约双重效果。针对园区生产高度集中，所需液体原料和产品数量大、品种多，我们在园区专门建立了液体原料和产品集中储存区、灌装站，通过管道进行输送、装卸，运输车辆不进入生产区，既方便了集中管理，节约了运行费用，又提高了安全系数。园区建设使公用工程的集约化利用得到充分体现，而公用工程的集约化利用又是成功建设园区的重要标志。

### （三）通过建设化工园区，实现管理与运作的集约化

我们专门成立了园区生产调度中心，对生产装置进行统一调度管理，根据各产品的市场情况和装置运行情况，及时调整产出比例，对市场相对低迷、

需求不足的产品，及时减少产出量或停止装置运行，转向生产市场情况相对较好的其它产品，以弥补市场变化带来的利润损失。当某个装置需要检修时，就提前调整相关产品的供给或产出量，保证整个园区生产的相对平衡。我们还将园区整体运营与集团化管控相结合，实现人员、财务、原料采购、产品销售等方面的统一协调管理与运作。这样一来，园区装置之间、产品之间、园内装置与园外其他单体企业之间，均可实现关联和协同发展，保证了园区和全集团的有序、良性运行，增强了抗击风险的能力。

### （四）通过建设化工园区，锤炼了高素质的领导班子和职工队伍

鲁西化工园区建设起步于2004年，特别是2009年以来，经常呈现开工项目多、交叉施工多、骨干人手少的“两多一少”现象。为确保园区建设，我们提出“两个人的工作一人干，抽出一人上前线”的口号，集团各企业抽调300多骨干人员参与园区项目建设，总部各职能部门全员参与，轮流深入到土建、安装、试运、开车等各个环节，对项目建设过程中的安全、质量进行监督管理；及时协调、反馈、解决各种问题，加快项目建设进度；对化工领域的新项目，人员提前介入，全面学习项目知识，为项目启动做好人才准备。实践证明，通过这些努力，我们收获的不仅仅是一套套装置的建成投产、一个初见规模的工业园区和由此带来的本质安全、绿色环保、文明生产和循环经济的发展，更宝贵的是锻炼出了一支能打硬仗、敢打硬仗的员工队伍，这对我们鲁西化工今后发展具有根本性的意义。

## 四、重视安全、环保，在履行企业社会责任上下真功夫

企业是在社会中生存和发展起来的，积极履行社会责任是企业应尽的义务。国家对可持续发展的要求和化工企业的特点，要求我们必须把安全、环保放在履行社会责任的重中之重，以实现本质安全、环境友好的实际行动，扭转社会上“谈化色变”的倾向，证明我们是一个称职的社会法人。

### （一）坚持“安全第一”不动摇，努力实现安全生产的根本好转

我们在各个层面、各项工作中，长期坚持并认真贯彻“安全第一”的管

理方针和工作理念。开展安全生产大讨论和安全生产大检查，结合事故案例查找安全生产的差距和身边的不安全因素，形成确保安全生产的企业共识。针对存在的不安全因素，通过健全、修订各项规程和制度、落实安全责任制等措施进行整改，形成了较为完善的安全生产运行机制和责任体系。"安全一票否决"不仅在生产中得到严格执行，在项目建设上也得到了很好的贯彻，在干部和员工的报酬、去留、升迁上都得到了充分的体现。我们推行标准化管理，把安全标准落实到各项基础工作中，渗透到工艺、设备、质量、环保等各项专业管理当中。经过这几年的不懈努力，安全生产工作有了明显改观，"十一五"以来，安全生产事故进一步下降，没有发生重大安全责任事故。

### （二）坚持节能减排和环境保护并举，建设环境友好型企业

我们认真履行节能减排、环境保护的目标责任，投资近亿元建设了3座现代化的污水处理厂，污水处理能力达到1200立方米/小时，所有外排水一律经过无害化处理，全部达标排放。2008年开始，为企业所有锅炉配备烟气脱硫装置，一直运行良好，并安装了在线监测设施与当地环保部门联网，随时检测废气排放情况，"十一五"期间较好地完成了减排目标。我们研究开发和建设了三废循环利用装置，变废为宝，废水的利用率达到60%。我们对各生产装置产生的废渣，一部分送锅炉用作燃料，一部分送周边水泥厂制作建材或铺路，不可利用的部分送废物处理中心进行无害化处理，废渣的利用率达到90%以上。我们成功开发了新型建材，解决了磷石膏大量堆积污染环境这一难题。我们利用烟气脱硫装置生产硫酸铵，硫酸铵又可作为复合肥原料，既实现了气体达标排放，又降低了复合肥生产成本，仅此一项年收益600万元。

### （三）坚持建设企业的和谐文化，积极奉献社会

我们积极参与和谐社区建设，无条件垫资为园区周围村庄建设新型社区，社区规划占地235亩，建设居民楼37栋，建筑面积13万平方米，为1300多户村民改善了居住条件，得到了小区居民和社会各界的积极评价。近年来为周边社区提供就业岗位3000多个，有力地带动了社区建设和地方经济的发展。我们积极参与社会公益事业，每当发生重大自然灾害，我们都积极组织捐款

救灾。我们积极参与“爱心一日捐”活动，设立了职工子女助学基金，为员工建设经济适用的住宅小区等等。企业的爱心奉献得到社会的一致好评，树立了关爱社会、关爱员工、认真负责的良好形象。

多年来，鲁西化工在各级政府、行业协会和各界朋友的关心、指导下，取得了一定成绩，但总体看我们的发展水平还不高。园区建设虽然拉开了发展循环经济的序幕，但基本上还是基础型、原料型、大宗产品型项目，有的是兄弟企业干了多年的项目，缺乏前瞻性、引领性、示范性。这说明我们目前还仅仅是在低水平上循环，“调结构、转方式”还任重道远。如何把鲁西化工的发展真正转移到依靠高新技术的支撑上来，实现高水平循环，仍是我们需要破解的重大课题。

“十二五”是鲁西化工发展的关键时期，我们将根据自身的实际、针对薄弱环节，按照中央提出的“稳中求进”的工作总基调，坚持科学发展和安全发展，以创新驱动、提质增效、统筹发展为着力点，坚定不移地继续走循环经济和生态工业发展之路；重点把握企业的安全、发展、效益以及项目建设的质量和速度，在确保企业安全与发展的同时强调效益，着重在经济运行质量方面下工夫：着力加强和抓好技术创新，依靠技术进步支撑鲁西化工发展；着力加强和抓好化工园区建设，进一步提升化工产业整体水平；着力加强和抓好安全生产和环境保护，树立一个负责任的企业社会形象；着力加强和抓好经营创新和管理创新，夯实集团发展的内在基础；着力加强和抓好企业文化建设，以强大的软实力凝聚人心、激励奋进。争取经过“十二五”时期的艰苦努力，使集团调结构、转方式登上新台阶，再创鲁西化工更加辉煌的黄金发展期。

## 专家点评

小氮肥从20世纪70年代起，撑起了我国氮肥工业的半壁江山，为我国农业发展特别是粮食增产做出了巨大的贡献。但是，与此同时，在历时半个多世纪的数次闯“关”中，也有上千家小氮肥企业被无情地淘汰出局。鲁西化工集团能够脱颖而出，不断发展壮大，并且成为氮肥行业的佼佼者，得益于这些年他们做好了3件事：

一是立足化肥，跳出化肥。把化肥作为看家本领，向“化肥+化工”的模式转移。化肥在实施技术改造、淘汰落后产能，不断做大的同时，跳出单质肥的圈子，走农化服务路线，开发适销对路的新产品和新品种，在做优、做强上下真功夫。化肥与化工融合发展，既开拓了新的发展领域、延伸了产业链条，又实现了生产过程的能源、资源的梯级利用，小步快跑为企业发展带来了一片片新天地。

二是立足创新，依靠科技。鲁西化工集团把追求进步、发展、卓越作为始终如一的理念，贯穿到企业工作的各个方面，其中依靠科技进步促进企业不断转型发展是重要的一环。企业被认定为国家级企业技术中心，成为拥有发明专利和专有技术雄厚的企业，为企业可持续发展奠定了坚实的基础。

三是立足责任，坚持奉献。化工行业的特点，要求我们必须做到本质安全、环境友好。鲁西化工集团正是凭着这个自觉的意识，要求自己做一个称职的社会法人。多年来，他们坚持“安全第一”不动摇，坚持节能减排和环境保护并举，坚持建设企业和谐文化，以此奉献社会，也向社会树立了一个认真负责的良好形象，得到了社会的关爱和支持。

# 创新探索

The Path of Innovation

## 以建设百万吨乙烯项目为契机 促进镇海炼化发展方式的转变

中国石油化工股份有限公司镇海炼化分公司

中国石油化工股份有限公司镇海炼化分公司（以下简称“镇海炼化”）的前身是始建于1975年的浙江炼油厂，1983年划归原中国石化总公司，1994年整体股份制改造后在香港联交所以H股上市。根据中国石化的战略部署，于2006年3月从香港联交所退市，同年9月登记成立中国石化镇海炼化分公司。目前，公司拥有年2300万吨原油综合加工、100万吨乙烯、200万吨芳烃能力，年4500万吨深水码头吞吐能力和超过330万立方米的储存能力，是我国最大的炼化一体化、原油加工、进口原油加工、含硫原油加工、成品油出口和重要的原油集散基地。在美国《油气杂志》最新统计排名中，公司炼油能力位居世界第18位；在所罗门咨询公司的绩效评估中，公司竞争能力居亚太地区第一组群。

走“炼化一体化”发展道路，是镇海炼化按照石化产业发展规律、实现企业转型升级的重要抉择。在经济全球化、市场国际化的大背景下，我国炼油工业不仅面临跨国公司的竞争，还将受到国内原油资源短缺和国际原油价格剧烈波动的影响，行业面临前所未有的挑战，单一炼油产业链短、结构不完善、竞争能力弱的弊端日益显现。2008年全球金融危机，镇海炼化服务国民经济全局，加大炼油加工量，承担了40多亿元的年度亏损。因此，建设装备大型、技术先进、高度联合、生产效率高、产品质量高、运行成本低的大型乙烯联合工程，能够增强企业在世界市场的竞争力，缩小我国石化产品在品种、质量、成本、市场占有率等方面与世界先进水平的差距，是提高综合国力、满足国民经济发展的需要，也是参与国际竞争、与国外大公司论伯仲、比高低的需要。

镇海炼化放眼全球，2002年11月6日决定建设100万吨/年乙烯项目，这是实现由单一炼油总量增长向炼油化工全面协调发展的转变，是站在高起点上的新创业，是对我们科学发展能力和管理水平的新考验，也是调整产业结构、转变发展方式的一次新探索。在工程建设和投运过程中，中国石化集团公司（中国石化）党组高度重视，中国石化总部各有关部门密切配合，公司领导班子精心组织，全体干部职工积极奉献，确保了百万吨乙烯工程顺利、优质、安全建成投产和稳定高效运行，镇海炼化精细管理的优良传统在炼化一体化转型中得到发扬光大，同时也使我们对石化企业“调结构、转方式”重要性的认识有了新的提高。

## 一、从资源能源的优化配置入手，实现整体效益的最大化

在规划和实施百万吨乙烯工程中，我们把资源和能源的优化配置放在首位。一是在原有的“常减压-加氢精制、加氢裂化-硫磺回收”等具有镇海炼化特色的“原油资源内部综合利用型产业链”的基础上，将资源综合利用产业链延伸到乙烯工程，实现了资源利用由“线性模式”向“循环发展”转变，最大限度地做到物尽其用、循环利用，实现综合价值最大化。二是积极引入“分子管理理念”，优化原油资源、资源流向和能量配置，合理安排加工流程、优选加工方案，做到“宜油则油、宜烯则烯、宜芳则芳”，既实现了乙烯原料的多元化、轻质化和乙烯高附加值产品的高收率，又实现了蒸汽、电力、氢气的低成本。三是从培养干部职工的乙烯感情、理顺管理关系入手，努力转变思想观念和管理理念，促进生产经营从“传统炼油”向“炼化一体”转变。

镇海炼化原炼油总流程中所生产的乙烯原料，扣除汽油生产、重整芳烃进料和供应上海赛科乙烯原料后，只能为百万吨乙烯提供50万吨石脑油，远远不能满足百万吨乙烯项目的需求。为了给乙烯装置提供更多的优质裂解原

料并保质保量地供应上海赛科乙烯原料，我们在乙烯工程启动建设的前期，专门成立了优化团队，以“分子管理理念”为指导，先后易稿100余次，进行炼化一体化优化专项测算和比选，解决乙烯原料的增产问题：一是对两套加氢裂化装置进行量身定做的分子设计，通过两年的攻关将这两套装置由炼油型成功地向炼化型转型，优质的加氢裂化尾油产量增加了40万～50万吨，原料芳烃指数（BMCI值）大幅降低。二是通过分子结构分析的研究，将焦化汽油干点由180℃提高到240℃，并单独进行加氢，将低值产品转变优质裂解原料，增产约30万吨。三是建成投用两套轻烃回收装置，主要从常减压、催化重整、对二甲苯（PX）、加氢裂化等装置排放气中回收饱和液化石油气（LPG）组分用作乙烯原料，每年约增加轻烃裂解原料20.5万吨。四是优化利用干气资源，主要从催化干气、Ⅱ轻烃富乙烷气及歧化尾气中回收富乙烯乙烷气（C2资源），目前已利用12万吨，为乙烯装置提供低成本的优质原料。

通过以上优化措施，在原油资源基本不变、保质保量供应上海赛科100万吨石脑油的同时，实现了年增非石脑油乙烯原料171万吨，突破了石脑油产能的“瓶颈”，乙烯原料对石脑油的依赖度从原设计的87%降至45%以下，实现了乙烯原料的多元化和轻质化，降低了乙烯原料成本和单位生产成本，裂解装置的能耗也得到大幅度降低，为提升乙烯项目整体竞争力奠定了基础。经测算，仅原料一项，通过大炼油与大乙烯的紧密结合，可节约成本约4亿元以上，乙烯裂解装置的现金操作费用控制在100美元/吨以下，与我国同类炼化一体化企业相比，仅原料优化一项每年就增效约10亿元，成为我国吃得最杂、成本最低、收率最高、效益最好的大型乙烯装置。

## 二、促进炼油化工深度联合，实现产品结构的优化调整

镇海炼化在炼油向炼化一体化转型中提出了变传统的“馏分管理”为“分子管理”的理念。乙烯建设初期，我们同步实施了总投资为4.08亿元的油化一体化项目，调整炼油、化工的总流程，努力使“每一个分子价值最大化”。一是通过对炼油的改造，使低价值的干气、富乙烷气、饱和液化气、正构碳五等炼油副产品成为优质裂解原料，不仅使乙烯原料更丰富、更轻质、成本更低，大大降低了乙烯对石脑油的依赖度，而且使乙烯装置的“双烯”收率更高。在原油劣质化程度不降、成品油供应量不减的前提下，用一套炼油撑起了上海赛科和自身两大百万吨级乙烯。乙烯开工后仅两个月，就实现

了满负荷运行，原料达到了7种，双烯收率超过49%，比中国石化6大乙烯平均水平高2%，原料成本比中国石化平均水平低约400元/吨，开工仅半年，就成为中国石化化工板块的标杆。二是大乙烯反哺大炼油提升了各类分子的价值，抽余油、高辛烷值组分、氢气、氮气等低价值的乙烯副产品反哺炼油，转变为炼油的高价值产品，直接提升了炼油的竞争力。

在产品结构上，我们坚持以市场指导现场，建立完善的快速反应机制，在坚决贯彻中国石化统一部署、保证3大类成品油供应的前提下，把市场作为产品结构优化的依据，动态进行产品效益排序，增产丁二烯、环氧乙烷等高附加值产品。另一方面，以高端产品、差异化产品引领市场消费，创造更高效益。我们是国内最早实现汽柴油质量升级，向市场供应98#汽油和城市低硫柴油的企业之一，实现了国产欧V超低硫柴油供应香港“零的突破”；沥青新品种铺进了F1赛道、世博场馆、隧桥、高铁，并开始占领国际市场；聚烯烃专用料DNDA-8320成为国内高熔指线型料的标杆牌号，把中国石化“每一滴油都是承诺”的口号落到了实处。

## 三、重视科技创新，为建设国际领先的乙烯工程提供技术支撑

在百万吨乙烯建设中，我们采用了多项国产的新技术、新装备，以加快国产化步伐。在工艺技术上，大部分乙烯及下游的装置实现了国产化，采用中国石化自有技术6套，推广应用了13台（套）大型设备，其中百万吨丙烯制冷压缩机首次实现国产化，主要技术指标达到国际同类机组先进水平；首台自主开发的超大型年产15万吨乙烯裂解炉运行良好，扭曲片管和线性废锅运行也很正常。百万吨乙烯工程技术装备国产化率达到78.03%，居国内同类乙烯装置之首。

从实际运行效果看，我们的百万吨乙烯工程自2010年开车以来，各生产装置总体运行平稳，生产负荷均达到或超过100%，其中乙烯装置最大负荷达到108%，乙烯生产能力最高达到每小时135吨，各装置物耗、能耗等技术经济指标逐步改进。乙烯装置裂解炉部分已经进行了性能测试，各项技术指标均达到或超过攻关目标。单台炉投料量、乙烯收率达到或超过设计值；年产10万吨裂解炉热效率在93%～94%之间，年产15万吨裂解炉热效率达94.5%。

在新产品、新工艺的技术开发上，我们早在2009年就与北京化工研究院合作开发高速、高挺BOPP专用料新产品，这种专用料在F280Z的基础上进一步提高了小分子部分的等规度，进而提高了材料整体的结晶度；高拉伸稳定性BOPP专用料采用了高熔体强度聚丙烯生产技术，以极宽的分子量分布为基础，不仅带来了熔体强度的提高，还因其在拉伸取向过程中的硬化增强效果显著，带来长周期运行不破膜的效果。2010年公司先后在年产20万吨聚丙烯装置上进行了两次高熔体强度聚丙烯新产品的工业化试生产，新产品经过试用表明，在发泡倍率及成型上具有与北欧化工Dapoly系列发泡级树脂牌号wb130hms相近的产品性能，而产品的熔体强度较进口北欧化工WB130高约90%。我们还利用Ⅱ代环管法聚丙烯工艺的优势，在年产30万吨聚丙烯装置上用氢调法直接生产高熔指纤维料，成功生产出高熔指纤维料H30S。

我们在国内最大的年产65万吨乙苯项目上，首次采用国产化成套技术，实现了投料试车一次成功，经过半年多的优化，装置生产运行工况得到了提高。其中苯烯比从3.5优化至3.0，苯与多乙苯分子之比从15优化至8，大幅度降低了循环苯量和苯塔负荷，节约了高压蒸汽用量。我们采用第一烷基化反应器可在线切换的工艺流程，为装置的长周期运行提供了可靠保证，在性能考核的72小时期间，装置运行平稳，各项指标均达到了设计条件，顺利通过了考核。

我们依托国内科研设计单位自主研发了PO/SM废气催化氧化处理成套技术，与引进的PO/SM装置配套，是生产PO/SM过程中必需的一个工段，国内没有任何一家公司掌握该技术。原考虑采用引进技术，由于对方要价太高，在中国石化集团的支持下我们决定自主研发。该处理单元于2010年6月投用以来，经过72小时性能考核，在反应器入口温度260～280℃的条件下，PO/SM装置废气经过处理，净化气中的非甲烷总烃、乙醛、苯、甲苯、苯乙烯等浓度均符合国家排放标准，非甲烷总烃去除率可达95%以上，乙醛的去除率可达98%以上，苯的去除率可达90%以上，处理能力达到了86000立方米/小时（标准状态）的设计规模，整套装置达到了世界领先水平。

通过百万吨乙烯工程，我们为中国石化工业在专利技术、自主设计、自主建设等重要环节上做出了贡献，为国内以我为主，建设高科技、世界级大型乙烯工程奠定了基础，也为中国乙烯工业发展进入新的阶段创造了良好条件。

## 四、打造低成本运行的公用工程系统，提高炼油和化工的整体竞争力

镇海炼化以蒸汽为重点、以低成本为目标，不断探索和改进公用工程系统的运行模式。

一是以自建锅炉取代燃油锅炉，降低蒸汽的用电成本。自建CFB锅炉实现热电联产，向炼油、乙烯及下游各装置供应蒸汽和电力，成为国内唯一没有燃油锅炉的炼化一体化企业。由此，环氧丙烷/苯乙烯装置每年可节约蒸汽成本3.67亿元，乙烯装置每年降低用电成本1.87亿元。

二是蒸汽系统按能级匹配，热能利用按梯级优化。乙烯工程范围内的大型装置，如乙烯三机、空分压缩机、乙二醇循环气压缩机等采用背压、抽凝式透平驱动等设计，做到热能、机械能一次完成转换。对不同能级需求的蒸汽用户合理安排用汽参数，利用高品位、高参数蒸汽供透平作功，尽量做到低温热、水共同回收并合理利用。坚持“以热定电，供热为主”原则，通过热电联产，乙烯动力中心目前的热电比达到300%以上，综合热利用效率达到68%以上，发电标准煤耗在330～360克/千瓦时，供热标准煤耗约38～40千克/吉焦耳。

三是优化原水和循环水用量，提高污水回用率和循环水浓缩倍数。在原水优化上，针对乙烯工程要求水质高于炼油板块的实际和水源水质的差异，将供炼油板块的好水源置换到乙烯工程水源，将乙烯工程的水源调配给炼油老区的一般工业用水，置换水量700吨/小时，达到处理成本最低、使用率最高的目的。在循环水系统的优化上，我们将乙烯第二循环水场与动力中心循环水场进行管网连通，裕量互用。在循环水浓缩倍数上，通过降低工业水用量，使乙烯一、二、四循浓缩倍率为7.0，三循浓缩倍率为5.0，均高于中石化要求的最低浓缩倍率4.0的指标。在加强废水回收利用上，乙烯工程工业废水回收达300吨/小时。

四是充分回收和利用装置产生的氢气资源，停开制氢装置。通过回收炼厂加氢装置富氢气体中的氢气，改造化肥装置增加硬沥青气化氢气产量，将乙烯氢气供应炼油以及增产重整氢气等措施，满足了镇海炼化原油加工量从1200万吨增加到2300万吨的用氢需求，不仅没有新建轻油制氢装置，而且还停运了现有的两套5万立方米/小时（标准状态）轻油制氢装置，每年可降低成本超过7亿元。

## 五、提升“软实力”，保证“炼化一体化”转型顺利实施

2007年中国石化集团公司党组在调整镇海炼化班子时提出“将镇海炼化建设成为世界级炼化一体化标志性企业”。这一目标使我们深感责任重大，它意味着镇海炼化不仅需要“硬实力”的增强，更需要“软实力”的提升。我们在炼化一体化转型中，逐步探索出一条创新管理模式、凝聚发展动力的新路子，从而保证了企业转型升级的顺利实施。

第一，创新管理模式。一是抓班子和干部队伍建设，增强各级领导干部的“一责任四能力”，着力增强各级领导干部的执行力、创造力、亲和力和凝聚力，得到了干部员工的广泛认可，职工代表对公司班子的民主评议优秀率从2007年的34.01%上升到2011年初的81.25%。二是抓体制优化，实行扁平化架构下的“各就各位”。按照“行政管理集约化、技术管理专业化、运行管理现场化”的“三化”理念，将企业组织架构重新定位机关、行政、基层“三分机构”。三是抓制度建设，建立以职责划分、流程程序、规章制度为主要内容的一体化管理体系。四是抓分配机制，打破“高级大锅饭”，以有限的增量调整分配关系；按照“正激励”与“负激励”相结合的思路建立新的考核机制，有效地激发了干部员工的积极性和创造性。

第二，创新营销模式。我们与化工销售华东分公司紧密合作，强化产销衔接，搞好市场推广和产品预销售，精心编制预案，完善出厂设施，制定物流方案，确保了公司生产的产品全产全销。LG甬兴公司生产ABS所需的丁二烯、苯乙烯等原料以前全部依靠进口，我们经过多次协商达成协议，每年由镇海炼化通过管道向其供应5万吨丁二烯、20万吨苯乙烯。目前，镇海炼化已实现全部21种化工产品的畅通销售，其中15种有机化工产品中约1/3通过管输方式供应用户，降低了销售成本，减少了产品投放量剧增带来的市场波动。

第三，创新用工机制。镇海炼化按照集团公司党组确定的“乙烯建成后总人数控制在6000人以内”的目标，从严控制用工总量。2009年我们本着一次规划、分步实施、滚动完善、稳步推进的原则，实施“以最少的人，管理最大的炼化企业”，对每一项系统、每一个岗位、每一名员工进行详尽、严谨的分析测算，对企业中长期外延拓展目标、内涵优化路径和人力资源开发进行科学论证。一是理顺管理体制，百万吨乙烯投产后只增设了一个烯烃部，各专业管理职能均由原来的部门承担。二是立足于内部挖潜，从集团公司系

统引入21名乙烯专业管理和技术骨干，生产一线由“五班三倒”变为“四班两倒”，为乙烯提供了330名技能操作人才。三是辅助专业人员全部依托炼油老区消化。与2007年底相比，镇海炼化的企业规模扩大了，但在岗职工却下降了1200多人。与同类炼化企业相比，人工及各项管理费用每年增效约7亿元。

第四，创新企业文化。镇海炼化的企业文化是随着企业的成长而形成的。文明生产、文明经营、文明竞争是企业文化的基础，是镇海炼化不断发展的力量源泉；“放心、精细、文明、高效”的文化特色，培育出镇海炼化人宁静、精细、文明和自强不息的竞争意识；“管理上精雕细刻，生产上精耕细作，技术上精益求精，经营上精打细算”的精细管理理念，书写了改革开放形势下国有企业高速发展的奇迹。特别是在向炼化一体化的转型中，镇海炼化以“持续提升管理年”为主线，对制度文化进行创新和重塑，使企业文化在融合中不断升华和创新。一是建立精简高效的组织机构，解决好“谁管谁”的问题；二是建立唯一性的文本化管理体系，做到“原则问题有制度，简单工作有程序，复杂业务有流程，结果评价有标准”；三是构造以业务为主线的操作流程，明确“谁来做”、规范“怎么做”、界定“能否做”；四是建立过程控制的岗检机制，实现“主动检查发现问题，接受考核重视问题，积极反思分析问题，落实措施解决问题”；五是健全绩效考评激励机制，积极探索“结构合理、层级分明、激励有效、各具特色”的考评办法；六是着力打造责任机关，增强控制能力和服务水平。

镇海炼化通过百万吨乙烯工程的实施，逐步走上了产品结构优、产业链条长、技术含量高、资源消耗少的可持续发展之路，带动企业迈向高端、高质、高效发展的轨道，实现了从炼油排头兵向炼化排头兵的华丽转身。2011年生产经营再创“五个新高”。一是原油加工量达到2198.6万吨，同比增长5.47%，继续保持国内第一；生产汽煤柴3大类成品油1200.4万吨，有力地保障了市场稳定供应。二是乙烯产量达到110.8万吨，第一个运行整年全面达标，超过设计能力。三是营业收入继2010年在炼化企业中首家突破千亿元大关后，将达到1410亿元，同比增长39%。四是上缴税收199.75亿元，同比增长43.08%。五是利润超过58.5亿元，同比增长11.5%，连续保持中国石化炼化企业第一，首家荣获“特别贡献奖”这一中国石化的最高奖项。

“十二五”期间，我们将按照中国石化集团关于打造“世界一流企业”的要求，汇聚各方力量，全面完成扩建1500万吨炼油120万吨乙烯炼化一体化项目，率先建成具有4000万吨级炼油、200万吨级乙烯规模的世界级炼化一体化标志性企业，使“十二五”成为镇海炼化又一个更加辉煌的黄金发展期。

## 专家点评

如何通过新上项目实现产业结构调整和发展方式转变，是石油和化工行业亟待破解的共性课题。镇海炼化通过建设百万吨乙烯项目，实现了从炼油排头兵向炼化排头兵的华丽转身。

镇海炼化的经验给我们5点启示：

第一，从资源能源的优化配置入手，实现整体效益的最大化。他们通过一系列优化措施，突破了石脑油产能的“瓶颈”，实现了原料的多元化和轻质化，建成了我国吃得最杂、成本最低、收率最高、效益最好的大型乙烯装置。

第二，促进炼油化工深度联合，实现产品结构的优化调整。他们创造了“分子管理”模式，使“每一个分子价值最大化”，在保证成品油供应的前提下，增产高附加值产品，把“每一滴油都是承诺”的口号落到了实处，成为中国石化化工板块的标杆。

第三，重视科技创新，为建设国际领先的乙烯工程提供技术支撑。他们在百万吨乙烯建设中大量采用新技术、新工艺、新装备，在专利技术、自主设计、自主建设等重要环节上做出了贡献，为以我为主，建设高科技、世界级大型乙烯工程奠定了基础。

第四，打造低成本运行的公用工程系统，提高炼油和化工的整体竞争力。他们以自建锅炉取代燃油锅炉、热能利用按梯级匹配、优化原水和循环水用量、提高污水回用率和循环水浓缩倍数，充分回收和利用氢气资源，成为行业节能减排的标杆。

第五，提升“软实力”，保证“炼化一体化”转型顺利实施。他们创新管理模式、营销模式和用工机制，对制度文化进行创新和重塑，使企业文化在传统与现代的融合中不断升华。

# 创新探索

The Path of Innovation

## 综合开发利用资源<br>探索磷化工发展新路

瓮福（集团）有限责任公司

20世纪80年代，我国引进国外先进技术和装备建设5大矿肥基地，以及90年代实行磷酸二铵“以产顶进”政策，促进了我国磷肥工业迅猛发展。磷肥产量2005年达到1124.9万吨（折$P_2O_5$），超过美国，跃居世界第一位；2006年产量达到1210.5万吨（折$P_2O_5$），结束了中国长期依靠磷肥进口的历史，实现了磷肥自给；2007年产量达到1351.4万吨（折$P_2O_5$），实现自给有余，中国由长期的磷肥进口国变为磷肥净出口国。

伴随我国磷肥行业的发展，瓮福（集团）有限责任公司（以下简称“瓮福”）以年均超过30%的速度发展，现已成为集磷矿采选、磷复肥、磷硫煤化工、氟碘化工生产、科研、贸易行业技术与营运服务、国际工程总承包于一体的国有大型企业。

瓮福着力把握企业发展规律、创新企业发展理念、转变企业经济增长方式、破解企业发展难题，提高企业发展质量和效益；坚持以信息化带动工业化，以工业化促进信息化，走上了一条通向“科技含量高、经济效益好、资源消耗低、环境污染少、人力资源优势得到充分发挥”的生态文明之路；利用“产学研”手段开展技术创新，以循环经济理念致力于磷矿及伴生资源的开发利用、废弃物资源化利用，通过转变经济增长方式，努力建设资源节约型、环境友好型、本质安全型企业，实现了资源优势转变为经济优势，逐步走上了具有瓮福特色的磷肥及磷化工产业发展新路。

## 一、不断完善科研平台，坚持不懈地开展技术创新

瓮福始终坚持“引进、吸收、消化再创新”的技术引领战略，1998年组建了符合国家规范的企业技术中心，于2001年8月被认定为省级企业技术中心，2004年被认定为国家级的企业技术中心。在2011年的国家级企业技术中心评价中，瓮福在全国729家技术中心中排名24位。在抓好技术中心运作的同时，进一步完善科研平台，2004年博士后科研工作站挂牌运作，2010年被评为“国家优秀博士后科研工作站”；2011年院士工作站挂牌运作。目前，正在申报组建中低品位磷矿石及伴生资源综合利用国家重点实验室。

瓮福以国家级企业技术中心、博士后科研工作站、院士工作站为平台，围绕生产装置技术升级和发展需求，建设了选矿、制酸、制肥、精细磷化工研究、伴生资源综合利用、废弃物资源化利用等实验研究室，充分利用自己的技术力量和科研院所的技术优势，年均投入研发费用3亿元，按照“研发—示范—产业化”的思路，与清华大学、浙江大学、天津大学、四川大学、贵州大学等高校和科研院所开展行业关键性、前瞻性和共性技术研发，形成了具有瓮福特色的“产学研”合作机制，具备了行业共性和关键性技术的自主开发能力。与摩洛哥OCP集团联合组建的研发中心已开始运作。瓮福承担并成功完成40余项国家及省部级科研项目，至2011年底累计申请专利547件，累计拥有授权专利281件，其中国际领先技术46项；牵头制定了3项国家标准、3项行业标准。瓮福2009年被认定为创新型企业（试点）、2010年被评定为“高新技术企业”，是国内磷化工行业中唯一同时拥有国家级企业技术中心和博士后科研工作站的企业。

瓮福对引进的大型高浓度磷复肥装置技术及装备进行消化吸收再创新，大幅降低大型磷复肥装置的建设和生产成本，使中国高浓度磷复肥产能迅速提升，实现完全自给。瓮福开发的“磷酸二铵与磷酸一铵联产成套技术与装备”、“磷酸二铵尾气净化联产磷酸一铵清洁生产工艺”等技术，使我国磷酸一铵单

套装置产能从3万吨/年提升至24万吨/年，有力地促进了高浓度复合肥的快速发展。瓮福的WF-01浮选剂、磷酸快速萃取结晶技术、湿法磷酸微乳净化技术以及氟碘回收技术等，标志着中国在磷矿选矿技术、湿法磷酸技术、磷矿伴生资源回收利用等方面处于世界先进水平；单系列50万吨$P_2O_5$湿法磷酸、60万吨DAP（磷酸二铵）/MAP（磷酸一铵）、30万吨MAP、40万吨硫铁矿制酸、80万吨硫磺制酸、氟碘回收等装置技术和装备已经实现了大型化和国产化，并具备了向国外输出技术装备以及工程化的能力，有力地推进了我国磷肥和磷化工行业的技术进步。

## 二、不断开展资源综合利用，坚定不移地实践循环经济

瓮福以资源的高效、循环利用为核心，按照“减量化、再利用、资源化”的原则，确立了经济、资源与环境和谐统一的发展思路，积极开展清洁生产，促进磷矿及伴生资源利用，磷资源利用已形成从磷矿石到农用级、工业级、食品级、电子级产品的完整链条。

### （一）节约磷矿资源，提高资源利用率

2007年，瓮福矿山开采损失率从设计值3.75%降为1.6%，开采贫化率从设计值4.77%降为2.1%，资源回收率超过90%，精矿回收率超过95%，进入国际领先水平；为了低品位磷矿石得以利用，减少资源浪费，自主研发的“WF-1”选矿技术，使磷矿入选品位从原设计的30.72% $P_2O_5$降至25% $P_2O_5$，在不新增原矿产量的情况下，相当于每年增加一座中型矿山的产量。

自主研发的尾矿再选技术，使尾矿中的$P_2O_5$从8%降至3%左右，选出的精矿$P_2O_5$达到28%左右，尾矿中氧化镁富集到20%以上，对下一步综合利用镁资源奠定了基础。该技术每年新增磷精矿15万吨，相当于少建一个40万吨/年的矿山，实现经济效益达2000万元/年。

为进一步保护和提高磷矿资源利用率，扩展磷矿资源可利用范围，给持续稳定发展提供保障，找到综合利用、增储稳产，提高经济效益，实现矿山资源内涵式挖潜的最佳方案。2011年，瓮福总投资12.76亿元建设中低品位磷矿综合利用项目，项目包括扩建的400万吨/年选矿厂，新建520万吨/年精矿浆输送管道及回水管道，新建脱水设施200万吨/年，改扩建精矿产品装车系统。

### （二）磷酸梯级利用，形成新的产品链

瓮福在认真分析国内外磷肥行业发展态势和市场调研的基础上，通过循环经济试点，确定走湿法磷酸路线发展精细磷化工，并且制定了分步走的战略，即先立足与科研院所合作开发从肥料级湿法磷酸直接净化到工业级磷酸的工艺，再从工业级磷酸升级到食品级、电子级磷酸，促进瓮福知识产权化和技术产业化。

瓮福以自主研发的湿法磷酸净化中试成果与国外先进的净化技术嫁接，建成10万吨/年湿法磷酸净化装置，填补国内湿法磷酸净化生产空白。瓮福在国内磷化工行业湿法磷酸净化方面率先取得了重大技术性突破，打破了跨国公司对磷化工新产品开发的垄断，跨入世界先进行列。自主开发的微乳技术将用于瓮福达州、瓮福紫金湿法磷酸净化项目。瓮福净化磷酸产能2012年底将形成56万吨（实物量），成为我国最大的湿法净化磷酸生产企业。与热法净化磷酸比，湿法净化磷酸每吨节约标煤1.36吨、减排尾气（80%为$CO_2$）8.48立方米。

以湿法磷酸为原料自主研发的电子级磷酸技术1000吨/年工业示范装置2010年已建成投产，3万吨/年食品磷酸盐柔性装置可生产出优质的18种食品磷酸盐精细化工产品，瓮福纵深推进精细化工产业，大幅度提高了企业经济效益，一条新的磷化工产业链已基本形成。

### （三）伴生资源综合利用，打造新的产业链

磷矿石中伴生的氟占世界氟蕴藏量的90%以上，磷矿伴生有2.5%～3.5%的氟。据测算，我国每年在磷矿开采加工、湿法磷酸、磷肥生产过程中被排放到环境中的氟，大大超过了我国氟化工行业当年耗用的氟资源总量，既浪费了氟资源，又造成环境污染。从磷化工中回收氟资源，进而开发氟化工高端材料，正成为一条既可提高资源综合利用率，又可推动磷矿石清洁加工和高端材料产业发展之路。瓮福利用自主技术与国外技术结合，建成了2万吨/年的无水氟化氢装置，成为世界上第一家从磷化工生产过程中回收氟资源并加工无水氟化氢的企业，开辟了氟化工行业新的原料渠道，为全球磷化工行业的氟高效利用提供了示范。同时，建成联产1万吨/年白炭黑和4000吨/年氟化氢铵、氟化铵装置，实现了磷酸生产→回收氟硅酸→无水氟化氢→白碳黑（活性二氧化硅）→氟化铵（氟化氢铵）全循环过程。

开发磷矿石伴生碘资源回收技术，第一套50吨/年碘回收工业化装置于2007年10月投入运行，第二套50吨/年碘回收装置于2010年投产。磷矿石伴生碘资源回收技术的实施是在世界范围内第一次实现从海相沉积型磷矿石中回收碘资源。我们还将在瓮福达州公司、瓮福紫金公司、甘肃瓮福公司各建一套50吨/年碘回收装置，预计2012年底实现碘生产能力250吨/年。

瓮福以氟和碘回收为代表的项目，以及正在开展的10吨/年四氟化硅中试，电子级氟化氢、氟碘深加工产业化研究，为下步发展氟化工、碘化工奠定了基础。

瓮福磷矿区内伴生有一含有Ni、Mo、V、Mg的多金属矿层，初步查明钼金属储量约1500吨，镍金属储量约1600吨。利用瓮福自主开发的选矿技术完全能够使矿区的多金属矿层的镍、钼分离，其中钼精矿Mo：12.15%，回收率达75.59%，镍精矿Ni：7.2%，回收率达80.67%，产品均达到进一步深加工的质量要求。瓮福将加大对钼、镍、钒、镁多金属选冶综合利用技术攻关，积极为项目建设创造条件。

### （四）废弃物资源化利用，推进环保产业化

在水资源利用方面，一是自主研发“WFS”废水选矿技术。为了解决废水“零排放”问题，瓮福自主研发了“WFS”废水选矿等技术，将磷化工生产废水回收用于选矿，节约矿配和制配产生的大量能耗，基本杜绝浮选工艺必然使用的新鲜水，每年可减少270万立方新鲜水取用量，同时节约270万立方废水处理费用，取得社会效益、环境效益、经济效益的三丰收，综合效益达6000万元/年。该技术被中国石化联合会授予科技进步一等奖，列为国家循环经济示范项目。

二是按照“高质高用、低质低用”原则，提高水资源利用率。瓮福将蒸汽冷凝液、冷却水和处理达标的中水完全通过水质“高质高用、低质低用”的原则回收利用，在对水质要求不高的地方取代新鲜水，减少了新鲜水取水量，提高了水资源利用率。如将磷酸一铵、磷酸二铵、热电装置机泵密封水循环使用，硫酸、热电装置锅炉排污水回收利用等。2009年瓮福磷肥厂实现了厂区废水零排放，在产量逐年上升、新建装置不断增加的同时，生产用水却逐步下降，新鲜水取水从原来的1700立方米/小时减少到现在的650立方米/小时，污水回用率达100%；磷铵产品水耗也从原设计的18.29吨/吨磷铵降到了4.26吨/吨磷铵，吨精矿水耗由2.5吨/吨精矿下降到现在的0.5吨/吨精矿，实现了水资源的高效利用。

在尾气资源综合利用方面，一是自主开发了“$SO_2$活性焦烟气脱硫技术”。为了解决热电厂尾气中的$SO_2$排放问题，瓮福与煤科院、华电南京自动化研究所等合作研发了“$SO_2$活性焦烟气脱硫技术”（国家863项目），脱硫率超过95%，环保性能非常明显，同时可综合回收利用硫资源，与国外脱硫技术相比更具先进性。2005年，瓮福建成中国第一套活性焦干法烟气脱硫技术工业示范装置。该项目投用后，每年减少$SO_2$排放11520吨，产硫酸26000吨。目前该技术在江西铜业公司、紫金矿业公司顺利实现了小时处理烟气量达40万立方米的工业化装置，并正在冶金行业多家企业实施。

二是反应蒸汽余热回收利用，降低产品能耗。与四川大学合作开发了低温磷酸预浓缩工艺，自热法生产粒状MAP新工艺，反应尾气流态化生产MAP、DAP新工艺，有效利用磷酸与氨的反应热，使MAP、DAP工序能耗降低了30%以上。

三是黄磷尾气综合利用。瓮福成功开发了黄磷尾气综合利用生产TCP技术，并即将建成产业化项目，为黄磷工业健康持续发展提供了良好的前景。

在废渣资源化利用方面，一是磷石膏渣综合利用。磷石膏渣综合利用是世界性难题，为解决这一难题，瓮福聘请国内知名专家，开发出磷石膏新型节能环保建筑结构体系、磷石膏制硫酸等技术，并正合资、独资建设磷石膏制水泥缓凝剂、磷石膏纸面石膏板、磷石膏制砖、磷石膏化学转化制硫酸铵等项目，以上项目共计投资5亿元，建成后公司年消耗磷石膏量将达220万吨，利用率达60%以上，达到世界最高水平。

二是黄磷炉渣综合利用。为了解决公司黄磷生产排渣的出路问题，瓮福与清华大学合作，开发了利用黄磷炉渣生产微晶玻璃和超微粉技术，已建成了5万平方米/年的微晶玻璃、10万吨/年的超微粉生产装置。

在提高能源利用率方面，近年来，瓮福先后实施了磷铵尾气低位热能利用改造，通过磷酸二铵尾气净化联产磷酸一铵的清洁生产工艺，使磷酸一铵产能提高了30%，能耗降低了29%；实施硫酸$SO_2$主风机电动机驱动改为蒸汽驱动，使硫酸装置能耗从2.17万吨标准煤/年降至1.01万吨标准煤/年，年节能1.16万吨标准煤；实施并完成了液氨冷量利用、高低压变频、热电系统运行参数优化等重要节能项目。2011年，瓮福万元产值能耗为0.62吨标准煤。

“十二五”期间，瓮福把节能的重点放在了低位热能利用方面，引进具有国际先进水平的美国MECS公司的余热回收HRS（heat recovery system）技术，开始对2×40万吨硫磺制酸生产线进行改造。该项目建成后，每年将副产蒸汽

36万吨，年综合节约热能$9.88\times10^8$兆焦耳，按每吨蒸汽90元计，年直接经济效益为3240万元。同时，每年可减少锅炉燃煤3.37万吨标准煤、减排$SO_2$ 539吨、减排$CO_2$ 8.96万吨。该项目对推进硫酸装置技术进步，提升硫酸装置技术内涵，对磷复肥行业在低位能利用方面产生了很好的示范效应。

## 三、不断调整结构，积极探索国际化发展之路

近年来，瓮福销售总收入保持着高速递增态势，从2005年的39亿元提高到2011年的245亿元，矿肥产品占销收入比重却逐年下降，逐步摆脱了依靠磷复肥产品增效的局面，精细化产业和伴生资源等产业增效比重越来越大。正是由于科技创新带动了产品结构的不断调整，使瓮福从建成之初的只有矿、肥产品，到现在拥有了工业级磷酸、食品级磷酸、电子级磷酸、食品磷酸盐、氟碘等系列化工产品。目前，瓮福不到20%的化工产品实现了近50%的利润贡献率。用磷矿石生产肥料与生产电子级磷酸相比，一吨磷矿石的收益从不到1000元上升到2400元，使资源的价值得到了极大提升，真正体现了资源优势转变为产品优势，进而转变为经济优势，产品结构调整给企业带来了很好的效益。

瓮福致力于国际化发展，已从单纯的出口贸易发展为进出口贸易和转口贸易。贸易产品涉及化肥、化工、能源、金属等数十个品种。2011年，贸易总量达500万吨，进出口总额超过14亿美元。进出口总额连续11年位居贵州省第一，成为我国磷化工行业最大的进出口贸易商。

近年来，瓮福通过致力于发展循环经济，储备了一大批国内外领先的可以对外输出的技术成果和知识产权。为了使自有技术在有限的生命周期内充分发挥价值，尽快、尽可能多地获取回报，我们成功探索出一条以技术输出为核心、以海外工程总承包为载体的使技术转化为资本利益的路子，即智力国际化。2007年以来，成功开展了沙特1250万吨磷矿石选矿EPC项目建设及配套的水系统项目和工业建筑系统项目，项目合同总金额达4.5亿美元；2011年，3个项目均顺利通过性能考核并移交业主方管理，该项目实现了超过500万人工时无安全事故记录，获得了国际著名国际工程管理公司沃利帕森公司的嘉奖。该项目在国内采购设备材料、服务的金额超过2.5亿美元，带动国内GDP增长超过100亿元人民币，促进了国内制造业的发展。2010年，公司为澳大利亚LEGEND国际控股公司磷矿项目做了可行性调研、磷矿采选及加工技术服务等多项智力国际化业务。目前，公司在沙特、突尼斯、摩洛哥、南非、澳大利

亚、伊朗等国的10余个智力国际化项目正在洽谈中，项目总金额超过10亿美元。自实施智力国际化后，瓮福产业模式已逐渐由单纯的制造业发展为“制造+贸易+服务”3个板块并举的模式。

到“十二五”末期，瓮福规划实现销售收入400亿元，劳动生产率400万元/人，资产报酬率达到13%，专利技术超过1000项，高浓度磷肥市场占有率达到16%，精细化工产品市场占有率达到15%，技术输出超过5亿美元，万元产值综合能耗下降到0.3吨标煤以下。瓮福将坚持走科学发展观指导下的新型工业化道路，以市场为导向，调结构、转方式，着力于磷及磷紧密相关资源的综合利用，包括对传统概念的工业废弃物实现资源化利用，团结带领全体员工，依靠人才、科技、管理“三大支撑”，实施信息化、国际化、金融化“三大战略”，扎实推进内涵式、外向型发展，实现在全球范围内的生产经营要素优化配置，探索出一个具有鲜明瓮福特征的磷肥及磷化工产业链发展模式，努力把瓮福打造成为中国磷化工行业先锋企业和国际磷化工行业的重要力量，实现新的跨越，为推进行业进步和加快贵州经济社会发展做出更大的贡献。

## 专家点评

销售总收入从2005年的39亿元提高到2011年的245亿元，瓮福集团保持高速增长的秘诀在于，它走出了一条资源高效循环利用的创新之路。

作为我国磷化工行业的龙头企业之一，瓮福集团确立了经济、资源与环境和谐统一的发展思路，在磷资源综合利用方面做了大量的工作。值得一提的是，瓮福集团从磷化工回收氟资源，进而开发氟化工高端材料，正成为一条既可提高资源综合利用率，又可推动磷矿石清洁加工和高端材料产业发展之路，开辟了氟化工行业新的原料渠道，为全球磷化工行业的氟高效利用提供了示范。

瓮福在磷石膏渣综合利用方面同样下足工夫，开发出磷石膏新型环保建筑结构体系技术、磷石膏制硫酸等技术，将固体废弃物中每种物质的功用发挥到极致，真正地实现了资源循环利用。

目前，瓮福集团磷资源利用已形成从磷矿石到农用级、工业级、食品级、电子级产品的完整链条，精细化产业和伴生资源等产业增效的比重也越来越大，在磷石膏综合利用方面在国内处于领先地位。

多年来，瓮福集团一直在不懈地探索，通过技术创新开发利用磷石膏，从中挖掘出不可估量的价值。

# 创新探索

The Path of Innovation

## 发扬敢为人先的创新精神
## 构建循环经济的发展模式

新疆天业（集团）有限公司

新疆天业（集团）有限公司（以下简称“天业集团”）成立于1996年，当时的总资产仅有1.5亿元，销售收入1.3亿元，规模较小、产品单一、技术落后、名不见经传。经过15年的奋斗，目前天业集团已经发展成为我国生产规模最大、产业配套完整、技术领先、循环经济特色鲜明的电石法聚氯乙烯龙头企业，世界最大的节水滴灌器材生产企业。拥有年产1400兆瓦热电、200万吨电石、120万吨聚氯乙烯树脂、100万吨离子膜烧碱、400万吨电石渣水泥、600万亩农业滴灌塑料节水器材的生产能力。2011年企业总资产达到260亿元，实现销售收入200亿元，实现利润18亿元。2010年和2011年连续两年进入“中国企业500强”，先后被授予全国国有企业创建“四好”领导班子先进集体、“全国五一劳动奖状”、国家第一批循环经济试点企业、国家技术创新示范企业和国家首批循环经济教育示范基地等荣誉称号，两次荣获国家科技进步二等奖。天业牌聚氯乙烯树脂和天业牌节水器材分别被认定为中国名牌产品和中国驰名商标。

回顾天业集团的发展历程，我们深刻体会到，发扬敢为人先的创新精神，突破行业发展的重大技术瓶颈，构建循环经济的发展模式，不断调整产业结构、努力转变发展方式，始终占据产业发展的制高点，是天业集团实现超常规、跨越式发展的不竭动力和制胜法宝。

## 一、发展循环经济是天业集团调结构、转方式的核心

传统煤化工企业如何保持和扩大竞争优势，这是众多企业发展过程中面临的普遍性问题，也一直是天业集团亟待破解的课题。我们感到，要把企业做大做强，就必须根据企业发展的环境和行业发展的趋势，以敢为人先的勇气和魄力，坚持因地制宜、差异化发展，努力将经济增长模式从简单的粗放型转变为可持续发展的集约型，只有不断实践、不断超越，才能闯出一条符合自身实际的发展道路。

新疆煤炭资源占我国已探明储量的40%，是我国煤炭资源储量最大的省份。煤炭资源具有独特的价格优势，但受运输条件的制约，就地转化是必然选择。我们从新疆的资源和企业的实际出发，始终如一地坚持发展电石法聚氯乙烯，经过不断地技术改造，2002年天业集团聚氯乙烯年生产规模达到了5万吨，这在当时国内电石法聚氯乙烯行业中已经位居第一。下一步如何发展，企业陷入了深深的思考。2003年，自治区和新疆生产建设兵团全面实施“优势资源转换战略”，7～8吨煤可以转化为1吨聚氯乙烯，在新疆发展聚氯乙烯的优势十分明显。天业集团寻求发展壮大的产业与自治区、兵团战略不谋而合，这进一步坚定了我们“优势资源就地转换，做大做强氯碱化工”的决心，从而正式拉开了天业集团调结构、转方式的序幕。

国内外已有的历史实践表明，继续发展传统的电石法聚氯乙烯，高成本、高污染、高能耗，产品质量不稳定，这种低水平重复建设的模式不可能支撑规模化可持续发展。要做大做强电石法聚氯乙烯，必须依靠创新，突破环保和成本两大瓶颈，这在客观上就要求我们必须跳出原有的发展模式，通过产业结构的大调整，创造全新的发展模式。经过反复调研论证，我们做出了“突破一个难点、构筑两个链条、实现三化目标”的战略决策，实践结果使天业集团由单一生产聚氯乙烯模式成功转向煤—电—化一体化模式，资源转换的效益充分得到体现。

“突破一个难点”，就是突破电石渣再利用这一历史难点。电石渣污染是

制约电石法聚氯乙烯规模化发展的重大瓶颈，在国外也没有得到很好的解决。2003年，天业集团调结构、转方式的标志性工程——年产20万吨聚氯乙烯联合化工项目开工建设，年电石渣产生量高达35万吨。如果仍采用传统的堆放、填埋等方式处理如此大量的电石渣，肯定是不切实际的。为解决这一发展的巨大难题，我们迎难而上，在广泛调研和试验验证的基础上，打破了传统水泥工艺的禁锢，确定了电石渣制水泥的技术方案并立即着手实施。2005年10月，历经10个月的建设，国内第一套35万吨湿磨干烧电石渣水泥装置投产运行。2007年，天业集团在成功突破干法乙炔技术后，针对干法乙炔电石渣的特性，进一步开发出电石渣新型干法水泥技术，形成了干法乙炔配套电石渣新型干法水泥工业化成套技术，相继建成了与2×40万吨聚氯乙烯装置相匹配的工业化生产装置，实现了安全、稳定和满负荷运转，成为国内第一家大规模成功运行干法乙炔配套电石渣新型干法水泥的企业，节能效果显著。干法乙炔和电石渣新型干法水泥技术的成功示范，彻底解决了电石渣再利用的难题，为天业集团调结构、转方式提供了坚强的技术保障，也为电石法聚氯乙烯循环经济和规模化发展奠定了扎实的基础。2012年，天业集团干法乙炔配套电石渣新型干法水泥技术被工业和信息化部确定为首批工业循环经济重大示范工程。

“构筑两个链条”，就是用新的发展理念构筑煤电化一体化、资源高效利用的循环经济产业链。这个产业链抓住了降低电石法聚氯乙烯成本的核心，大幅度提高了产品的市场竞争力，同时也为废水、废气和废渣的资源化利用提供了更大的平台，实现了减量化、资源化和再利用。

循环经济产业链的初步形成，使我们对新形势下如何发展传统产业有了更清晰的认识，也坚定了我们继续发展的信心。我们认识到，要提高天业集团的抗风险能力和市场竞争力，一是要规模化，二是要搞循环，只有两者互为条件、相互促进，才能使企业走上更高层次的可持续发展之路。2007年，天业集团按照“规模化、循环化、可持续”的发展思路，实施了新一轮结构调整，将产业和产品进一步向上下游延伸，形成了更加完善的循环经济两大产业链。

第一个是主导产品产业链，即矿产资源开发—电力—电石—聚氯乙烯—节水器材—高效农业—食品加工—农业产业化产业链。这个主导产品产业链，以新疆丰富的煤炭、石灰石和盐资源为起点，以电为载体，以聚氯乙烯树脂及下游产业为终点，各类资源的转换效率大幅度提高。第二个是废弃物综合利用产业链，即工业废渣—水泥建材和废旧滴灌带回收与再利用产业链。废弃物综合利用产业链将上游产业的废弃物变为下游产业的资源，使上游产业环境处理的过程转变为下游产业原料搜集的过程，在主动解决环保问题的同时，进一步增强了主导产品产业链的市场竞争力。两大产业链相互交织，以循环经济为核心，形成了“形散而神不散”的产品多元化。在这两大产业链的带动下，天业主导产品聚氯乙烯树脂生产成本较国内平均成本低40%以上。

2011年，公司生产聚氯乙烯树脂超过100万吨，在国内聚氯乙烯市场低迷的情况下依然保持了90%以上的开工率，保持着30%以上的产品毛利率，在国内氯碱行业独树一帜，表现出强大的市场竞争力。天业集团滴灌系统的成本仅为国外同类产品的1/5，实现了“开发生产中国农民用得起的节水滴灌器材”的发展目标，彻底颠覆了传统滴灌技术造就的“贵族农业”，推动了滴灌节水技术的大面积推广应用。

“实现三化目标”，就是实现装置大型化、控制信息化、排放资源化。2005年，天业集团20万吨聚氯乙烯联合化工项目建成投产，项目包括200兆瓦热电、35万吨电石、20万吨聚氯乙烯配套18万吨离子膜烧碱装置、35万吨电石渣水泥装置，这是当时国内规模最大的一套电石法聚氯乙烯一体化生产装置。我们在工程项目中开发和采用了大型聚合釜、DCS集中控制和废弃物资源化利用等行业领先技术，产品质量大幅度提高，“三废”排放得到了根本治理，成为行业技术进步的标志性工程，也为电石法聚氯乙烯的科学发展提供了成功的范例。

2005年8月，国家发展和改革委员会、中国石油和化学工业联合会、中国氯碱工业协会和电石工业协会在天业集团联合召开了“促进电石法聚氯乙烯行业健康发展研讨会”，对国内聚氯乙烯行业的发展产生了巨大影响，也推动国家积极调整了电石法聚氯乙烯的产业政策，为确定电石法聚氯乙烯发展的主流地位奠定了坚实基础。

通过不断的结构调整，2010年天业集团聚氯乙烯生产规模达到120万吨，生产能力和产量位居国内第一。电石渣水泥年生产能力达到400万吨，原料全部采用电石渣、粉煤灰、脱硫石膏、硫酸渣等工业废渣，利用率达到100%，年减少石灰石资源消耗510万吨，减少二氧化碳排放220万吨；通过源头减排和建立水资源梯级利用系统，年节水800万立方米；通过电石炉气资源化利用和电石渣新型干法水泥技术的成功应用，年节约标煤25万吨。

2011年，企业通过电石渣的资源化利用，实现营业收入10.19亿元，营业利润4.9亿元，对公司营业收入和毛利润贡献分别达到了10.56%和14.78%，社会效益与经济效益显著，实现了发展与资源环境的和谐统一。

## 二、坚持科技创新是天业集团调结构、转方式的关键

调结构、转方式的关键是创新，建立循环经济发展模式的关键是技术突破。天业集团以敢为天下先的创新精神，将创新能力作为企业管理者的基本素质，以强烈的使命感推进技术创新，对新技术、新工艺敢试敢用、敢冒风险、敢于担当并持之以恒。注重培育以“鼓励创新、宽容失败”为核心的企业创新文化，为实现调结构、转方式提供了有力支撑。

### （一）围绕发展循环经济实施科技创新

企业的科技创新能力是企业核心竞争力的重要体现。工欲善其事，必先利其器。天业集团高度重视创新平台建设，拥有国家级企业技术中心、国家节水灌溉工程中心（新疆）、博士后科研工作站、企业院士专家工作站和氯碱化工国家地方联合工程研究中心等国家级创新平台，与中科院大连化物所、清华大学、浙江大学、南开大学、石河子大学等科研院所和国内一流大学建立了紧密的合作关系，形成了“以项目为载体，企业牵头，优势互补，共同攻关”的产学研模式，相继承担并完成了10余项国家级重大科技项目，其中承担国家“863”项目3项，申请专利129项，企业每年投入的研发费用占到销售收入的2%以上。

创新能力的不断提高，推动企业不断攻克循环经济关键支撑技术，为循环经济产业链的构建奠定了基础。2006年，天业集团承担了“氯碱企业节水技术开发”国家科技支撑课题，开发出干法乙炔、聚合母液水生化处理、含汞废水处理、乙炔上清液闭式循环等节水新技术并取得了成功；通过对变压吸附技术的集成创新，相继开发出氯乙烯尾气全回收技术、天然气制氢联产PVC技术。在解决环保问题的同时，建立了氯碱平衡的新模式，杜绝了液氯的生产，提高了氯碱生产的本质安全性。率先开发国内最大功率的40000千伏安大型密闭电石炉和电石炉气深度净化技术，带动了电石产业的技术升级和资源利用；与浙江大学共同开发电石渣烟气脱硫技术，以电石渣作为脱硫剂，

脱硫石膏全部用于电石渣水泥生产，脱硫效率95%以上，废渣利用率100%，脱硫成本仅为国内传统工艺的50%，年降低脱硫成本4000多万元。

近年来，公司攻克的循环经济重大关键支撑技术多达12项。这些技术的集成效果，彻底改变了传统电石法聚氯乙烯高污染、高能耗、高成本、低质量的发展弊端，打造了氯碱化工清洁生产的新模式。公司多项技术被列入行业清洁生产标准，成为国家清洁生产重点推广技术。2011年天业集团《电石法聚氯乙烯清洁生产关键技术开发与示范》成果获得中国石油和化学工业联合会科技进步一等奖，为推动行业的技术进步和清洁生产做出了重要贡献。

### （二）围绕汞污染防治开展科技攻关

电石法聚氯乙烯是我国需汞量最大的行业，年需求量超过我国汞供应量的60%。随着国际禁汞条约的实施和我国汞资源的日趋枯竭，我国电石法聚氯乙烯发展面临巨大的挑战。在聚氯乙烯汞污染防治方面，天业集团未雨绸缪，以超前的战略眼光，率先实践。2007年，公司就组建了汞减排创新团队，建立了专门的实验室，相继开发成功固汞触媒、含汞废酸深度解析、含汞废水深度处理和汞资源高效回收等关键技术，在国内率先形成了工程化示范。天业集团自主开发的低固汞触媒被列入国家重点新产品，氯化汞含量≤6%，触媒使用寿命明显优于高汞触媒，汞的挥发损失大大降低，源头减汞效果显著，技术水平处于国内领先。这些经工业实践的成套技术，成为国家聚氯乙烯清洁生产和汞污染防治重点鼓励推广的技术。

2010年8月17日，由中国石油和化学工业联合会、中国氯碱工业协会共同主办的“电石法聚氯乙烯汞污染防治现场会”在新疆石河子市召开，天业集团集中展示了汞污染防治取得的科技成果，对推动聚氯乙烯行业汞减排起到了关键性的作用。2011年天业集团自行设计建设的3000吨/年低固汞触媒生产装置顺利投产，为企业的汞污染防治工作提供了强大的技术支撑。

减量化是过程，无汞化是目标。在无汞触媒的开发上，天业集团更是不遗余力，建立了以企业为主体，国内多家院所共同参加的无汞触媒开发试验平台，一些研究成果已进入工业侧线试验阶段，整体研究水平处于国内领先。2011年，无汞触媒项目被科技部列入国家“863“项目，这将进一步推进无汞触媒的研发进程。

### （三）敢于挑战重大原创性技术

等离子裂解煤制乙炔技术是国际公认的最具挑战性和发展潜力的乙炔制备技术，也是国际上始终未能突破的技术难题。自2001年起，天业集团就相继与国内外科研院校展开合作，与清华大学、浙江大学组成了更加紧密的产学研研发团队，自主研发和产学研相结合，不断攻克关键技术瓶颈，十年磨一剑，目前技术水平已居于国际领先，2010年项目被列入国家“863“重大项目。随着技术的突破和工业化进程的加快，这一拥有全套自主知识产权的重大创新成果，必将对我国煤化工的发展产生重大而深远的影响。

### （四）围绕发展循环经济创新企业管理

在天业集团构建的紧密相连、相互依存的循环经济产业链中，涵盖了矿业、电力、电石、化工、建材等不同的传统产业。这些在传统发展模式中相互割裂的产业，被置于一个大的循环经济产业链中，就如同一根绳子上的蚂蚱，如果这些蚂蚱还按自己原先的个性随心所欲地跳动，那么这根绳子永远不可能有序舞动。这就要求必须形成合力，而形成合力的关键是高度的计划性和强大的执行力。我们以追求产业链整体利益的最大化为目标，不断创新企业管理，在强化经理层执行力的同时，集团公司实行统一决策、统一目标、统一管理，突出管理的信息化，使产业链优势不断发挥出倍增的效果。2011年，天业集团实现利润18亿元，较2010年增长50%，创造了历史上的最好业绩。我们还将通过强化管理和精细化产业链，力争进一步提高利润增长率。

## 三、实施人才战略是天业集团调结构、转方式的保障

人才是推动企业不断发展的基础，高素质的职工队伍是企业发展的基石。天业集团在调结构、转方式的过程中，按照“一个支撑、两种素质、三个层次、四个重点”的规划，大力实施人才发展战略。

“一个支撑”，即着力建立一个由掌握行业最新理论、最新技术的专家支撑体系。在体系的构建中，我们不求所有、但求所用，不拘一格、唯才是用，使大量国内外高水平专家得以长期为天业集团服务，与天业集团融为一体，对企业的技术进步和科学决策起到了很好的支撑作用。

“两种素质”，即提高人才的创新和敬业两种素质，创造人才干事的环境，提供人才干事的条件，为人才干成事搭建施展才华的舞台。

“三个层次”，即构建发展战略管理、专业技术应用、生产实践操作三个层次的人才队伍，满足企业不同层次的需求。

“四个重点”，即重点培养经营管理、技术创新、营销策略、能工巧匠四种人才，实现人尽其才、各尽其能。

为实现以上目标，我们先后委托北京工业大学、浙江大学、华东理工大学、新疆大学、石河子大学等国内知名高校开办工程硕士班，培养了一批用得上、留得住、能奉献的专业技术骨干。

2010年，经国家教育部审批通过，天业集团与国家“211工程重点院校”石河子大学共同开设屯垦戍边本科班，每年在全国招收120人左右，天业集团提供学费、住宿费、生活补助及专项奖学金，定向生毕业后直接为天业集团的发展服务，目前就读学生已达200名。在同高校和科研单位“产、学、研”合作的过程中，我们高度重视人才培养和研发团队的建设。天业集团积极参与项目研发的全过程，不仅掌握了技术的全过程，更为重要的是培养出了一批适合企业发展的高水平研发团队，对项目的持续发展和科研成果的工程化应用起到了极其关键的作用。近年来，天业集团培养的等离子煤制乙炔和无汞触媒创新团队，成为国家重大科技项目承担的主体。2011年，天业集团被科技部授予“十一五”国家科技计划执行优秀团队奖。

天业集团地处我国西部地区，创新环境和人才基础相对薄弱。我们努力缓解和解决人才短缺的发展短板，积极采取各种有效措施，加强自有人才的培养和储备，使其成为企业在调结构、转方式中不断突破、不断超越的重要推手。为有效地吸引人才、留住人才，天业集团将“感情留人、事业留人、待遇留人”融为一体。在管理方式上，公司实施行政管理和专业技术、操作技能分轨制，给专业技术人才和操作技能人才分别明确了助理工程师—工程师—主任工程师—高级工程师—首席工程师和操作技工—初级工—高级工—技师—高级技师的晋升空间，使专业技术人才和技能型操作人才能够安心工作，在本职岗位成才、建功。在人才待遇上，公司将“当期待遇与长期待遇”相结合，在注重当期工资、奖金待遇的同时，更加注重加大长期待遇的比重。

天业集团不仅为员工建立企业补充医疗保险、企业年金，自2000年起，就开始对大学生实施优惠的住房政策。优惠政策实施以来，累计受益的大学生已达千人以上，这批稳定的人才队伍成为企业可持续发展的宝贵资源。

## 四、打造工农和谐的绿色生态园是天业集团的追求

新疆地处干旱缺水地区，水资源短缺是制约发展的瓶颈。天业集团始终将节水作为产业设计的首要因素，将打造工农和谐的绿色生态园区作为企业的不懈追求。

天业集团循环经济产业链，将化工与节水农业两个产业紧密结合，形成了具有鲜明特色的工农业相结合的产业链。目前，天业自主开发的膜下滴灌系统在新疆的推广面积超过3000万亩，占新疆农田灌溉面积的40%，节水增收效果显著。国务院研究室调研报告认为，石河子市建立了世界上规模最大、最先进的节水设备生产企业，实现了所有成型设备和工艺技术的国产化。2010年，在天业集团的不懈努力和国家的大力支持下，滴灌技术在全国的推广速度明显加快。2011年9月，天业集团助推的辽宁省1000万亩滴灌节水农业工程正式启动。天业集团历经多年研发的国家“863”项目滴灌水稻技术取得重大进展，2011年大面积种植成功，平均亩产达到728千克，居领先水平。通过大力发展节水农业，将节约的水资源用于发展工业和开垦拓荒，在很大程度上缓解了水资源短缺瓶颈，形成了工农业相互促进、和谐发展的新局面。

“十二五”期间，中国煤化工发展面临重大机遇与挑战。不断调整产业结构、努力转变发展方式，依然是天业集团发展的主题、主线。我们在继续推进调结构、转方式的进程中，将以“两个创新、一个提高”为抓手，坚持管理创新、技术创新，不断提高劳动者素质，继续发扬敢为天下先的创新精神，更加突出资源的高效转化和高值利用，以乙炔化工和电石炉气化工利用为切入点，积极探索并实践出一条水资源消耗少、资源转换效率高、二氧化碳排放量少、产品附加值高、市场竞争力强的新型煤化工技术路线，实现企业科学跨越发展，为我国化工产业的快速、健康、可持续发展做出新的更大的贡献。

## 专家点评

新疆天业（集团）有限公司是典型的传统煤化工企业，也是国内聚氯乙烯行业的龙头企业。这类企业的最大特点是资源消耗大、污染控制难度高。那么如何使资源利用更高效、污染防治措施更有力一直是以天业集团为代表的传统企业亟待破解的课题。天业集团董事长郭庆人认为，要解决这些问题，把企业做大做强，就必须根据企业发展的环境和行业发展的趋势，努力将经济增长模式从简单的粗放型转变为可持续发展的集约型，才能用好资源增加效益，才能褪下公众眼里披在传统石化业肩上污染的外衣。

天业集团一贯重视新技术的研发及应用，成功开发出干法乙炔、聚合母液水和含汞废水处理等新技术并实现产业化，相继开发出氯乙烯尾气全回收技术、天然气制氢联产PVC技术。在聚氯乙烯消减汞污染方面，天业集团率先进行汞减排研究，相继开发成功低固汞触媒、含汞废酸深度解析等关键技术，自主开发的低固汞触媒被列入国家重点新产品。在无汞触媒的开发上，建立了以企业为主体，国内多家院所共同参加的无汞触媒开发试验平台，对国内聚氯乙烯行业的发展产生了巨大的影响。

天业集团围绕资源综合利用，积极开发先进的节能减排技术，在电石行业率先构建了原料煤、电石、聚氯乙烯、电石渣水泥的循环经济产业链。同时，通过开发生产节水器材，推动农业生态发展，在我国西部形成了工农业相互促进、和谐发展的新局面，也为西部地区化工企业的调结构、转方式，实现绿色发展做了有力的探索。

# 创新探索

The Path of Innovation

## 实施专业化重组和产业结构升级 促“存续”由丑小鸭变成白天鹅

中海油能源发展股份有限公司

中海油能源发展股份有限公司（以下简称“海油发展”）作为中国海洋石油总公司（以下简称“中国海油”）的控股子公司，伴随着中国海油的改革发展诞生，十多年的时间，从一个以富余人员和不良资产组成的基地系统，成长为一个具有较强竞争力的多产业现代企业集团，实现了经济绩效的“飞跃式”增长。

在彷徨中寻求生存和发展之路的“第一个五年”，海油发展实现了从“养好人、服好务”到“依托主业谋求发展”的转变；在重组改革、积淀发展潜能的“第二个五年”，海油发展基本解决了传统国企的历史遗留问题，促进了各个产业的协调发展，提升了竞争力，初步构建了以中国海油产业链为依托，以技术研发、产品制造、专业技术服务为核心的产业发展平台。

海油发展的销售收入从2005年重组之初的87亿元增长到2011年的266亿元，复合增长率达到20.5%，利润总额从3.7亿元增长到19亿元，复合增长率达到31%。

通过“调整产业结构、转变生产方式”，海油发展成功转型升级并取得的成绩，不仅对大型国有企业的存续资产盘活发展有重要的借鉴意义，而且对多产业战略管理并保持持续健康发展也具有重要意义。

## 一、海油发展转型升级的改革背景

### （一）中国海油建设现代化企业管理体制的需要

20世纪90年代，中国海油依据“油公司集中统一、专业公司相对独立、基地公司逐步分离”的改革思路，调整了原有大而全的区域式管理模式，将油公司和各专业公司从地区公司中分离出来，形成了专业化管理模式。

到1999年，中国海油分离主业及优质资产后，地区公司剩下的不良资产和富余人员，形成了基地系统（存续企业），以8%的非优质总资产负担了60%的职工，无条件承担主业和优质资产上市的改革成本，背负了巨大的包袱。为盘活现有资产，实现生存发展，2004年，基地系统开始进行全面深入的改革重组，包括产业规划、结构调整、资产重组、机制创新等一系列动作，成立了基地集团公司。2008年，基地集团公司实施股份制改革，成立了海油发展，标志着基地系统改革取得决定性成果，海油发展开始向现代化公司迈进。

### （二）解决存续企业生存与发展难题的迫切要求

1999年形成之初，基地系统成为改革的“蓄水池”、矛盾的“聚集地”、改革成本的承担者，面临大量复杂且困难的问题，对企业生存与发展提出巨大挑战。

1.社会职能和企业职能并存，效率低下。形成之初的基地系统只有8%的相对非优质资产，并留存了大量的企业办社会职能和公益事业；既要为油公司、专业公司等产业部门服务，又要担负学校、医院、公安等社会职能。社企不分的状况导致企业经营效率低下，且社会职能需要大量资金投入，却没有直接的经济效益产生，财务负担沉重，亏损严重。

2.人员冗余，观念落后。改革前的基地系统负担了中国海油60%的人员，导致存在大量隐性富余人员，人浮于事。基地系统并非独立的市场主体，在中国海油的地位使得员工意志消沉，情绪低落，对前景缺乏信心，对工作缺乏积极性，对上级普遍存在“等、靠、要”的思想，缺乏自主经营的理念。

3.产业繁杂、经营能力弱。基地系统包含了原有的60多项业务，各自为政，产业资源重复建设；很多业务已经过时，没有市场，没有效益，不可持续；内部市场分割造成产业规模小，没有能力和条件实施产业升级，竞争力不强；管理、人力、资金、信息、品牌、技术等资源不能共享，成本高，效率低；市场、产业资源和服务能力不能在区域间协调，内部市场无序竞争。

4.产业结构不均衡。产业结构不均衡一方面表现在产业链结构不均衡：对上游产业依存度达90%以上，对中下游产业参与不多；另一方面表现在市场结构不均衡：对中国海油内部市场依存度高，对外部市场和国外市场的参与度低。

存续企业如何才能从计划经济体制遗留的历史矛盾中走出来？在经营性资产缺乏、业务繁杂、人员冗余、观念落后、财务负担沉重的不利环境下，存续企业如何保持生存、谋求发展？如何协调管理多元产业有序健康发展？基地系统面临巨大的挑战。

基地系统迫切需要重组改革，通过“调整产业结构、转变发展方式”来解放生产力，获取生存发展之道。

## 二、调整产业结构，实现多元产业协调有序发展

基地系统根据国家加快产业结构调整的相关政策和中国海油的发展战略，结合自身发展需要，不断推进专业化重组和产业结构升级，从而保障了公司持续快速发展。

### （一）专业重组整合，构建产业协同竞争力

1.资源整合，完善专业线条管理模式。鉴于区域式管理模式下机构庞杂、效率低下、市场分割、无序竞争等种种弊端，2004年基地系统以专业化管理思想为主导，首度进行专业化重组改革，形成了条块结合、以条为主的专业化管理模式。

基地系统将原有的60多项经营性业务从地区公司剥离出来，以产业同一性、相关性和专业化为原则，对产业相近、市场相近、业务相近的业务单元合并同类项，打破区域界限，重组成立了11家专业公司，即油建公司、采油服务公司、采油技术服务公司、监督监理公司、通讯网络公司、人力资源公

司、销售服务公司、石化服务公司、配餐公司和物流公司，以及管道工程公司，实现了同类资源的有效利用，也为各专业公司发展提供了坚实的基础。“十一五”期间，海油发展还吸收合并了两家研究院，即天津化工研究设计院（以下简称“天津院”）和常州涂料化工研究院（以下简称“常州院”），为公司拓展涂料、催化剂等新材料业务提供了有利条件。

另外，公司其他社会职能、公益事业、离退休管理、政府公共关系、地区党委等职能留在地区公司中，保持原来的块状区域结构，通过机制创新来解决企业办社会的问题，逐步对社会职能实行产业化改造、市场化运作和企业化经营，有效保障了地区公司的稳定性。

通过这种条块结合、以条为主的专业化管理，实现了资源向优势产业集中，业务更加清晰，发展重点更加明确，各专业化公司经营更具活力，为基地系统整体做强做大奠定了良好的基础。到2011年，海油发展资产总量从重组前的90亿元增长到233亿元。

2.产业协同，提高资源利用效率。产业专业化重组是释放产业竞争力的第一步，多元产业发展不仅仅是简单的各产业单线条发展，而是一个有机的产业协调发展体系。为构建产业整体竞争力，海油发展在产业结构调整过程中，始终关注各产业发展的协同性，通过梳理各产业间的资源共享关系，不断放大资源的协同效应。

经过专业化重组后，各产业专业能力得到了有效释放，但仍存在部分资源重复配置的情况，经济效率仍有较大的改善空间。为了提高资源使用效率从而实现经济绩效的快速发展，海油发展不断推动产业之间的市场共享、技术共享和资源共享，努力建立起各产业之间、研发体系与产业之间的协同机制。同时利用协同机制设计和开发新的业务和产品，打造具有高度关联性的产业链条，充分发挥并放大协同效应。

海油发展产业协同管理采取多种方式，包括现有产业之间共同市场、技术或人力资源等进行业务合作，也包括新业务和已有业务之间的资源共享，借助已有业务的资源发展新业务。如物流公司需要建设一个能够服务上中下游的综合物流基地，缺乏中下游的物流资源和队伍，而石化公司有中下游物流队伍，2011年二者进行整合，不仅使物流公司快速建成了服务于上中下游的综合全产业链业务体系，而且石化公司可以将更多的资源和精力集中到其主业的战略发展方面，充分显示出产业协同的重要作用。

3.纵向延伸，积蓄产业发展后劲。现有产业的重组整合与协同都是为了最大限度发挥资源的利用率和经济效益，而产业链的纵向延伸则是海油发展为长期持续发展采取的重要战略手段。

在改革初期，海油发展对上游产业的依赖程度非常高，上游产业占比在2005年高达95%。海油发展为改变公司单一侧重上游产业发展的局面，及时抓住中国海油中下游可拓展的产业机会，积极开拓中下游产业市场领域，并不断向中下游高附加值产品领域和相关产业延伸，逐步将以“上游”为主的产业格局转变为“上游+中下游”的产业格局。

2005年，石化公司收入仅为12亿元，利润仅为0.11亿元，到2010年，其收入达到38亿元，利润达到2.3亿元。通过投资、考核等一系列的措施，海油发展中下游市场份额在“十一五”期间从5%提高到26%，市场结构持续优化，产业格局的转变效果明显。

4、产业互补，提升综合服务能力。改革初期，海油发展的产业结构是以“服务”产业为主，主要为中国海油的主业及其他专业公司提供服务，缺乏有市场竞争力的产品和技术。为了改变这一现状，同时也是顺应中下游产业链拓展的要求，海油发展加强了产品制造和技术研发方面的投资发展力度。

在产品制造方面，我们大力发展石化延伸产品、凝析油深加工产品、空分产品、化学药剂、化工助剂、涂料、锂电池材料、钢管、钻修井机、石油工具等。产品业务收入从2005年3%的份额提高到2010年22%的份额。

## （二）“进、退、转”聚焦主业，挖掘产业发展潜力

基于海油发展的产业基础和多元化特点，产业的取舍和资源有效配置尤显重要，直接关系到公司能否集中有限资源保障健康发展。

海油发展作为中国海油下属业务板块，产业选择时除需要考虑外部环境的变化和本身的资源条件外，还要考虑避免与其他兄弟单位造成内部竞争。鉴于此，海油发展提出了“进、退、转”的产业调整策略，产业结构不断优化，并向主业聚焦、向新兴业务拓展。

1.重点开发一批产业，寻找增量业务。通过对已有产业的重组整合，海油发展整体收入在不断快速增长，但是站在更长远的高度来思考公司的可持续发展问题，新业务的不断尝试和拓展是公司保持这种快速发展势头的关键，也是顺应外部环境变化和行业趋势必须采取的措施。海油发展在产业调整过程中，坚持积极介入与发展战略相适应的新产业，培育新的利润增长点。

近几年，基于内外需求、产业协同、资源、条件等因素的考虑，海油发

展重点开发的新业务包括节能环保、安全技术、高端涂料、化学药剂/催化剂、锂离子电池材料、检测防腐技术、LNG（液化天然气）运输船等。其中LNG运输船业务依托中国海油气电产业大力发展；节能环保、安全技术业务顺应社会产业发展的大趋势，利用公司产业协同实现发展；检测防腐技术业务满足公司管道产业的防腐需要，依靠良好的技术条件快速发展。另外，借助天津院技术平台，公司研发出了国内先进的电池用电解液技术，并考虑抓住国内电动汽车产业发展机会，重点发展锂电池材料产业。

2.果断退出一批产业，完善资源配置。“要善于取舍，不仅做加法，也要做减法”是海油发展提出的产业调整重要指导方针。基于内外部环境和资源的变化要求，公司在产业选择上强调：在大力发展能形成核心竞争力、具有可持续发展潜力的产业同时，要坚决放弃一部分不利于未来发展的弱势产业，由遍地撒种的发散型产业投资向聚焦核心产业投资转变，避免因过分的分散扩张、过分的多元化而造成经营风险放大。海油发展已经或即将退出海洋工程建造、油品海运、工民建、修造船和部分企业办社会职能等多项业务。

考虑到工程建造与海油工程的业务重叠，从中国海油协调发展战略出发，决定逐步退出工程建造，并将人员转移到设备运维业务；考虑到海上油品运输业务竞争激烈，公司规模不占优势，做大困难，而承担的安全及经营风险较大，决定退出；考虑到工民建业务附加价值低、效益差，造修船业务受资源限制而不能形成竞争力，对这些业务均采取了退出策略。

另外，公司以维稳思想为指导，矿区社会职能也采取了逐步退出策略。到目前为止，中小学和幼儿园的社会化改革已经全部完成，西部和渤海矿区已经逐步完成公交车社会化工作，并签署了供水、供气移交协议。这些非经营性业务的退出，大大节约了资源，有助于公司集中精力发展主业。

3.积极转型一批产业，优化存量业务。对于面临巨大的市场竞争压力，现有业务模式缺乏竞争力或遇到发展瓶颈的产业，公司积极规划进行转型，并开发新的业务模式，在充分利用原有资源优势的基础上，拓展新的发展空间。

原通讯公司的传统通讯业务发展空间有限，后劲不足，内部市场面临社会上“同质”公司低成本的挑战，近千人通讯队伍进退两难，唯一出路只有产业转型。公司果断决定将传统通讯业务向信息应用技术、中控和运营维护方面转型，并通过创新模式、培训队伍、引进高端人才、加强对外合作等措施积极推进转型工作。2010年，公司初步成为一家专业化信息服务企业，铸就了一批具有丰富经验的工程、技术和管理团队。

人力资源服务公司在人力资源外包业务面临发展瓶颈的情况下，积极向安全技术服务及培训业务转型，开发了安全监督服务、安防产品服务、安全技术研发、安全检验检测、安全技术咨询、技术技能培训等新业务模式。2010年公司取得了安全技术服务专业资质，当年收入达到6000万元，同比增加46%。

海油发展通过十多年产业专业化重组整合，积极采取“进、退、转”策略，公司内部资源和能力优势得到了充分挖掘和有效释放，产业结构更加合理，不同产业的发展定位基本明确，已经形成了良性的产业循环替代发展机制，为公司的进一步发展奠定了扎实的基础。

## 三、转变发展方式，保障多元产业健康持续发展

海油发展产业结构的调整和优化更多解决了公司中短期生存和发展问题，实现了公司产业能力的快速释放，而公司可持续健康发展还必须依靠核心竞争力的构建和提升。在产业结构调整的同时，海油发展始终关注科技创新、集约低碳、“走出去”等发展方式的转变，使公司保持发展速度的过程中，也不断提升了发展质量。

### （一）关注科技创新，引领产业升级

有知识经济时代，科技创新是任何一家企业保持竞争力的关键手段。改革初期，公司的发展主要依靠投资拉动，这一发展方式在初级阶段促进产业快速发展中起到了积极的作用，也为各产业的迅速扩张提供了保障。但在产业规模不断扩大，资源需求不断提高，外部竞争压力不断加大的情况下，仍靠投资拉动会导致风险加大、资源受限、竞争力不强。鉴于以上情况，海油发展在追求发展规模和速度的同时，明确提出了产业发展要从投资拉动向技术驱动转变、从劳动密集型逐步向技术密集型转变，通过优化科研组织管理、强化科研人才队伍管理、重点开发核心技术等措施加以落实，从而实现科技创新引领产业升级优化，持续提升核心竞争力。

在科研组织管理方面，“十一五”期间公司吸收天津院和常州院后，在继续发挥原有技术专长特点基础上，积极推动与现有产业的协同，建立了中下

游产业研究院，形成了支撑石化产业发展的技术平台。2010年，公司将分散在各个业务中的钻采技术力量集中起来，成立了钻采工程研究院，形成了支持上游业务的研发平台。

在科研人才队伍管理方面，公司制定并实施了天津院和常州院产研分离方案，逐步将研发人员与业务人员分离，并对研发人员实行差异化的绩效考核模式，有效激发了科研人才队伍的研发积极性。

在核心技术开发方面，“十一五”期间公司重点开发提高油田采收率系列技术、石化系列技术、设备检测运维技术、管道技术、防腐技术、安全技术、节能环保技术等，并已逐步形成作业生产能力，有效带动了产业升级，为上中下游增值服务业务拓展提供了支持。

另外，在部分产业转型方面也积极采取技术转型路线。如为推进通讯公司转型，公司与国内中控技术最先进的浙大中控签订合作协议，依托优势互补，共同发展中控业务，以掌握核心技术助推转型。

为推动科技创新发展并有效匹配产业发展需要，目前海油发展已初步形成了由钻采工程研究院、工程设计研发中心、天津院、常州院组成的技术研发体系，为钻采、设备运维、精细化工、化学药剂、涂料、安全技术、节能环保等产业的发展提供强有力的研发和技术支持平台。

“十一五”期间，海油发展研发投入超过14亿元，发明专利458项，获得省部级科技成果44项。期间公司总资产、收入翻了一番，利润翻了两番，而员工总数只增加了不到20%，年复合增长率仅为1.9%，同期劳动生产率年复合增长率高达12%，充分体现了科技创新为公司带来的经济效益和运营效率的提升。

2011年，海油发展三级科研项目直接投入达3.3亿元，申请专利92项，其中发明专利53项，3项科研成果获得省部级奖励。不少关键技术获得突破，并直接在生产领域发挥重大作用。采技服公司形成的注聚技术为其走向国际市场打下了基础，油建公司中高压管道在线维修设备研制获得成功，采油服务公司开发的单点监测系统比肩国际先进水平，天津院、常州院在多项新技术研发方面获得突破，这些都是公司这些年通过持续科技创新获得的骄人成绩。

### （二）探索“走出去”道路，夯实市场竞争力

“走出去”对于海油发展有两层涵义：一方面，公司要改善对中国海油系

统内产业发展的高度依赖性，必须走出系统；另一方面，公司要保持规模增长，提高国际化竞争能力，必须走出国门。在依托中国海油内部市场实现快速发展和资源能力积累的基础上，海油发展明确提出：产业发展要从“内部”市场为主，逐步转变为“内部+外部”的市场结构。对于主要依赖内部市场发展的海油发展来说，实施“走出去”面临较大的挑战，一是动力不足，现有产业仍能支持中短期稳步发展；二是能力不足，缺乏具有市场竞争力的队伍和机制。但“走出去”关系到海油发展的未来，公司积极通过技术创新和机制创新，引导产业落实“走出去”战略，并取得了初步成效。

“十一五”期间，依靠钻采技术、安全技术的创新发展，相关业务服务市场已经进入辽河、冀东、胜利等多个陆地油田，市场占有率不断提高；借助中国海油国际化市场拓展，采技服公司和监督监理公司作为“走出去”的龙头单位，在中东、东南亚、非洲和美洲4大区域有多个项目获得突破，并在国内陆地油田服务打开了市场。

经过“十一五”期间的市场拓展努力，公司内部市场和外部市场的比例从2005年的90 ： 10降低转变为2010年的64 ： 36，大幅度改善了内外部市场结构比例，并向50 ： 50的目标比例迈进。

### （三）倡导集约、低碳发展，促进健康增长

集约、低碳发展是当前国家产业政策的重要取向之一，也是行业发展的必然要求，不仅有助于缓解社会环境恶化，落实企业社会责任，根本上还能为企业的可持续发展带来经济效益。海油发展在关注公司整体经济效益增长过程中，明确提出：产业发展要从原来的粗放式发展向集约、低碳式发展转变，并积极采取有效措施强化对资源的合理循环利用，在实现运营成本降低、经济效益提高的同时，推动产业的可持续发展。

例如，公司将锻后焦生产线所产生的余热回收，生产蒸汽和电力，供应给周边的其他石化项目，每年减排$CO_2$ 39万吨。同时按照联合国清洁发展机制，进行了CDM（清洁发展机制）开发，与国外买家签订了减排量购买协议，大大提高了这个投资项目的经济效益；公司还利用LNG的冷能资源，积极发展空分、冷能胶粉等项目，不仅落实了集约低碳发展方式转型，也找到了更多的产业发展机会；在渤海矿区，公司通过地热开发，利用“热水直供+水源热泵”新技术，解决矿区供暖高成本、高排放问题，改善了矿区环境。

## 四、展望未来，以持续创新实现“二次跨越”

经过十多年的改革发展，海油发展取得了巨大的成就，发生了深刻的变化，实现了“存续”飞跃式的健康发展，已经具备了参与国际市场竞争的基础实力。

2012年，中国海油党组在充分总结30年发展成果和经验的基础上，提出了“二次跨越”的战略构想，海油发展按照“有效”和“集约”发展的要求，提出了“内创业”战略发展思路：突出质量、突出内涵、突出内生性增长能力建设、突出可持续发展能力建设、突出产业体系的塑造。

公司将通过技术进步、管理进步、商业模式的优化及人力资源潜能的发挥来推动产业持续发展。通过强化产业研究，推动产业结构进一步优化和素质提升；通过深化技术创新，提高技术创新对产业发展的驱动能力；通过加强产业协同，继续低碳发展方式，促进循环经济。

在“二次跨越”总体发展思路指导下，海油发展将进一步加强产业发展体系和产业能力的塑造，全面实现发展方式的转变、发展质量的提高、发展速度的稳定，为达到“具有国际竞争力的能源技术服务公司”战略目标迈进。

### 专家点评

中海油能源发展股份有限公司是中国海洋石油总公司改革过程中，以企业的富余人员和不良资产组成的基地系统为基础发展起来的，从某种意义上说带有企业“包袱”的性质。面对生存与发展的严峻挑战，他们以实施专业重组整合为主线，重点开发一批产业、果断退出一批产业、积极转型一批产业，形成了产业协同与互补，大大提高了综合服务能力和市场竞争力，既盘活了企业的存量业务，又通过加强科技创新，不断推进产业优化升级，走出了一条存续资产的高效健康发展之路，为企业改革探索了一条十分有价值的经验。

创新探索

The Path of Innovation

# 从氟化工出发 向新能源进军

多氟多化工股份有限公司

英国有个氟多多，西班牙有个多多氟，中国有个多氟多。3家都是全球著名的氟化工企业，但“资历”差距很大。短短10年的时间，年轻的中国多氟多超越了“老前辈”，一跃成为全球生产规模最大、技术创新领先的无机氟化工领军企业。

多氟多化工股份有限公司（以下简称“多氟多”）主要从事高性能无机氟化物、锂离子电池材料和纳米金属材料等研发、生产和销售，主要产品有无水氟化铝、高分子比冰晶石和六氟磷酸锂等，广泛应用于航空航天、金属冶炼、化工、医药、电子和军工等领域，并全部通过质量管理、环境管理、职业健康管理体系的认证。10年来的实践使我们深刻体会到，坚持科技创新、调整产品结构、转变发展方式，是多氟多实现超常规、跨越式发展的不竭动力。

## 一、坚持科技创新，立志在小行业里打造世界冠军

无机氟化工是化工领域的一个子行业，氟化盐又是无机氟化工领域中的子行业，市场规模不大，生产企业不多，有别于其他行业众多企业竞争的市场格局。我们抓住这一行业特征，依靠技术创新，引领行业发展，走出了一条“技术专利化、专利标准化、标准国际化”的发展之路，形成了企业的核心竞争力，走在了世界前列。

十多年来，我们建设了国家认定企业技术中心、国家认可实验室和河南省无机氟化学工程技术研究中心，拥有一批国内无机氟化工领域的专家，开发并掌握了氟硅酸钠法、氟铝酸铵法、黏土盐卤法、再生冰晶石等自主的知识产权，拥有节能环保优势的冰晶石生产新工艺。依靠自主创新，开发了具有世界先进水平的无水氟化铝新技术和六氟磷酸锂生产技术，是国内唯一拥有氟硅酸钠法制冰晶石联产优质白炭黑技术并产业化的企业，唯一掌握无水氟化铝生产技术的企业，唯一量产晶体六氟磷酸锂的企业，代表了我国无机氟化工技术的最高水平。

我们以磷肥行业副产的氟为原料，开发了高分子比冰晶石。在磷矿石形成过程中，海水中的氟、氯、溴、碘4大元素沉积其上，其中氟元素在磷肥生产过程中是必须去除的。多氟多就把磷肥副产的氟，转化成氟硅酸钠，然后再做成氟铝酸钠。用这种工艺技术生产的冰晶石，质量优异、分子比高，用于电解槽启动有利于电解铝行业的节能减排。

十多年来，我们共申报技术专利138项，其中发明专利106项，形成了一批自主的知识产权，并逐步实现了产业化。技术创新给企业带来了实实在在的效益，主要产品冰晶石连续10年、无水氟化铝连续4年产销量位居全国乃至全球首位，当之无愧地成为无机氟化工行业的领军企业。

能够制订标准并推向市场，企业就能获得绝好的自我发展平台，也将获得占领国内外市场的强大武器。多氟多在加快新技术、新产品开发的同时，充分发挥自身的技术优势，积极参与各层次的标准化活动，变被动采用先进标准为主动参与国际标准、国家标准、行业标准的制定，形成让自己的技术和产品主导市场的局面，提高企业在行业中的知名度和权威性。我们在开发高分子比冰晶石之初，发现这个产品不符合当时的国家标准。我们大胆提出，不符合国家标准，就修订国家标准。公司的想法得到了国家标准委、行业协会的高度认可，领导和专家们一致鼓励企业成为标准修订的主体。

多氟多从修订冰晶石的国家标准做起，主持制、修订了冰晶石、氢氟酸、氟化锂等40余项国家标准和多项行业标准，提供了冰晶石、氟化铝等国家标准样品。国家无机氟化物的大多数产品标准、分析方法标准、标准样品、生产技术规范等国家标准和行业标准，都是由多氟多制、修订的。我们积极参与国际标准的制定，成为国际标准化组织的成员；我们研制的冰晶石、氟化铝等标准样品，已被推荐为ISO标准样品。主持制定冰晶石ISO国际标准，为我国在无机氟化工领域赢得了话语权。2010年，受工业和信息化部委托，公司牵头组织了全国无机氟化工行业“十二五”发展规划的编制工作。

## 二、发展循环经济，引导氟化盐产业实现可持续发展

我国无机氟化物的主要资源是萤石，其资源的有限性和不可再生性使得世界各国将其作为战略资源严格调控、限制开采。加之萤石法生产无机氟化物成本高、设备腐蚀严重、“三废”治理难度大等诸多问题，现有的生产方式已不适应市场竞争的需要。如何科学利用萤石这一重要资源并不断寻求新的氟资源，已成为我国氟化工行业实现可持续发展的关键。

我们认为，废物是放错地方的资源。利用其他行业的含氟废渣，变成对社会有用的产品，这本身就是对资源节约和环境保护的一种贡献。多氟多在技术创新和研发过程中，坚持循环经济“资源化、减量化、再利用”的3R原则，紧紧围绕“氟从哪里来到哪里去”这一主线，先后利用磷肥行业、铝型材加工行业以及电解铝行业生产过程中的废弃物，开发出众多拥有自主知识产权的新工艺、新产品，实现了氟资源的综合利用。

我们在原料来源上建立合理的氟资源开发战略。最大限度地利用磷矿石的氟资源，进一步推进磷肥副产氟资源的综合利用；加大对磷化工氟资源基础研究、应用研究费用的投入，修订和完善“三废”排放标准，促进磷化工氟资源的综合利用。我们自主开发的“氟硅酸钠法制冰晶石联产优质白炭黑项目”被列为“国家高技术产业化示范工程”，该项目利用磷肥副产的氟硅酸废液进行高分子比冰晶石产品生产，每年可节约萤石3.5万吨，综合利用磷肥行业副产氟硅酸（20%）13.85万吨，不仅减少了磷肥废料对环境的影响，而且降低了产品的生产成本。

我们多措并举力推“减量化”。一是内部减量，在生产过程中采用清洁生产工艺，搞好各种与氟相关的化学元素的综合利用，使企业生产过程中各种

元素能物尽其用，减少排放量。在氟化钙制氢氟酸的过程中，我们认真研究硫的循环利用及钙的综合利用，开发废渣含氟石膏制硫酸联产水泥项目；在氟硅酸钠制冰晶石过程中，我们注重研究氨的循环利用及硅的综合利用，开发了纳米白炭黑项目等。二是外部减量，我们在最终产品上体现循环经济理念，努力提高产品质量。在铝用氟化盐行业推广低硅、低铁、低灼减的高分子比冰晶石和无水氟化铝产品，通过推广高性能氟化盐产品，努力降低氟的消耗，以强烈的社会责任感推动行业的发展。同时我们深入研究产品消耗的原因，与电解铝行业一起研究氟的回收问题。

我们紧紧围绕发展循环经济这一主题，认真研究氟的去向，通过生产“绿色产品”，为下游企业节能减排创造条件。铝加工和电解铝生产过程中副产大量的氟铝酸铵和含氟废渣，这些含氟废物常年作为废弃物露天堆放，污染环境，成为铝型材行业及电解铝行业发展的瓶颈。我们的氟铝酸铵法制冰晶石项目，就是利用铝型材行业产生的废弃物生产高分子比冰晶石，年可生产冰晶石1万吨，综合利用铝型材生产废弃物氟铝酸铵1万吨，促进了铝加工行业的健康发展。我们的再生冰晶石项目，利用电解铝生产过程中的含氟废渣，年可生产冰晶石2万吨，综合利用含氟废渣5万吨，实现氟资源的循环利用，该项目被国家发展和改革委员会列为2010年国家循环经济和资源节约重大示范项目。

## 三、转变发展方式，通过产品创新进军新能源领域

元素周期表右上角有一个最活泼的非金属元素“氟”，它几乎能与除惰性气体外所有元素化合，生成稳定的氟化物。2006年，业内一位专家这样提醒李世江董事长：“老李，你不要因企业制订了大多数标准，把无机氟化工做到了全国乃至全球第一而沾沾自喜，你要知道氟元素做好了，是可以论公斤卖的，比如六氟磷酸锂。”当时该产品价格是100万元/吨。专家的意见令他振奋不已。不久，多氟多开始了向氟锂结合进军的征程。

锂是位于元素周期表左上角最轻的金属元素。如何将氟和锂密切结合，成为多氟多的一个重大课题。生产晶体六氟磷酸锂的主要原料是氟化锂和氢氟酸，氢氟酸一直是多氟多的拳头产品，其质量早已达到电子级。2009年9月六氟磷酸锂中试获得成功，经过一系列严格化验和检测，我们生产的电池级氟化锂主含量达到99.99%，优于国家电池级氟化锂99.95%的行业标准，达

到国内同行业的先进水平。

六氟磷酸锂的研发经历了一个艰苦的过程。为了两个元素的完美结合，多氟多倾注了大量心血。实验从几克、几千克、2吨到20吨。技术攻坚中还发生了一个插曲。2010年1月，多氟多上市获得批准。在路演的过程中，原计划募集资金3.7亿元，但由于公司研制的六氟磷酸锂属于新能源，获得资本市场认可，最终募集资金10.6亿元。在天时、地利、人和向多氟多积聚的时刻，2011年1月，年产200吨六氟磷酸锂生产线试生产，3个月后全面投产。

在开发六氟磷酸锂过程中，有一些不能不提的小故事。李世江去北京国家卫星发射现场和广东大亚湾核电站参观时发现，在制造卫星时，关键零部件选择要从1000个中挑100个，做破坏性试验，然后再选出10个，进一步检验后，最终选3个，以保证卫星上天能够万无一失；在核电运行中，工作人员先是制作一个一模一样的控制系统，反复试验，也是确保万无一失。多氟多吸收了这些经验，始终坚持重复是成功之母，现在的“浪费”是为了避免今后更大的浪费。刚建中试生产线时，我们从氟化工生产线调集精兵强将到六氟磷酸锂车间会战，一位老工人偶尔看见地上撒了点原料，节约的本能驱使他负责任地把原料收起来重新利用，结果一釜产品全报废了。大家开玩笑地说，“贫下中农”的本能一定要与高科技新能源相结合，现代“贫下中农”要尊重科学和、要学习、要改革、要创新。

转变发展方式，说起来容易，干起来很难，但只要把思路理清了，转方式顺理成章。这些年来，多氟多研究了3个元素“氟、锂、硅”，其实是研究了3个电池。

第一个电池是铝电解槽电池。在电解槽上的碳阳极、碳阴极通上电，使氧化铝在高温融熔下进行分解，氧变成二氧化碳，铝变成铝液，这就是铝电解的过程。但氧化铝的熔点太高，超过2000℃，前人发现把氧化铝加进氟铝酸钠（氟铝酸钠在水中的折射率和冰一样，所以叫冰晶石）熔液中，铝电解时的温度可降到960℃，这就是“氧化铝冰晶石熔盐电解法”的由来。多氟多制造了冰晶石和氟化铝，成为全球最大的氟化盐企业，其实就是制造了铝电解槽的电解液，帮助电解铝企业节约了能源。

第二个电池是锂电池。六氟磷酸锂用于锂电池中的电解液，是必不可少的电解质。锂电池中的电解液也叫六氟磷酸锂电解液，作用是让锂离子在正、负极中来回运动，完成充、放电的过程，实现能量转换。多氟多开发出六氟磷酸锂，并深入研究锂电各种材料，肯定是大有作为的。

第三个电池是太阳能光伏电池。通过光电效应直接把光转换成电能。多氟多既要研究氟和锂，也要研究硅，还要研究硅的利用，实现发展方式更上一层楼。我们公司大门口的4个风光互补锂电路灯，既有风能的利用，也有太阳能的利用，还有我们的储能电池，加上一套完整的电源管理系统，成为新能源利用的一个缩影。

3个电池的层次不一样，但体现了多氟多产品创新和企业升级的轨迹：第一个电池是消耗能源，我们的任务是帮助电解铝行业节约能源；第二个电池是通过能源转换来提高环境保护水平和人民的生活质量，我们的任务是提高转换效率并满足人民的这种需求；第三个电池是使用自然界最为丰富的太阳光，通过能量转换生产清洁能源。这是新能源的革命，是一项伟大的事业。我们把对“氟、锂、硅”的研究结合起来，在边缘交叉学科上做大文章，完成由传统产业向新能源产业的华丽转身，是自身发展的需要，也是时代的召唤。

以六氟磷酸锂为突破口，以锂电为导向，以锂电各种材料为重点，完成锂电产业链的布局，做大做强锂电事业，是多氟多“十二五”时期的重大决策。目前，200吨六氟磷酸锂已经达产，2000吨项目建设也在按计划顺利实施。这个项目被列入国家“863“计划和河南省重大科技专项。年产1亿安时动力锂离子电池项目一期5000万安时已于2011年9月份开始试生产，这个项目被国家发展和改革委员会列为2011年资源型城市发展接续替代产业专项备选项目，获得1000万元资金支持。我们决心在做好1亿安时锂离子电池的基础上，开发出更多的新能源产品。在不久的将来，我们还将提供从一栋大楼到一条道路、一个社区、一座城市系统的清洁能源解决方案，让“福多多”走进千家万户，让锂电驱动未来。

多氟多从事的新能源分为3个层次。第一个层次是新能源产品制造，包括个人能源宝、家庭能源箱和社会能源系统。社会能源系统是指为一栋建筑、一条道路、一个社区、一座城市的新能源整体解决方案。公司门口的风光互补路灯，就是一个典型的新能源离网发电系统。第二个层次是新能源储存。电动汽车也是储能的过程。目前的锂电池及其原材料，都是围绕储能在做工作。第三个层次是节能。节约能源就是最大的新能源。公司的LED照明和LED显示屏产品，与传统灯具相比节能效果十分明显，是企业追求的第三个层次。公司对新能源3个环节都进行了研究，从研发六氟磷酸锂开始，到现在引进一大批人才，不仅在新能源方面走在前列，而且实现了转型升级，也给人们生活和心灵带来了震撼。实现由传统的化工行业向新能源的转身，是我们不懈追求的事业。

## 四、打造企业文化，为多氟多转型升级提供精神动力

文化是民族的血脉，是人民的精神家园。企业没有文化，难以做到基业长青。一个有竞争力的企业，一定是有文化的企业。多氟多在建设有理想有抱负的企业进程中，形成一套具有自己特色的企业文化，它包括6个方面。

一是经营宗旨：用氟造福人类，用锂驱动未来，用硅温暖世界。多氟多驯服活泼的氟元素，生产出各种高性能无机氟化盐产品，节能减排、造福人类。把氟和锂结合起来，自主研发出六氟磷酸锂，打破国外垄断、为民族争了光，也拉开了打造全国知名的动力锂离子电池生产基地的序幕。以氟为媒介，开发全循环、高质量的新硅烷法制多晶硅技术，利用太阳能为人类谋福利。

二是企业精神：完美有缺，超越自我。追求完美是多氟多人通过企业来体验阳光、幸福、柔情、和谐，努力在生活中发现灵感，寻求激情。我们承认缺陷，知道寸有所长，尺有所短。敢于超越是一种精神境界，是一种改造世界的强烈使命感，是用积极向上、开明开放的心态去影响人、感染人、激发人的精神。多氟多就是要在改造客观世界的同时改造主观世界，不断地认识自我，充实自我，进而超越自我。

三是人才理念：我们同企业共成长。多氟多对人才最大的好，就是使员工在一个高大的平台上展示才华，给员工以幸福安康；员工对多氟多最大的好，就是服从管理、遵章守纪、精心操作、勤奋工作，不断学习、不断成长。人才是多氟多最大的骄傲和资本，共同的价值观是人才的第一标准。对引进的人才，在其成长初期，优点要用放大镜看，缺点要睁一只眼闭一只眼，让人才同企业共成长。作为多氟多人，要认同企业的文化和价值观，向上成长，向下扎根，献身多氟多。

四是质量方针：把自己融于企业，把尊严融于产品。多氟多人追求一种高品质的生活，通过制造高质量、满足用户需要的产品，赢得社会的尊重；通过热忱的服务让用户满意，为企业赢得尊严。多氟多人努力的方向是：全员参与，使客户100%满意；持续改进，创世界一流品牌。

五是道德规范：感恩、求真、向善、唯美。多氟多是一个有爱心的企业，营造团结和谐、公平竞争的生产关系。以感恩为主线，感恩社会，报效国

家；感恩企业，忠于多氟多；感恩同事，和谐相处；感恩下属，关心员工；感恩客户，真诚服务；感恩家人，为亲情祈祷。怀向善之心，说向善之语，施向善之举，营造良好的内外形象，使企业处处赏心悦目。

六是发展目标：氟通四海，锂行天下，硅达五洲。多年来，我们集中国内外氟化学专家的智慧，利用企业拥有的全部经营资源，把500多名专业技术人员的思想和行为统一起来，实现了超常规、跨越式发展，为民族、为社会创造了巨大的财富。多氟多认识到，氟和硅不一样，要尊“硅”；企业的富和贵不一样，要尊“贵”。企业拥有的财叫“富”，但那只是物质层面的；用好财追求奉献才叫“贵”，这是精神层面的。对于企业来讲，“贵”是非常强大的精神力量，“贵”就是敢于担当时代使命，敢于引领时代潮流。对于员工来讲，“贵”就是有品行、有风度，是优雅地活着、干净地活着、有尊严地活着。我们的目标是把多氟多打造成为一个有“锂”想、有抱“氟”的尊“硅”企业。

多氟多的6条文化理念，由一种“核”逐渐扩展为一个“场”，由一片“云雾”逐渐生成为一种“气候”，使所有加入者不自觉地发生变化。正是靠这种企业文化，为多氟多调结构、转方式注入了无限活力。我们告诉多氟多的员工：“对于个人来讲，你就是你想成为的那个人！”我们告诉多氟多的管理团队：“对于企业来讲，这个世界就是一批立志改变世界的人改变的！”我们告诉梦寐以求的新能源事业：“一个人的梦想是梦想，千百万人的梦想就是现实！”

2010年5月18日，公司在深圳证券交易所成功上市，多氟多站在了新的、更高的平台上，这个平台不仅仅带来了资本上的融合，也打破地域和空间的界限，融入更多的新理念、新思路，使我们有了更广阔的发展空间。但是，上市也意味着更大的压力，更大的责任。

站在新的起点上，多氟多将牢牢抓住调结构、转方式这条主线，努力在3个方面实现跨越式发展：一是围绕循环经济实现高性能氟化工材料规模化、高效化，加快云南、抚顺项目建设，使氟化盐的生产能力占全国产能的50%以上。二是依托电子级氟化物实现锂电池及材料精细化、高质化，分步骤实施锂电池项目，实现锂离子电池及其材料的产业化，逐步建成全国领先的锂电工业园区。三是以氟为媒介，实现硅化物材料系列化、高端化，开发全循环、高质量的新硅烷法制单晶硅生产技术，并向光伏电池方向发展，努力实现“氟通四海、锂行天下、硅达五洲”的发展目标。

## 专家点评

多氟多的故事，使我们真正看到了什么叫“超常规、跨越式发展”。短短10年时间，年轻的中国多氟多一跃成为全球生产规模最大、技术领先的无机氟化工领军企业。

多氟多的经验给我们4点启示：

第一，坚持科技创新，立志在小行业里打造世界冠军。他们利用氟化盐领域市场规模不大、生产企业不多的行业特征，依靠技术创新引领行业发展，走出了一条“技术专利化、专利标准化、标准国际化”的发展之路，形成了企业的核心竞争力，走在了世界前列。

第二，发展循环经济，引导氟化盐产业实现可持续发展。他们认为，“废物是放错地方的资源”，先后利用磷肥行业、铝型材加工行业以及电解铝行业生产过程中的废弃物，开发出众多拥有自主知识产权的新工艺、新产品，实现了氟资源的综合利用。

第三，转变发展方式，通过产品创新进军新能源领域。多氟多围绕“氟”做文章，成为全球无机氟化盐行业的领军企业；围绕“锂”做文章，六氟磷酸锂为企业带来丰厚的回报；围绕“硅”做文章，实现发展方式更上一层楼。他们把“氟、锂、硅”的研发结合起来，在边缘交叉学科上做文章，完成由传统产业向新能源产业的华丽转身。

第四，打造企业文化，为多氟多转型升级提供精神动力。他们以独特的企业文化，把多氟多打造成为一个有“锂”想、有抱“氟”的尊“硅”企业，向着“氟通四海、锂行天下、硅达五洲”的宏伟目标前进。

# 创新探索

The Path of Innovation

## 加强全球资源和市场的组织运作<br>促进发展方式转变

中国中化集团公司

中国中化集团公司（以下简称“中化集团”）是国务院国有资产监督管理委员会监管的国有重要骨干企业，主业分布在能源、农业、化工等领域，是中国4大国家石油公司之一，也是最大的农业投入品（化肥、种子、农药）一体化经营企业、国内领先的化工产品综合服务商，并在高端地产酒店和非银行金融领域具有较强的影响力。

在60余年的发展历程中，公司从拥有政策性资源的外贸企业起步，经历了较长时间的发展顺境，也遭遇过由国家外贸体制变革及金融危机冲击造成的发展困顿，更是在触底反弹之后通过变革浴火重生，实现了凤凰涅槃式的转型再造，并重新站上更高的发展平台。特别是20世纪90年代末以来，中化集团顺应国家外贸经营体制的变革，全面推进战略转型、加速转变发展方式，逐渐由传统外贸企业转型成为一家国际化特点鲜明、市场化程度较高、在相关行业具有较强影响力的新国企，为国有企业改革发展摸索出了有益的经验。

## 一、经历生死攸关考验，全面推进战略转型

自1950年成立以来，公司充分履行国有外贸企业的职责使命，大力发展出口创汇业务，积极进口国家紧缺物资，有力支援了国家经济建设和社会发展。公司长期独家专营我国石油、化肥及化工品等的进出口贸易，在20世纪80年代中期年贸易额即突破百亿美元，并在中国企业当中率先跨入世界500强行列。

然而进入20世纪90年代末期，随着国家外贸经营体制改革，中化集团的经营根基出现了动摇。1998年5月和11月，国务院相继发文改革石油、化肥行业外贸体制，打破了外贸专营权垄断格局，中化集团丧失了两大核心商品的专营权限，企业发展遭遇严重挑战。"皇帝女儿不愁嫁"的时期由于疏于管控、盲目扩张导致的一系列问题也在这一阶段集中暴露出来，"乱投资、乱担保、乱放账"积聚了严重的财务风险。祸不单行，1998年亚洲金融危机爆发，致使公司资金链遭受重创，最终出现严重支付危机，企业经营难以为继，走到了破产倒闭的边缘。

在国家有关部门的大力协调和企业上下的积极自救下，中化集团最终艰难渡过了危机，但影响企业持续发展的深层次问题仍然客观存在，并未得到根本解决。一方面，在长期从事外贸专营的过程中，公司形成了以营销代理为主的经营模式，经营手法陈旧、经营内涵简单、盈利能力不足；另一方面，缺乏对主营业务关键环节、重要资源的掌控，产业链极不健全。加上历史上长期形成的观念意识陈旧、体制机制僵化等现象，企业很难适应日趋激烈的市场竞争环境。能否破解这些难题，决定了中化集团能否在新形势下焕发活力、重获新生。

面对生死攸关的巨大考验，中化集团新一任领导班子带领全体干部职工进行了深刻反思，决定对企业实施全面彻底的战略转型。转型，是转变旧有观念，营造与市场化环境相容的共同价值理念的过程；是推进管理变革，建立与市场化经营相匹配的内部管控系统的过程；也是拓展经营内涵，提升企业在产业链中价值创造能力的过程；同时更是巩固产业基础，培育主营业务可持续竞争优势的过程。概括起来讲，转型就是对中化集团各个层面、各个方面进行一次从上至下、由表及里的彻底变革，最终目的是要建立一家具有长远生命力和竞争能力的新型企业。

自1998年至今的十余年时间里，公司先后采取取消行政级别、推行劳动

合同制、实施薪酬制度改革、推行绩效考评制度等一系列措施，打破了“铁交椅、铁饭碗、大锅饭”，更新了长期存在于员工队伍中的不愁生存、安于一隅的旧观念，让“创造价值，追求卓越”的市场化理念逐渐植根于每一名中化人心中。同时，公司着力推行管理改善工程，导入先进的精益管理理念，逐步建立起战略规划、经营计划预算、人力资源、绩效评价、投资、资金、风险、审计和ERP等关键性管理制度流程，形成了一整套总体上适应市场竞争需要、与业务发展相匹配的管控体系，为企业战略转型稳步推进提供了坚实的管理基础。

由传统外贸企业起步转型，公司先天存在着经营资源匮乏、产业基础薄弱的不足，这也决定了中化集团不能局限于传统经营领域“闭门造车”，必须采取内部积累与外部扩张相结合的“双轮驱动”模式。同时，经历了前期由于盲目扩张导致的经营危机之后，公司也深刻地认识到再也不能走“大而全、小而全”的粗放式发展道路，必须重视发展的效率、效益和质量。经过持续探索，中化集团在实践中找准和明确了自身发展定位，那就是：统筹国际国内“两种资源、两个市场”，以市场运作和服务为杠杆，以“并购、整合、协作”为主要途径，持续做强做优主营业务产业链，致力成为全球资源组织者和全球市场运作者。这一定位契合了中化集团自身的历史传统和现状特点，也顺应了行业发展的潮流趋势，成为引领企业转型发展的重要指针。

要实现这一定位，必须具备两个关键要素：一是要形成全球市场的运作能力，就是要在全球范围内凭借一流的产品和优质的服务参与市场竞争，为客户创造价值、赢得客户信赖，获得发展空间；二是要具备全球资源的组织能力，就是要积极参与国际分工，以自身特有的比较优势聚合外部资源为己所用，用市场化的手段获取企业发展所需要的各种资源，借力发展、借船出海。围绕这一定位，中化集团进行了一系列艰苦而执着的探索。

## 二、积极参与国内外市场竞争，做全球市场的运作者

作为具有悠久外贸经营传统的企业，国际化经营一直是公司的特色。近年来，公司在原有基础之上，进一步突破外贸营销的传统模式，更加强调以市场为导向、以客户为中心，积极参与国内外市场竞争，在巩固合作关系、创新经营模式、延伸服务链条、拓展海外市场等方面做文章，全球市场运作能力明显增强。

## （一）巩固上下游合作关系，打造具有全球地位的大宗商品国际贸易商

依托蓬勃壮大的中国市场，中化集团充分发挥国际化经营优势，进一步与国内外上下游合作伙伴结成牢固的合作关系，在大宗商品国际贸易中的影响力不断提高，逐步成为具有全球地位的大宗商品国际贸易商，提高了中国企业在相关行业的话语权。

在石油领域，公司利用数十年的专业经营优势，与全球主要产油国政府及其国家石油公司持续保持了良好合作关系，将贸易货源的获取能力提升到了较高水平。公司以丰富的运作经验、良好的经营信誉和更具竞争力的价格优势，为国内石化企业提供了最便捷的进口原油供应渠道。在满足国内市场需求的同时，公司还向东南亚、欧洲及北美等地的炼厂开展原油转口销售，成为不少国家和地区重要的原油供应商。截至目前，公司拥有海外原油长约量已超过3000万吨/年；2011年，公司原油和成品油全球贸易总量超过6000万吨，其中转口业务占比已达50%。

在化肥领域，中化集团一直是我国最大的化肥进口商，在我国最为稀缺的主要肥种——钾肥的进口中，发挥着不可替代的供应主渠道作用。公司多年来一直同加拿大钾肥公司等世界主要钾肥供应企业保持稳定合作，并在中国钾肥进口对外联合谈判中发挥着积极作用，确保了中国钾肥进口价格近年来始终处于全球“价格洼地”。在钾肥进口中，公司跳出了以往港口批发商的角色，主动将销售触角向下延伸，面对国内终端客户进行直接销售，使钾肥业务市场空间进一步扩大。经过近10年的努力，公司钾肥业务在全国主要农业省区积累了一大批稳定的客户资源，培育出了“中化加钾”等知名品牌，始终保持着钾肥进口市场的领先地位。

## （二）创新经营模式、延伸服务链条，提升增值贡献能力

公司强调营销业务不能局限于简单的代理进出口形式，而应积极发挥市场组织者作用，为客户提供供应链管理等增值服务。以塑料业务为例，公司下属企业中化塑料对工程塑料业务的经营模式进行了积极创新，瞄准国内某大型童车企业对原材料的特殊需求，凭借自身丰富的海外供应商资源，组织进口了多种原料，并联合国内相关厂商进行技术攻关研发出适宜的专用材料，既解了厂商的燃眉之急，也为自己赢得了稳定客户。

以“服务创造价值”理念为指引，中化集团在与国内外客户开展商品营销业务的同时，逐渐延伸出物流、招标、融资、咨询等一系列增值配套服务，能够为客户提供一揽子的解决方案，大大提升了营销服务内涵。特别是针对石油、化工品等特殊商品物流需求，公司历经20余年时间建立起了一整套集仓储、水运、陆运等在内的物流支撑体系。现在，中化集团已发展成为国内规模最大、设施最先进的商用石油仓储转运服务商，以及国内领先、具备全球投放能力的液体化学品水陆运输服务商。

通过不断创新经营模式、延伸服务链条，公司逐步提高了对客户的增值贡献能力，有效解决了传统营销业务模式单一、内涵低下的弱点，进一步巩固并提升了自身的市场地位。

### （三）拓展海外终端市场，搭建跨国营销平台

在为传统外贸业务注入全新内涵的同时，中化集团也根据主营业务发展规划，结合自身驾驭能力，有选择地进军海外终端市场、搭建跨国营销平台，把对国际市场的运作推向深入。

在农药领域，中化集团下属上市企业中化国际于2008年收购了美国孟山都公司在东南亚六国和我国台湾地区的酰胺类除草剂农药业务，获得了由近4000家分销商组成的分销网络，并依托该网络建立起了直接渗透到海外终端市场的农药营销平台。通过这一收购，中化国际农药业务成功走出国门，成为一家跨国性的农药经营企业，同时也大大增强了我国自有农药品牌的海外市场竞争能力。

## 三、掌控产业链关键环节，做全球资源的组织者

在外贸企业的转型发展过程中，实业化、产业化一直是广受关注的话题。从20世纪80、90年代开始，中化就在产业化转型方面作出一系列尝试，投资并购了一批实业项目。但由于管理跟进不够等多种因素，效果不尽如人意。这些投资与扩张，不仅未能给公司带来价值贡献，反而形成了吞噬企业价值的“黑洞”，给公司发展造成严重阻碍。

痛定思痛，中化集团在新一轮的战略转型过程中确定了新的产业化道路——既不是简单的“上项目、办实业”，也不是“上下游一体化、全产业链经营”，而是在确定的战略性产业内，根据其发展规律选择产业链关键环

节，建立核心能力和独特竞争优势，占据产业发展的制高点，增强产业的控制力、影响力和带动力。对中化集团所从事的能源、农业和化工3大产业而言，这种核心能力既包括自然资源掌控能力和研发创新能力，也包括适度的先进制造能力。

结合自身资源不足的先天劣势和相对丰富的国际化运作经验，中化集团把对全球资源的组织和运用作为提升核心能力、实现转型目标的一大重要支撑。公司积极推进并购、整合与协作相结合的发展策略，对不同类型资源以不同方式进行组织和运用：针对产业链的关键环节，如不可再生的自然资源或技术、品牌、渠道等战略性资产，主要采取直接并购的方式获取，完善产业链条，提升产业地位；针对产业链上的非关键环节，则较多采取整合和协作的方式进行快速组织、高效运作，实现运营成本的最小化和企业价值的最大化。

围绕这一思路，中化集团加大在能源、农业、化工等主营业务板块的投入，在国内外实施了一系列战略性举措，逐步在各板块产业链关键环节积累起了核心能力和独特竞争优势，弥补了在自然资源、技术、生产等方面的短板，有效推动了业务发展。

### （一）“走出去”获取上游自然资源，夯实产业基础

鉴于自身主营业务的资源密集型特点，并结合我国部分资源相对稀缺的国情，中化集团积极响应国家“走出去”号召，进军海外先后获取了一系列油气、橡胶种植园等资产，使石油、化工等业务的产业基础得到快速增强，有力提升了在相关领域的行业地位。

2002年，中化集团组建了中化石油勘探开发有限公司，开始向石油上游资源环节进军。公司从初期两个较小项目入手，不断提高油气田开发、管理和运营能力，逐步涉足更大规模项目的并购和作业。10年来，勘探开发业务累计投入资金超过60亿美元，实现了油气资产从无到有、管理身份从非作业者到作业者，运营方式从开发为主到勘探与开发并举的转变。截至2011年，中化集团在全球共计获取油气合同区块23个，权益内剩余油气可采储量超过4亿桶，年油气产量超过320万吨。上游资源的突破，使公司石油业务长期局限于贸易环节的局面被改写，为构建一家产业链相对完整、具备自主发展能力的国际化石油公司打下了良好基础。

天然橡胶是重要的战略物资，也是中化集团从成立伊始即开始经营的一项传统业务。近十余年来，中化集团从服务国计民生的高度出发，先后并购

和参股了多家海外天然橡胶种植加工企业，深度介入非洲、东南亚等地天然橡胶种植加工领域，并与国内多年累积的营销能力有效协同，形成了一条集种植、加工、贸易营销和物流于一体的天然橡胶跨国产业链。截至2011年，公司天然橡胶业务已在全球拥有种植土地储备超过10万公顷，年加工产能超过50万吨，经营总量超过80万吨，市场份额居国内第一、全球第二。

### （二）整合内外部技术资源，强化科技创新

技术是产业链中最为关键的环节，也是长期以来中化集团主营业务发展的短板。为突破这一瓶颈，近年来中化集团通过对外部科研机构进行重组并购，对内部科研平台进行建设完善，对行业内科研力量进行整合协作等手段，不断强化科技创新能力，为推动企业乃至行业技术进步提供了有力支撑。

中化集团先后重组了沈阳化工研究院、浙江石化建材集团等具有卓著研发实力的外部研究机构及企业，极大增强了在农药、氟化工等领域的科研实力；中化集团还投入巨额资金在武汉建设了中国种子生命科学技术中心，在沈阳建设了获国际GLP认证的农药安全性评价机构。目前，中化集团已拥有包括国家重点实验室、国家级工程技术研究中心等在内的一整套科研体系，被列为国家“创新型试点企业”。

同时，中化集团加大了与行业内科研力量的合作，充分整合先进的外部技术资源，推进我国生物育种、精细化工等新兴产业发展。公司先后牵头组建了中国种业科技创新战略联盟和染料产业技术创新战略联盟，聚集多家行业内知名企业和科研院所加入，推动提升中国种业和染料产业技术创新水平。

中化集团还将视野拓宽至全球，广泛采用合资、合作等形式，充分借鉴世界一流企业的先进经验和优势技术来推动自身发展。中化集团旗下中化蓝天先后与比利时苏威公司和美国霍尼韦尔公司等全球知名化工企业成立合资公司，增强在氟化工领域的产品和服务能力。2011年，中化集团与荷兰帝斯曼公司组建合资企业，利用帝斯曼先进的生物技术在全球共同经营抗感染药业务，由此高起点切入生物医药新兴产业，为化工业务转型升级构造了较好平台。

### （三）打造先进制造能力，推动产业发展

实施转型战略以来，中化集团充分利用自身行业影响力和带动力，围绕

主营业务发展战略，有的放矢地组织整合国内外制造资源，建设先进产能，努力成为产业结构调整和行业技术进步的推动者。

在石油领域，为巩固自身国家级石油公司地位，同时为贸易营销业务提供必要支撑，中化集团多年前就把炼化产能建设提上日程。公司先后参控股了大连西太平洋（1000万吨/年）、山东弘润（500万吨/年）等炼化企业，并正在福建泉州建设1200万吨炼油项目，计划于2013年建成投产。泉州石化项目采用国际先进的工艺技术，加工重质、劣质原油能力强，在资源综合利用、清洁生产、节能降耗等方面代表了国内炼化行业的最高水平，建成后将成为国内领先、国际一流的特大型炼化一体化生产基地。

在化肥领域，中化集团下属上市企业中化化肥近年来先后在国内参控股了13家氮肥、磷肥、钾肥、复合肥和新型肥料企业，总产能超过1000万吨/年。通过采用新技术、新工艺，公司对并购企业进行大规模技术改造，调整产品结构，使之更加贴近市场需求。为加强生产企业的原材料保障、提高成本竞争力，中化集团还积极参与国内外煤、磷、钾资源开发，目前已在云南成功获取3亿吨磷矿资源。同时，中化化肥还在国内建立了包括2100多家终端销售网点、覆盖全国95%以上耕地面积的营销服务网络，力争让中国农民用上“放心肥”、“高效肥”。截至2011年，中化化肥年销量超过1600万吨，继续保持中国市场领先地位。

经过大力推进战略转型，中化集团大大增强了全球资源组织和市场运作能力。失去政策性垄断优势后，公司主营业务不仅没有出现大的滑坡，反而实现了更具持续性的增长。1998年至2011年，中化集团营业收入增长了约4.7倍，利润总额增长了约14.8倍，资产总额增长了约5.3倍。2012年7月，中化集团第22次入围《财富》“世界500强”并名列第113位，成为国内入选次数最多的企业之一；自国务院国有资产监督管理委员会2004年对中央企业实行经营业绩考核以来，中化集团是仅有数家连续7年均被评为A级的央企之一（截至2011年），且两个任期考核都被评为“业绩优秀企业”。全球范围的资源组织和市场运作，也进一步提高了中化集团的国际化程度。在《中国企业家》杂志颁布的“2011中国企业国际化指数暨中国企业国际化50强”榜单中，中化集团位居第3位，并在所有中央企业中排名第1。

从1950年成立至今，中化集团已走过了62年的发展历程，大体上可以概括为“三次创业”。在1998年以前的数十年间，作为国有外贸企业，我们为国家经济建设发挥了重要作用，奠定了企业发展的基础，是为“第一次创业”；

在1998年至2009年的十余年间，公司在艰难度过支付危机之后，坚定不移地实施战略转型，持续推进管理变革，迎来了10年的飞速发展，是为“第二次创业”；从2010年开始，公司踏上了“第三次创业”的新征程，就是要力争再用10年左右的时间，实现利润总额翻两番，全面提升主营业务的产业地位和国际竞争力，构建精益管理的突出优势，把中化建设成为国内领先、国际上具有重要影响力的跨国企业集团。为实现这个目标，中化集团未来将进一步转变发展方式，加快推进战略转型，继续加强对全球资源和全球市场的组织运作，全面提升企业综合实力和国际竞争力，努力“做强做优、培育世界一流”，力争为国家和社会发展做出更大贡献。

## 专家点评

中化集团这个计划经济年代“不愁嫁的皇帝女儿”，在市场经济的大潮中一度走到了破产倒闭的边缘。痛定思痛，中化集团经过大力推进战略转型，在失去政策性垄断优势之后，公司的主营业务不仅没有出现大的滑坡，反而实现了更具持续性的增长，牢牢地站在时代的前列。究其精髓，有几点可供借鉴。

一是转型彻底，实现了凤凰涅槃式的转型再造。在困境中，中化集团从各个层面、各个方面进行了从上至下、由表及里的彻底变革，大大增强了全球资源组织和市场运作能力，最终建立一家具有长远生命力和竞争能力的新型企业。

二是具有国际视野，做全球市场的运作者和全球资源的组织者。他们统筹国际国内“两种资源、两个市场”，以市场运作和服务为杠杆，以“并购、整合、协作”为主要途径，持续做强做优主营业务产业链，致力成为全球资源组织者和全球市场运作者，以此制定战略和配置资源。

三是开拓创新，走全新的产业化道路。他们既不是简单的“上项目、办实业”，也不是“上下游一体化、全产业链经营”，而是在确定的战略性产业内，根据其发展规律选择产业链关键环节，建立核心能力和独特竞争优势，从而占据了产业发展的制高点，增强了产业的控制力、影响力和带动力。

# 用WCM/CI优化存量结构<br>实现国有企业内涵式发展

中国化工集团公司

中国化工集团公司（以下简称“中国化工”）是在原化工部所属企业基础上组建的。组建之初，总资产只有230亿元，销售收入150亿元。组建后，我们通过国内重组和海外并购，目前已有企业118家，总资产2400亿元，增长了9.6倍，销售收入超过1800亿元，增长了10.9倍，取得了巨大进步。但是，我们在发展中也遇到一些困难和挑战，挑战之一就是如何调结构、转方式。用WCM/CI（世界级制造/持续改进）优化存量结构、实现国有企业内涵式发展，就是我们把中央提出的关于“调结构、转方式”的战略方针与本企业的实际相结合，探索出的一条适合我们自身发展的新路子。

## 一、实施WCM/CI管理变革是克服粗放经营的必由之路

中国化工成立于2004年5月9日，当时国内石油化工行业经过历次调整，剩下的好企业已经不多了，通过重组进入中国化工的企业大多是缺乏资源、

设备陈旧、能耗高、污染大、管理基础薄弱的企业，粗放经营是这些企业共同的特点。要解决粗放经营问题，必须通过调结构、转方式，转向内涵式发展。

然而，像我们这样一个以国有老化工企业为基础组成的化工企业集团，究竟怎么来调结构、转方式？怎样才能实现内涵式发展？我们带着这些问题进行认真研究和反复探索。化工行业的现状告诉我们，近些年世界化工巨头逐渐把制造业向中国转移，加剧了国内化工产业产能过剩和成本竞争，国际金融危机及欧债危机的爆发，更使全球化工行业进入了艰难运行的严冬期，在这种条件下，仍然靠加大投资、上新项目的方式进行结构调整显然是行不通的。对此，任建新总经理早就指出："我们不能仅靠投资、扩规模来发展，我们工作的重点要放在管理变革方面，要把管理变革作为企业的核心竞争力。"这些年，我们采取了许多向内涵式发展转型的措施，包括建立健全岗位责任制，引入了危机管理、对标管理、成本核算、ISO9000认证、全面预算、风险管控等等，千方百计引导企业转向内涵式发展。应当说，这些措施有效提高了企业的管理水平和经济效益。但也有一些不完善、不彻底之处：不具全面性、可持续性，仅针对某部分管理者或部分领域，无法实现全流程变革；渗透性不强，或多或少浮于上层或表层；难以实现对人的潜移默化的改变，而人们落后的生产习惯只能在潜移默化的劳动实践中才能逐渐改变。经过反复对比和寻找，我们终于找到了通过WCM/CI实施管理变革、优化存量结构、最终实现内涵式发展的办法。

CI是基于日本企业精益管理和美国企业六西格玛管理理念形成的一种管理方法。精益理论源于日本丰田公司，要求企业不断改进工作绩效、树立追求尽善尽美意识。六西格玛理论则源于美国摩托罗拉公司、兴于美国GE公司。"西格玛"是希腊数字100万之意，"一西格玛"表示在100万次机会中出现69万个失误机会，"二西格玛"为30.8万个，而"六西格玛"仅为3.4个，是这一理论追求的最高境界。WCM是美国人施恩伯格先生1986年提出的一个术语，包括引导企业管理进步的准则、大量基于制造业最佳实践的标杆数据、企业业绩测评方法等一系列思想。中国化工将WCM和CI组合在一起，WCM定性，CI定量，由定性与定量完美组合，形成一套科学、系统的方法论。从事WCM/CI项目的人分为黑带、绿带、黄带三个级别。黑带指项目范围跨度较大，问题较为复杂，需要跨职能部门的沟通协调能力和带团队能力，所用专业工具较多，实施周期较长，财务收益不低于50万元。绿带指项目范围较小，影响因素不太繁杂，不需要太多跨职能部门沟通协调，实施周期4～6个月，财务收益不低于30万元。黄带为全员小改小措项目。“带级项目”按照“定义、测量、分析、改进、控制”形成实施项目D、M、A、I、C五个阶段，采用管理技术、统计分析技术、现代管理等一套工具和方法具体操作项目。

实施WCM/CI管理变革，可以实现对企业生产过程和生产环境的持续性的改进和优化，可以持续性地降低生产成本、提高产品质量和运营水平，使企业逐步具备自我优化和自我改善的能力。因此，WCM/CI管理变革是转向内涵式发展的一个针对性极强的有力措施。中国化工开展WCM/CI管理变革的试点单位——蓝星（北京）化工机械有限公司的成功案例，可帮助我们看清这个问题。

2009年以来，蓝星化机的膜极距电解槽产品迅速赢得市场认同，订单大幅度增加。但由于原有膜极距生产线日产量只有24件，离实际需求日产35件以上有较大的差距，而用以往的管理办法无法实现这一目标。因此，在开展WCM/CI管理变革中，蓝星化机主动开展了《提高膜极距生产线效率》的黑带项目，找出了问题的关键在于流程和动作浪费，画出了浪费地图，通过价值流分析，找出流程和动作浪费的若干因子。他们通过对瓶颈工序——镍带自动焊接机的整改等，将变革措施具体化、制度化，终于在2010年7月使离子膜车间膜极距生产线日产量达到了35件。2010年9月～2011年8月，实现财务收益205.5万元。这个项目难度很大，但项目的成功，不仅提升了流水线的运营效率，而且使职工熟练掌握了精益方法，对统计和分析方法有了深刻理解，增强了进一步做好持续改进的信心。

由于强调全员参与变革，要求人人在参与中追求完美和卓越，又始终将着眼点和落脚点放在对员工优化劳动过程和环境的意识与习惯的养成上，通过点滴养成提高素质，最终达到脱胎换骨、走向世界的目的。因此，广大员工积极参与这项管理变革，每天都有许多持续改进意见书放入企业的WCM/CI管理变革意见箱里。

## 二、中国化工探索与实施WCM/CI管理变革的历程

中国化工是从2008年开始实施这项变革的。首先，我们向全球顶尖咨询机构作了咨询和论证，并请施恩伯格先生亲自来公司在集团公司工作会上向

三级以上管理人员作了WCM专题讲座。我们制定了实施战略，分为掌握好工具、产生效益、掌握方法论、形成文化、人的素质整体提升五个阶段，有计划地推进实施。我们的目标是，到2013年年底，在全集团15万员工中，黑带要达到公司非直接人工基数的3%，绿带达15%，黄带达90%，CI专业管理人员培训达100%，各专业公司都要培养出内部黑带大师/精益大师2～3名，集团公司层面还要培养出50名专职黑带。具体思路是，针对我们现有存量利用率不高、许多装置达不到设计产能的实际情况，按照全球最佳实践标准，通过持续改进、精益生产和世界级制造，在保证安全和质量前提下，首先实现装置的满负荷运行；在此基础上，提升装置产能20%～50%；然后，通过脱瓶颈改造、技术进步再提升50%，最终使装置产能在原有基础上翻一番。

在这方面，中国化工所属大庆中蓝石化有限公司开展的《提升DCC装置产能》黑带项目很有典型意义。开展这个项目，提高了DCC装置的炼油加工能力，降低能耗，降低加工成本，为后序气分、MTBE（甲基叔丁基醚）、苯乙烯、壬基酚装置大量生产提供了更有力的保证，产生了更高的经济效益。在开展项目过程中，大家解放思想，运用CI工具，根据数据、图表、波形等，找出了影响提升装置产能的问题因子，逐一剖析、排查，找到了若干主因。针对主因提出改善措施，进而出台了新的操作制度，强化了员工操作技能。结果，在没有增加投资的情况下，将装置产能提高到原设计能力的132%。2011年企业的炼油能力创历史新高，同比增加18.42%，月创效益500万元。

DCS操作仪表是控制炼油装置的较先进的系统，但中国化工所属油气公司企业原有的DCS操作仪表的自控投用率，一般只有20%左右。油气公司通过开展持续改进，将整个板块的DCS操作仪表自控投用率全面提高到了70%～80%，大大优化了系统的功能。

为使这项管理变革在科学化、制度化前提下健康发展，中国化工起草了带级项目实施、推进、关闭、评审等一系列办法，结合国际最佳实践和企业实际制定出了一套《中国化工企业世界级制造能力评估标准与模型》，印发了《中国化工带级人员管理办法》，还用信息化手段把变革措施和成果固定下来，以便更有效地推广使用。

在实施过程中，我们不断改进，经历了2009年从六西格玛向持续改进的转变；2011年从持续改进向世界级制造的转变；从起初只关注生产环节发展到目前关注经营管理全流程的转变；从仅以财务收益为衡量标准发展到以全面提升企业核心管理指标为衡量标准的转变；从人员培训和项目实施发展到根据企业实际需求、通过整体评估确定发展短板、继而培养人员、实施项目加以改进的转变。我们的思路在探索中逐渐清晰完善，措施也越来越科学、严谨。

为了做好"人"——这一最关键的因素的工作，我们不惜花重金聘请全球最好的咨询机构对集团公司、各专业公司以及三级企业的经营管理人员和业务骨干进行了多批次、多层级、大力度的培训。通过三年的努力，我们已经培养出150名黑带，650名绿带，近2.8万名黄带，带级人员覆盖率已达20%以上。这些人员通过2万余个精益六西格玛项目和现场改善项目，已经累计为企业创造财务收益7亿元以上。

开展WCM/CI项目，不仅可以开源节流、增加效益，还可以帮助企业扭亏为盈。比如，昊华鸿鹤化工股份有限责任公司开展的"在变革中盈利"活动就是这方面的一个有力例证。鸿鹤化工2010年亏损近4亿元，2011年初，新领导班子上任后，提出了"在变革中盈利"的理念，大力开展WCM/CI管理变革，通过开展一大批持续改进项目（其中绿带项目12个），使公司在当年就实现了扭亏并盈利。其中他们开展的《减少PCE装置重组分排放量》项目就是一个缩影。鸿鹤化工PCE（四氯乙烯）装置重组分排放量数据显示，平均每吨产品重组分（在PCE生产过程中有六氯乙烷等多种副产物需要排出系统，俗称重组分，但排出系统时又含有大量PCE）排放量为0.146吨，而历史月最好水平为0.113吨，这样，按年生产7800吨PCE产品计算，重组分排放损失为257.4吨，直接损失为55.8万元。在公司董事长谢学端亲自带领下，这个项目克服重重困难如期完成，使吨产品重组分排放量从0.146吨降到了0.121吨，其过程能力指数从0.01提升到了2.55。单吨产品重组分排放量基本稳定在0.120吨左右。2011年收益48.18万元，预计2012年全年财务收益80余万元。由此可以看出持续改进在扭亏为盈中起到的重要作用。

我们根据世界级制造理论、各行业对标体系、企业职能领域，划分制定了WCM/CI企业评估标准，将世界级制造的16项准则融入企业管理的10项职能领域，包括连续型生产制造、离散型生产制造、销售、财务、人力资源、SHE、研发、物流、设备管理、IT等，制定出120项主要衡量指标。据此，各企业可通过同国际最佳实践进行对标，寻找到自己的短板，有目的、有针对性地采用六西格玛、精益生产、5S、可视化、看板管理、现场改善、TPM、DFSS等方法加以改善，以实现提升关键指标、实现年度绩效指标提升的目的。

中昊晨光化工研究院是我国高分子合成材料研发、生产的重要基地。该院的氟化一厂相当于院里的原料基地，其产品F22是供给氟化三厂作为生产主打产品四氟树脂的原料。F22产量及消耗量对该院的利润影响巨大。由于市场向好和院利润指标的提升，该院将《降低吨F22原材料氯仿消耗》作为2011年绿带项目。这个项目由院长李嘉亲自倡导，党委书记王家贵亲自担任项目组长，像做科研项目一样，有板有眼地开展起来并取得了成功。经过改善后评估：吨F22原材料氯仿消耗量从1.493吨降低到1.480吨，达到历史最好水平，超过项目目标1.481吨要求。财务收益：2012年1～2月已实现15.91万元，全年效益预计为125万元，为全院创利做出了贡献。该院是中国化工的盈利大户，去年盈利近6亿元。他们有科技实力，加上持续改进，因此这个院出现了绩效好、盈利高、面貌新、心气旺的昂扬向上的好局面。

中国化工高度重视企业领导者特别是一把手做项目工作，所有企业的一把手都承担了黑带或绿带项目。在他们带动下，一大批项目骨干迅速成长起来。各企业还结合自身实际，广泛开展了以实现WCM/CI为目标的最佳实践的活动，逐步形成了本企业世界级制造、专注价值创造、工作流程再造，“采用正确的方法、选正确的人、走正确的路”等一大批富有创新意义的变革措施。

在推进WCM/CI管理变革过程中，中国化工还注意与其他管理方式和措施的相互配合，如以EVA为导向的全面预算管理、现代营销体系建设、全面风险管理等等，使这些管理共同产生最大的综合效应。

## 三、实施WCM/CI管理变革的成效

实施WCM/CI管理变革以来，中国化工所属企业发生了深刻变化：

首先，人的思维方式变了。由于变革依据的是科学工具，使人的思维在操作中排除了人为因素干扰，因此，大家遇事不再感情用事，讲究数据面前人人平等；找问题分析的是原因和因子，研究问题看的是图表和波形，解决问题讲究的是统计数据和专业知识。有专家形象的比喻说：WCM/CI是为中国人习惯的断裂式、跳跃式思维方式搭上了一座座沟通的桥梁。最明显的就

是，由以前遇事靠拍脑袋，到现在遇事先问有没有数据；以前解决问题方法单一，现在解决问题方法系统化，起点、过程、结果等都有图表和模型论证，避免了片面性；以前是靠师傅传帮带，经验不可量化，现在通过工具都变成了直观的数据，好坏一清二白；以前由于责任不清、思路不清，见了问题躲着走，甚至只会抱怨，现在人人找项目，把问题当机会，把抱怨变为行动；以前解决问题采取开会、发言、领导拍板等传统方式，现在解决问题课题化，像搞科研一样立项、开题、关闭，程序化地解决问题。新观念、新知识、新办法已逐步占领了干部员工的头脑。

其次，管理方法出现了变化。由于领导带头做项目，他们较好地掌握了工具，并且与提升企业竞争力紧密相连，因此他们的管理方法也逐渐WCM/CI化了。一是各种培训明显加强，广泛实施了培训为常态化的管理，这与中央倡导的构建学习型企业是一致的。二是工作方法从单个职能部门到灵活的团队管理，实施了以问题为导向的体制创新。三是把WCM/CI理念贯彻到产、供、销、人、财、物等各要素中去，实施以全价值链提升为目标的管理。比如，WCM/CI理念同样可以用于销售变革。风神轮胎公司的销售以往偏重于配套市场和出口市场，对维修市场则重视不够，导致金融危机后，公司配套市场和出口市场受到重创。为此，公司把《扩充维修市场零售网点规模》作为2011年持续改进的绿带项目，计划在2011年8月31日前，将零售网点规模从年初的2017个增加到4000个。这将带来公司维修市场销售收入的增加，同时提高公司的市场占有率。项目实施过程中，他们利用因果矩阵识别出影响该项目的潜在因子18个，利用C&E矩阵分析，选出其中14个关键因子，改进实施方案，包括"三箭齐发"营销政策、对零售店实施A80/20奖励政策、对客户按照任务达成率进行奖励等，大大提高了客户销售积极性，最后形成了一系列标准化文件。该项目的成功实施，使公司2011年实现了零售网点规模与质量的双提升，提高销售收入2.6亿元。

中国化工还把WCM/CI的推进与提拔人才结合起来，人才上升的渠道更宽了，拓展了员工的职业发展路径。通过对优秀项目和人员实施的精神和物质的奖励并将其制度化，形成了以制度为保障的激励管理。

另外，一些企业还实施了高端引领战略，以不断提升WCM/CI水平，促进企业向更高水平迈进。如风神轮胎公司为了实现本企业成为世界轮胎领先企业的目标，采取了三大举措：一是2011年5月，率先在全球推广无毒无害、低碳节油、可翻新的绿色轮胎；二是推出了自主创新世界级先进流程——轮胎全寿命周期管理系统（TLCM）；三是推出了A380/A380E高端产品项目，该系列产品针对国际高端市场扬帆起航，直接定位为高于国际品牌。这三大战略，极大激发了风神全体员工的斗志，调动了广大员工在突破100亿元销售大关后继续向世界轮胎高峰攀登的信心，也进一步拓展了风神开展WCM/CI的眼界和思路。2011年，风神全年累计共完成CI项目1936项，全年CI项目创造财务收益5000多万元，同比增加了82.6%。他们的WCM/CI越做越深入，越做越会做，越做效果越明显。吴邦国委员长2012年4月15日视察风神轮胎时，对企业的管理创新给予了充分肯定。

中国化工还以信息化为手段，固化了WCM/CI流程，形成了世界级制造信息化管理。同时，就性质而言，这种变革还是一种积小变为大变，以量变达质变的过程，这对克服老国企粗放经营而言，是一项既治标、又治本的措施。

第三，职工队伍发生了变化。起初不少员工认为这项管理变革不过是又多了一个新提法，嫌麻烦，不愿意参加培训，特别是不愿意改变自己已有的生产习惯。通过培训和项目实施，员工们从不接受到接受，从被动旁观到主动参与，发生了很大改变，原因是：他们掌握了解决以前认为解决不了的问题的方法，敢于挑战自我潜能，取得了成效，有了成就感。比如前面提到的大庆中蓝的DCC项目，在开展项目前，不少员工认为没干过、不可能、怕出事，当时的总经理张立军对他们说："你们还没干呢，怎么就知道不可能？你们大胆干，出了问题我负责。"结果，思想解放了，科学、严谨的态度树立起来了，项目果然取得了成功。

同时，通过参与项目，极大方便了员工的操作，消除了动作浪费，优化了劳动行为，降低了劳动强度，缩短了劳动时间。通过参与变革，不仅实现了品质和劳动环境的双优化，还取得了实际的经济收益，形成了新的经济增长点，大家更愿意参加了。因此，广大员工表现得责任感更强了，主人翁意识得到加强，更加热爱自己的工作岗位，形成了追求卓越和上进的精神，工作激情被调动起来，在改变流程和环境的同时也逐渐地改变着自己。在员工中，比学赶帮超的浓厚氛围正在形成，优秀员工和团队不断涌现。

开展创先争优活动以来，风神轮胎公司开展了"创先争优擂台赛"活动，把党的建设和WCM/CI融为一体。他们将活动纳入绩效考核，实行精神与物质双重激励，极大调动了员工参与活动的积极性。

有个叫秦春虎的小伙子，2008年进入风神。年轻力壮的他，一个人能操作五六台硫化机，收入可观。他单身一人，无牵无挂，日子过得倒也逍遥。然而在安逸面前，他养成了倦怠、不求进取的习惯。他租住的房子附近有家麻将馆，下班后常去“玩玩儿”，一来二去他就迷恋上赌博。赌资不够就四处借钱，时有旷工，即使上班也心不在焉，产量质量一再下滑。工作几年不仅没挣什么钱，反而欠下一大堆债，甚至被父母赶出家门。25岁了还没说上个对象。

2009年6月，王志洲担任70万套乙班硫化二组组长，专门把秦春虎选到组里，他想办法通过“创先争优擂台赛”调动他的积极性。当时硫化操作工很紧张，一个操作工每班看6台硫化机都忙不过来，秦春虎积极性上来了，他第一个月就创造了一个人看9台硫化机的记录，单月个人产量达到3600多条，收入近5000元，这可是硫化分厂有史以来最高工资。看到别人羡慕的眼神，秦春虎心里充满了自豪，他暗下决心再攀高峰，第二个月，他又自告奋勇提出一个人操作11台硫化机。这个目标是硫化分厂绝无仅有的。11台硫化机规格不同、硫化时间不同，大家都怀疑他的能力。而秦春虎却坚定地说：“相信我能行！”

2009年7月，酷暑难耐，秦春虎开始了一人操作11台硫化机的战斗，这对他的体力、耐力和操作能力都是巨大的挑战。在一个月里，秦春虎每天7：15分就准备好工具和三大瓶白开水来到机台前，每天下班后还要继续2个多小时修胎、磨胎，忙得不亦乐乎。整整一个月过后，他果然创造了一个人看11台硫化机的最高纪录，并保持至今无人能打破。

浪子回头金不换！秦春虎变了，他变得更加勤奋、踏实，更有理想和抱负。他在制造二部首届“十大感动子午先进员工”评比中高票当选。2010年秦春虎共获得10次“工序明星”、3次“季度明星员工”。全年共硫化外胎28864条，居分厂之首，相当于普通员工14个月的产量。风神总经理王锋听到他的事迹后专门与他在机台前合影，鼓励他再接再厉。他的干劲更足了，一连四次夺得风神“创先争优擂台赛”季度大奖。

如今，风神已在全公司树起像秦春虎这样的“创先争优擂台赛”的十面红旗。在整个集团公司，各企业也都树立起一大批这样的先进典型，一个比学赶帮超的热潮正在全系统上上下下悄然兴起。因此说，WCM/CI管理变革有效促进了员工整体素质的提高。

## 四、实施WCM/CI管理变革的体会

在实施WCM/CI管理变革中我们体会到，靠投资、上新技术、新设备的方法调结构，当然是调结构的有力措施，我们也在努力尝试，但就中国化工整体而言，让一百多家企业一下子全部采用新技术、新设备不大现实。原因是：国内化工行业的新技术、新设备研发速度慢，时间不等人，国外又不可能把最好的技术和设备卖给中国国企，而他们又在大举打入中国市场，形势逼人；除了化工新材料外，中国化工还有基础化工、化工装备、油气、橡胶、农药等板块，这些板块技术设备的更新不可能在短时期内一下子实现；同时，事物发展的规律是“扬弃”而非“抛弃”，作为化工行业的老国企，我们的理想只能在从量变到质变的过程中实现；最后，俗话说，“江山易改本性难移”，任何变革都离不开最关键的因素——人的观念的改变和文化的形成，而文化的形成不可能一蹴而就，必须付出几代人甚至十几代人的艰苦努力。所以，这就决定了中国化工调结构、转方式的道路必须首先在优化存量结构方面走好第一步。存量结构优化了，肌肉发达了，跨越式创新才有可能！

一个企业如果能把最差的装置操控到世界级制造水平，这家企业一定是世界上最好的企业；而一家没有世界级制造能力的企业，即使给它一套世界上最先进的设备，它也可能操控不到世界级制造水平。而WCM/CI管理变革正是这样一种帮助老国企从粗放走向内涵、从传统走向现代、从中国走向世界的脱胎换骨式的管理变革。坚持做好这项管理变革，对我们企业来说无疑是一场深刻的革命和升华。

中国化工将认真学习借鉴石油化工行业兄弟企业“调结构、转方式”的好经验、好做法，按照全球最佳实践，通过WCM/CI，继续做强做优中国化工，使中国化工真正成为中国最强、全球最富竞争力的化工企业，为实现中国化工2040年进入全球化工前三强的奋斗目标打下坚实的基础！

## 专家点评

中国化工集团公司是一家以国有老化工企业为基础组建的企业集团。面对复杂多变的环境和激烈的市场竞争，中国化工把管理创新作为解决粗放经营，加快“调结构、转方式”的突破口，大胆采用并实施世界先进的CI（持续改进）和WCM（世界级制造）等先进管理方法，并在消化吸收的基础上，将WCM和CI进行组合再创新，形成了一套具有自身特色、科学、先进、系统的管理方法，有效地提高了企业员工的整体素质和劳动效能，使企业生产过程和生产环境得到持续优化，降低了生产成本，提高了产品质量和运营水平，走出了一条依靠管理创新促进内涵式发展的新路子。

中国化工的探索与实践充分说明了管理创新在企业“调结构、转方式”过程中的重要性，没有管理上的创新，技术创新和结构调整就难以真正取得成功，企业就走不出粗放经营的老路，只有把管理创新与技术创新紧密结合起来，企业“调结构、转方式”才能取得实质性的进展，企业才能实现健康可持续发展。

# 创新探索

The Path of Innovation

## 坚持科技兴企　追求卓越绩效<br>全面提升集团公司的核心竞争力

中国化学工程集团公司

中国化学工程集团公司（以下简称“集团公司”）是国务院国资委直接管理的大型工业工程建设企业集团，公司以科学发展观为指导，秉承“工程立业，技术领先”的理念，坚持“新、特、精”的强企之路，以技术创新为主线，在全面推进创新型企业建设，为行业调结构、转方式提供技术支撑，提高技术创新能力和核心竞争力等方面取得了显著成绩。“十一五”期间，分别被国家有关部委授予首批“创新型企业”，“新一代煤（能源）化工产业技术创新战略联盟理事长单位”等称号，为集团公司实现“国内领先、世界一流的国际工程集团公司”的战略目标提供了支撑。

### 一、坚持科技创新，集团公司核心竞争力大幅提升

“十一五”期间，集团公司不断完善技术创新体系和制度建设，在技术开发、成果转化、知识产权管理、研发平台建设等方面取得了优异的成绩，有

力地促进了集团公司核心竞争力的提升。

### （一）践行创新，盈利能力不断提高

“十一五”期间，我们通过技术创新赢得了市场，带来了效益，企业盈利能力不断增强，为企业发展带来生机。截至“十一五”末，企业实现利润总额20亿元，同比增长52%；实现净利润17亿元，同比增长60%；由技术创新带来的收益约占企业盈利的65%以上。技术创新拓宽了企业业务领域，增强了市场竞争力，扩展了市场规模，“十一五”期间，集团公司新签海外合同91亿元，占新签合同总额的20%，实现海外营业收入约42亿元。技术创新改善了经营结构，集团公司通过自主创新，总承包能力大大加强，目前总承包项目已占新签合同额的一半，工程公司的总承包比例达到90%。

### （二）集成创新，核心竞争力不断增强

“十一五”期间，我们通过集成创新和产学研合作，共获得国家级奖励19项，其中通过产学研合作完成的“20万吨大规模MDI（二苯基甲烷二异氰酸酯）技术开发及产业化”获得国家科技进步一等奖，“多喷嘴对置式水煤浆气化技术”获得国家科技进步二等奖，“四川美丰化工股份有限公司合成氨装置优化节能技改工程”等9项工程获得全国优秀工程勘察设计奖，“120米火炬液压提升倒装工法”、“不锈钢管道焊接工法”等8项工法获得国家级工法。共获得省部级奖励175项，其中“内衬层挤出生产线技术”、“万吨级无水氟化氢工艺生产技术”等43项技术获得省部级科技进步奖，“天津碱厂搬迁改造工程甲醇、合成氨实验桩检测工程”、“上海轮胎橡胶（集团）如皋分公司50万套全钢子午线轮胎工程”等67项工程获得省部级优秀工程勘察设计奖，“变压吸附提纯CO群体设备安装施工工法”、“5000立方米球罐现场组装工法”等65项工法获得省部级工法。一大批科技成果的取得，提升了集团公司的核心竞争力。

### （三）技术攻关，科技支撑力不断提升

“十一五”期间，我们根据国家调结构、转方式的总体要求，紧密围绕公司的发展战略，制定了企业“十一五”技术发展规划，提出了与主业相关、涉及行业重点领域的180项技术研发项目，经认真组织实施，一批关键技术获得突破，为行业调结构、转方式提供了强大支撑。截至“十一五”末，集团

公司已完成126项技术开发项目，技术成果全部应用于生产。10万吨/年环氧丙烷国产化技术，依托南京金埔环氧丙烷项目已投入运行；5.5米捣固焦炉技术项目，于2006年顺利出焦；焦炉煤气制合成氨工艺技术已应用于山东洪达化工有限公司焦化联产合成氨硝酸项目中，成为目前国内投资最低、经济和环境效益最好的合成氨生产方法之一；气相甲醇脱水制二甲醚技术应用于河北中捷石化集团有限公司10万吨/年二甲醚装置，一次投料试车成功，产出合格产品；天然气制乙炔技术应用于川维天然气乙炔化工厂扩建项目，实现了工艺和设备全面国产化；百万吨级纯碱技术生产的产品各项技术指标在国内同行业中居首位；大型磷酸工程技术实现了装置设备和材料的国产化，节约外汇的同时降低了企业的生产成本；大型工程胎成型硫化工艺及设备技术，成型效果良好；大型空分装置施工技术应用于神华宁煤煤基烯烃项目，2009年实现一次开车成功；多晶硅装置施工技术成功应用于乐山1260吨/年多晶硅、新津3000吨/年多晶硅等项目。

### （四）加强平台建设，创新能力显著提高

集团公司利用国家、企业、社会等科技资源服务于企业的技术创新，积极推动内外两个"创新平台"的建设。

在集团公司内部，各分公司充分利用自身的技术优势，整合资源，建立和完善企业技术中心，结合市场需求，重点开发企业发展所需的工艺技术、工程技术和项目管理技术。截至"十一五"末，集团公司拥有企业技术中心14家，其中9家被认定为省级技术中心，2家被认定为市级技术中心，3家企业设立了博士后工作站。

在集团公司外部，建立了以"新一代煤（能源）化工产业技术创新战略联盟"为龙头、所属企业产学研合作机构为纽带的开放式研发平台，形成了优势互补、分工明确、利益共享、风险共担的技术创新机制，实现了技术开发资源的协同优化。针对产业发展的紧迫需求和技术瓶颈，在共性关键技术与核心技术开发方面进行重点突破。我们与清华大学、淮南市政府、淮化集团有限公司合作开发的流化床甲醇制丙烯（FMTP）技术正在进行技术优化和工业化推广。与德国ZEMAG公司合作开发的褐煤干燥成型工艺技术，已成功在内蒙古呼伦贝尔金新化工有限公司50万吨合成氨、80万吨尿素项目中得到应用。所属各企业先后与20多家高等院校、科研单位和生产企业开展了多种形式的产学研合作。如与郑州大学、博汇集团合作，开发苯选择加氢制环

己烯催化技术；与湖北省化学研究院、鹤壁宝马集团有限公司共同开发煤制合成气生产乙二醇技术；与北京矿业大学合作开发霞石制化学品的综合利用项目；与南京信息工程大学合作进行南京市沿江工业开发区地下管网管理系统的方案设计；与上海同济大学共同进行2000吨/100米门式液压提升装置的开发等。

### （五）实施专利、标准战略，持续发展能力得到巩固

我们不断提高知识产权的创造、应用和保护能力，实施知识产权战略，完善管理制度、提高应用效率，对自主开发的研发项目进行知识产权全过程管理，在与主营业务相关的行业重点和关键领域形成了一批核心专利，构筑了技术创新成果“专利池”。“十一五”期间，集团公司共获国家授权专利86项，其中发明专利32项，实用新型专利54项。我们积极促进技术创新活动与成果转化的结合，在保持专利数量快速增长的同时，加快了知识产权的转让和许可，提高了知识产权成果的资本化运作水平。我们积极推动技术创新活动与标准制定的结合，不断将具有自主知识产权的技术上升为技术标准，努力将企业标准上升为行业和国家标准，增强制定标准的话语权。“十一五”期间，集团公司编写国家和行业标准74项，集团公司企业标准110项。通过实施专利战略、标准战略，巩固了集团公司的持续发展能力。

## 二、集团公司开展技术创新的几点体会

“十一五”期间，集团公司在“自主创新、重点跨越、支撑发展、引领未来”方针的指引下，积极转变观念，以组织领导、制度建设、资金投入作为技术创新的保障，坚定不移地发展多元化创新模式，不断提高创新人才队伍素质，营造创新文化，有力地推动了集团公司技术创新工作的开展，也积累了一些经验体会：

### （一）转变思想观念是关键

集团公司作为工业工程公司，是介于科研院所和生产企业之间的桥梁，是科技成果实现产业化的重要支撑。我们转变了以往“工程公司可以不以技术开发和技术创新作为重点”的传统观念，坚持科技兴企的新理念，将技术创新提升到企业发展的战略高度，贯穿于整个生产经营活动之中，为集团公

司的快速发展提供保障。

科学技术的日新月异和国际金融危机的爆发，让世界各国都面临着经济结构和产业结构的深度调整，新一轮的产业变革和技术革命也在孕育之中。许多发达国家将创新提升到国家战略层面，以科技创新作为后金融危机时代实现可持续发展的首要任务。我国经济也处于转变经济发展方式、调整产业结构的重要阶段，从根本上扭转产业结构不合理、生产方式粗放、产能严重过剩、经济发展质量不高的状况，更加凸显了增强自主创新能力的紧迫性。尤其对石油化工行业而言，突破原料制约瓶颈，促进产品结构优化，转变生产方式，更需要具有核心竞争力的高新技术来支撑。面对日趋复杂的经济形势和日益激烈的国内外竞争环境，我们只有不断提升技术创新能力，才能在激烈的国内外市场竞争中抢占先机，赢得主动。

加强技术创新也是集团公司可持续发展的迫切要求。为把集团公司打造成国内领先、世界一流知名企业，“十一五”期间我们通过持续创新，全方位推进工程领域服务和产业运营，加快规模扩张，形成了多元利润支撑的发展模式。但是，随着经济全球化进程的加快，企业面临着国内外两个市场的竞争，我们不仅要面对国内兄弟企业的竞争，更要面对在技术、资金、管理等方面更加强大的国际竞争力量，竞争的层次、水平和程度将越来越高、越来越复杂，我们必须通过增强技术创新能力，掌握和拥有一批先进的工艺、工程和项目管理技术，有效地提高集团公司的核心竞争力，才能占领和巩固国内市场、迈入国际市场。此外，集团公司的发展还面临着如何提升传统主业和发展新兴产业的双重使命。转变发展方式、培育新的经济增长点，是摆在集团公司面前的一项重要任务。我们必须充分发挥技术集成创新和科技成果工程转化的优势，形成新的工程技术，才能保持企业的可持续发展，同时为石油和化学工业调结构、转方式提供支撑，这是工程公司的历史责任和担当。

### （二）加强领导和制度建设是保障

“十一五”期间，我们不断加强技术创新的组织领导，各级企业负责人把技术创新作为突破发展瓶颈、增强可持续发展能力的重要手段，把技术创新工作真正纳入到重要的议事日程。进一步完善了技术委员会和专家支持系统，加强了企业技术创新的顶层设计和决策。企业总工程师对技术创新专项负责，各级技术管理部门和研发机构人员到位、责任明确。企业的规划、财务、人力、法律等部门全力配合，集团公司对所属企业技术创新工作实施全面的指导、协调和监督。

在技术创新活动中，我们不断完善创新制度建设，制定了“集团公司知识产权管理办法”、“集团公司技术标准管理办法”等制度，形成了较完善的技术开发机制和管理流程，进一步规范了技术创新工作。集团公司和所属企业为激发广大工程技术人员的创新精神，营造良好的技术创新氛围，设立了技术创新奖励基金并形成了一套行之有效的奖励办法，开展了技术创新成果的评审和奖励。我们修订了企业负责人业绩考核办法，将技术创新成效纳入到企业负责人年终考核责任书中，明确领导责任，部分企业还制定了知识、技术、管理等要素参与分配的考核激励政策。

### （三）加大科技投入是前提

为了满足技术创新对资金的需求，实现技术创新投入稳定增长，我们建立了多层次、多元化、多渠道的科技创新投入机制。在集团公司内部，对带有方向性、全局性的集团层面重点开发项目，以集团投入为主；对带有方向性的企业层面重点开发项目，以企业投入为主，集团给予政策支持；对列入集团技术开发计划的重点开发项目，由集团与企业按一定比例共同投入。在集团外部，采取开放式投入方式，积极与国内外的其他企业按一定比例资金入股共同投入进行技术开发；充分利用国家科技政策，争取国家研发资金用于集团公司的技术开发；积极利用战略伙伴资金和工程项目资金支持集团公司技术开发。集团公司的科技投入由2005年的8800多万元，增加到2010年的5.5亿元，年均增长率近20%，总投入约20亿元。

### （四）“多元创新”模式是主线

我们充分利用国内外的创新资源，发挥工程转化优势，建立了高效、协同、开放的技术创新模式，提升了企业原始创新、集成创新和消化、吸收、再创新能力。

一是加大原始创新。在国家和行业支持的重点领域，我们开展了关键核心技术的基础性研究和前沿研究，从源头上获取具有国际先进水平的高端技术。集团公司所属赛鼎公司联合山西煤化所，通过小试及中试装置研究，确定了固定床绝热反应器一步法甲醇转化制汽油新工艺，并在云南解化建设了3500吨/年甲醇制汽油装置，该装置于2007年12月一次投料试车成功。

二是加强消化、吸收、再创新。我们通过国际贸易、技术合作、工程项目等方式获得了具有市场竞争力的高端技术，通过研究其核心技术要素，消化、吸收、再创新，形成了多项具有自主知识产权的国际先进技术。集团公司所属赛鼎公司在我国引进的几套TDI（甲苯二异氰酸酯）装置基础上，不断总结创新，形成了“TDI生产自有技术”，先后完成了沧州大化2万吨/年扩产3万吨/年、蓝星太化TDI等多套装置的设计或改造，并顺利投产。

三是加强集成创新。公司及所属企业依托自身优势，充分利用工艺技术、信息技术、项目管理技术等各种创新要素，进行优化选择和系统集成，形成了多项具有自主知识产权的专利和专有技术，抢占了行业制高点。集团公司所属东华公司在原云南三环化工有限公司60万吨/年硫磺制酸装置和国际上先进的“3 + 1”两转两吸工艺技术的基础上集成创新，形成了大型硫磺制酸成套工艺技术。

### （五）创新队伍和文化建设是基础

我们采取引进、培养、激励和约束并举等措施，培养和选拔了一批优秀技术人才、学科带头人和高级项目管理人员。同时还充分利用高校、社会培训机构、企业内部培训资源和国外工程公司的学术交流，有针对性地培养专业技术人才。截至“十一五”末，集团公司拥有10多名全国勘察设计大师和国家级专家库专家，有300余名专家享受国家政府特殊津贴待遇，教授级高工800余人，高级工程师3000余人。

我们十分重视创新文化建设，提出了创新文化总体发展思路，即“以创新文化引领创新发展，以创新发展丰富企业文化，使创新文化建设与技术创新相互依存、相互促进，推动创新文化和创新型企业的共同发展”。我们通过组织学习“台塑”先进管理经验和独具特色的企业文化理念等形式，不断灌输创新理念，积极培育“以创新谋发展、以创新强实力、以创新赢市场”，“创新就在我身边”，“工程公司的活动过程就是创新”的创新意识，使得“创新是企业发展的不竭动力，是企业经济增长的重要源泉，是提升核心竞争力”的理念深入人心，营造人人想创新、人人要创新的良好氛围。

“十二五”是集团公司承前启后、继往开来的攻坚时期，我们将以科学发展观为指导，贯彻落实“坚持创新、提升能力、引领发展、铸造品牌”的方针，以企业发展战略为基点，以全面提升集团公司核心竞争力为目标，以技术创新为动力，带动工程、产业和技术三个板块的持续发展，努力打造成为国内领先、世界一流的知名企业。

## 专家点评

中国化学工程集团公司积极研究、借鉴国际化工工程公司发展的新趋势、新理念，在新时期，大胆提出“工程立业、技术领先”的发展新理念，以技术创新为主线，积极加强公司内、外两个技术创新平台建设，不断提高科技投入，全面实施专利、标准战略，大力开展原始创新、集成创新和消化、吸收、再创新，开发出一大批具有自主知识产权的科技成果并成功实现产业化，极大地提升了传统化工工程公司的市场价值和品牌竞争力，为工程设计类化工企业转型升级探索了新路，积累了宝贵经验。可以说，技术与创新为中国化学工程集团公司插上了再次腾飞的两个翅膀。

# 创新探索

The Path of Innovation

## 坚持服务创新　促进转型发展<br>做上海化工结构调整的助推器

上海化学工业区

上海化学工业区坚持科学发展观，加快转变发展方式，园区经济实现了高速发展。截至2011年底，累计批准项目总投资185亿美元，累计完成固定资产投资978亿元，单位土地投资强度达到每平方公里158亿元，单位土地产出达到每平方千米124.2亿元。园区工业总产值从2009年的434亿元，增长到2011年871亿元，年均增长42%；销售收入从2009年的449亿元，增长到2011年947亿元，年均增长45%；税收从2009年的26.6亿元，增长到2011年40.2亿元，年均增长23%；万元产值能耗保持在0.9吨标煤水平，工业水重复利用率为97%左右，工业固废综合利用率为87%左右。

化学工业区已成为上海工业经济增长的重要基地和上海化工产业“创新驱动、转型发展”的主战场，2010年被工业和信息化部评为全国首批“国家新型工业化产业示范基地”，2011年被环保部、商务部、科技部批准进行“国家生态工业示范园区”验收，2012年经国务院办公厅批复升级为“国家级经济技术开发区”。

## 一、高起点建设，创新“五个一体化”园区开发模式

创新是民族进步的灵魂，国家兴旺的动力，社会发展的源泉，也是上海化工园区发展的活力所在。作为全国第一个以石油化工产业为主的高度专业化的开发区，我们在开发之初面临着没有现成发展模式可以借鉴，而又必须回答用什么样的方式，走什么样的道路来建设和发展现代化工园区的紧迫课题。我们以敢为天下先的开拓姿态，发扬与时俱进的创新精神，积极研究世界级石化基地的发展轨迹，吸取借鉴国内外化工生产的成功经验，突破了传统的“小而全”、“大而全”且布局分散、各自为战的生产模式，创造性地提出和实践了“产品项目、公用辅助、物流传输、安全环保、管理服务”五个“一体化”开发理念，展现了“专业集成、投资集中、资源集约、效益集聚”的整体优势，有序推进了园区的开发建设，闯出了一条符合我国国情的园区开发新路子。

一是产品项目一体化。化工区先后引进了上游赛科乙烯项目，中游上海联合异氰酸酯、拜耳聚碳酸酯，下游赢创德固赛多用户基地、3M胶黏剂等化工项目，形成了较为完整的上中下游化工生产链，产品关联度达到80%以上，实现了区内资源的最佳配置和充分利用，减少了废弃物的排放，提高资源的集约利用水平。

二是公用辅助一体化。根据区内化工企业对各类配套服务的需求状况，化工区择优引进了法国苏伊士、荷兰孚宝、法国液化空气、美国普莱克斯、新加坡胜科等知名公用配套服务供应商，合资组建了一批具有“国际品牌”的公用工程企业，集中规划建设热电联供、工业水厂、工业气体、污水处理厂、工业废弃物焚烧炉等公用工程设施，实行园区资源能源的统一供给，创造了跨国大型企业信赖、可靠的各类配套条件，既保证了各生产企业安全可靠的配套服务，又节约了企业的生产成本和建设成本。

三是物流传输一体化。化工区通过建设码头、储罐、仓库、铁路、管廊等专业物流设施，形成连通园区内外的物流集散和交换系统，尤其是在园区内生产装置之间实现了管道输送，使以气体和液体为主的化工物料实现经济、安全、快捷的传递与输送，满足了安全生产与保护环境的要求。

四是安全环保一体化。化工区牢固树立安全为第一责任的观念，用最严格的管理建设安全的园区，在企业中建立起严格的HSE管理系统，同时在生产过程中采用清洁能源、清洁生产工艺和先进环保处理技术，实现生产与生

态的平衡、发展与环境的和谐，把化工生产安全和环保要求转化为企业和员工的自觉理念。

五是管理服务一体化。化工区实行政企分开，形成了依法行政、各司其职、便于协调、高效管理的运行机制，建立了公安、海关、海事、边检、检验检疫等行政管理部门“一门式”办公，以及人才服务中心、检维修基地、检验中心等市场化“一条龙”服务，为区内企业提供高效便利的公共服务。

实践证明，“五个一体化”是符合可持续发展、集约发展、科学发展要求的开发模式创新。“五个一体化”开发模式先后被中国石油和化学工业联合会写入《关于提高化工园区发展水平的指导意见》，被国家工信部写入《石油和化学工业“十二五”发展规划》，为全国化工园区建设提供了思路、经验和参考，已成为全国化工园区开发建设的基本模式，为全国化工产业结构调整和创新发展做出了积极的贡献。

## 二、科学定位，建设我国化工新材料生产基地

上海缺少资源，环境容量有限，原有的化工生产企业十分分散，影响了城市的发展。因此，在改革开放之初，市委、市政府就选择了在距离市区50多千米的杭州湾北岸，采用集约用地、集中生产的方式建设化学工业区，并明确化工区必须走新型工业化道路，按照“外向型、高起点”的要求，坚持对外开放，吸引先进技术，发展高附加值、科技含量高、安全环境影响小的化工项目。化工新材料是战略性新兴产业中的先导产业，是其他行业和新兴产业的基础。化工区决定瞄准化工新材料巨大的市场空间，抢占行业发展的制高点。

一是抓住世界石化产业转移的机遇。我们引进了德国拜耳、巴斯夫、赢创德固赛，英国石油，美国亨斯迈等国际化工巨头，以及中石化、华谊集团等国内骨干企业，建成了异氰酸酯、聚碳酸酯和甲基丙烯酸甲酯三大产品系列，基本形成了以化工新材料为主导的特色产业集群，确立了在化工新材料原料方面的领先优势。譬如，投资36亿美元的拜耳化工区一体化基地（35万吨/年MDI、25万吨/年TDI、20万吨/年聚碳酸酯项目）不仅是拜耳材料科技在亚太地区、甚至全球最重要的生产基地，也是上海最大的外商投资企业。

二是建设化工新材料和精细化学品生产示范基地。目前，化工区赛科公司120万吨/年乙烯单套装置产能国内最大，园区103万吨/年异氰酸酯产能世

界最大、28万吨/年聚碳酸酯产能国内最大、20万吨/年MMA产能世界前列。2011年，园区新材料产业共完成工业总产值198亿元，占园区总产值的23%，占全市新材料产业总产值的12%，为上海新能源、电子信息、航空等产业发展提供了先进的化工新材料。

三是蓄势待发，推动园区新材料产业再上新台阶。下一步，化工区还有21个新签约的新材料项目，主要有华谊集团的丙烯酸和ABS、高桥石化的苯酚丙酮、三元乙丙橡胶、英威达尼龙66、宏特化工碳纤维等一批项目，总投资40亿美元。这些项目的建设将推动园区新材料产业再上新台阶，推动上海有机材料工业进一步从资源依赖型向创新驱动型转变。预计到2015年，化工区异氰酸酯产能将达到200万吨/年、聚碳酸酯产能达到68万吨/年、MMA产能达到50万吨/年，新材料产业产值将达到500亿～600亿元。

## 三、抢抓机遇，推进全市化工产业的结构调整

根据上海市“强化漕泾、改造吴泾、调整高桥”的化工产业结构调整和布局优化战略，将全面整合全市的化工产业资源，逐步关闭外环线内反应类化工装置，加快高桥基地、吴泾基地调整、升级，为全市化工产业发展拓展土地、资源、环保空间，并推进项目向化工区集聚，加快建设杭州湾北岸化工产业带。这一重大政策机遇为产业调整承接地的化工区带来一批重大项目，如投资590亿元的中石化炼化一体化项目、投资116亿元的华谊集团丙烯酸等一揽子化工项目。其中，中石化2000万吨/年炼油和100万吨/年乙烯项目是上海化工区规划已久的项目，是化工区“十二五”期间各项工作的重中之重。这个项目的确定，既有助于上海高桥地区融入浦东发展，实现产业升级，也有助于化工区获得产业发展新的龙头，更有助于上海获得可靠的清洁能源供应。然而，这个项目也是一项艰巨复杂的系统工程，它关系到企业的持续发展，职工的安置稳定，能源安全的保障，上下游关联企业的衔接与周边社区的和谐稳定等一系列工作。为此，我们采取一系列措施，全力做好重大项目落户的对接工作。

一是成立“炼化一体化项目工作组”。整合化工区管委会与发展公司的力量，加强对项目的组织协调，与国家部委保持联系，跟踪《国家重点产业生产力布局和调整规划》，配合做好项目核准的催批工作，力争项目尽早开工建设。

二是加强对投资方的沟通与服务。我们与中石化炼化一体化项目组建立联络机制和定期沟通交流制度，及时研究协调项目前期各项工作，配合中石化做好项目产品方案的确定，推进上海化工区产业规划环评，配合做好项目装置布局优化，为下游招商预留乙烯、丙烯原料，与有投资意向的公司开展跟进招商，并积极协调，争取实现项目与IGCC的联动，推动油气电化一体化的高水平循环经济建设。

三是做好项目相关重大问题的协调。根据项目需求，协调项目用地，规划高桥石化、华谊集团的化工区生产基地，多方筹措储备资金，启动项目用地收储，确保7平方千米的项目用地，并协调项目码头、罐区、铁路运输、物料管道以及公用工程配套等一揽子工作，确保项目顺利实施。

四是促进其他相关化工项目的整合。我们主动拜访重点企业，了解企业发展规划和落户需求，听取企业进入化工区的意见和建议，争取优质企业迁入化工区，同时加强招商选资，对于符合化工区产业发展需要、符合安全环保要求的企业，引导和帮助他们在化工区落户，并在生产转移的同时，提升产品品质和工艺技术水平。

## 四、落实区域环评，推进化工园区的绿色发展

化工生产具有高温、高压、易燃、易爆、有毒、有害的特点，对环境保护和安全生产提出了更高的要求。随着化工项目进一步向化工区集聚，资源、环境和安全对化工区发展的约束性要求越来越高，我们深刻认识到安全生产和环境保护工作的极端重要性，牢固树立“以人为本、安全第一、环境友好”的发展理念，以创建国家生态工业示范园区为抓手，全力做好环境保护工作，努力建设资源节约、环境友好、技术先进的生态工业园区。

一是环境规划先行。率先开展化工区区域开发环评，对于园区的产业规模、产业布局、产业结构的环境合理性进行了综合论证，科学核定化工区产业发展的环境容量控制，制订了园区发展的约束性条件，严把项目准入关，坚决杜绝高污染、高能耗的化工项目。

二是环境风险整治。我们认真落实杭州湾北岸区域环评批复，加强区域规划优化调整、环境风险应急事故体系建设和环境管理。在上海市政府的支持下，投资近40亿元，联合金山、奉贤区成立环境整治项目搬迁安置工作领导小组，开展化工区周边1千米限制带的环境风险整治工作，对周边3000多

户居民进行动迁，进一步降低化工产业发展可能产生的环境社会风险影响。

三是建设基础设施。我们建设了污水处理、危险废物处置、防护林、生态湿地的环境基础设施，为区域内污染物集中处理、达标排放、改善园区环境质量提供基础保障，并从严开展项目环境管理，化工区项目环评的执行率和“三同时”执行率达到100%。

四是加强环境监测。我们建设了化工区环境监测站，组建了监测支队，全面监测区域环境质量和周边社区环境空气状况，定期公布环境质量公报，接受社会公众监督，举办“公众开放日”、环境日、专题讲座等活动，邀请周边居民到化工区参观，加强对周边居民的环保教育宣传，争取周边社区居民对化工区发展的理解和支持。

五是倡导清洁生产。我们把企业生产工艺的清洁生产指标作为项目准入、监管的一项重要指标，并开展了重点企业清洁生产示范试点，对28家化工生产企业实施清洁生产审核，鼓励企业进行技术改造，进一步降低生产过程的能耗、水耗和物耗水平，提升园区生态水平。

## 五、规范管理，健全园区安全生产长效机制

化工区具有生产规模大、危化品企业高度集聚、企业间安全关联性强的特点。我们坚持把安全生产作为第一责任，重视安全生产管理和应急体系建设，加大安全应急投入，先后投资3700多万元组建了应急响应中心和医疗急救中心，这在全国各工业开发区是首创。多年来，HSE经理团队以及公安、消防、海事等部门的高效管理、有效运作，使得园区生产运营始终保持“零死亡事故”。

一是加强制度建设。我们总结了2004年以来的安全生产管理的经验，通过管理创新，把行之有效的安全防范措施形成管理制度，制定了30项园区安全生产管理文件，建立了一整套具有化工区特色的管理制度。通过标准化建设与管理，形成“责任落实、制度完备、投入到位、管理规范”的化工区安全生产管理体系。譬如，我们针对承包商管理盲区，创新实施了承包商队伍入区作业安全准入制度，通过采取二级安全审查、三级安全培训的办法，提高准入门槛，将安全资质不符、安全业绩不良、安全管理不严、安全培训不合格的承包商拒之门外，有力地确保了园区的安全运营。

二是落实主体责任。园区管委会每年与区内40余家企业签订安全生产责

任书，对于企业负责人的安全生产工作履职情况和企业安全生产目标完成情况进行考核，并成立由驻区管理单位组成的化工区安全生产委员会，强化政府相关管理部门的监管责任。

三是强化安全检查。我们建立了“每周例会、联合检查、综合演练、三级指挥”的监管机制，组织开展施工安全、防火安全、剧毒品管理、放射性物品管理、危险化学品运输安全、码头安全、环保监测、职业健康安全、防汛安全、应急管理等10个方面的分类检查，排除安全隐患，确保相关制度落到实处。

四是注重安全培训。确保区内所有特种作业人员和法定取证人员按规定参加安全培训，百分百持证上岗，收到良好效果。2005～2011年，化工区共组织区内危险化学品从业单位主要负责人（含外籍）、安全管理人员391人（外籍36人）及危险化学品从业人员574人参加安全生产培训；组织开展农民工安全生产培训，包括建筑安装、防腐保温、设备维护、装置检维修和危险化学品储运等区内17家生产经营单位的60多个长期承包商企业1526名农民工参加了培训。

五是制定应急预案。我们制定和完善了园区应急总体预案和17个专项预案，构建了体系完整、机制完善、反应迅速、处置高效的应急机制，加强应急保障能力建设，完善区域应急管理监控监测网络，建立应急管理示范基地。

## 六、责任关怀，完善区域合作共建机制

开发建设是化工区的工作责任，安全环保、为民服务也是化工区义不容辞的社会责任。我们在园区开发建设中主动承担社会责任，在全力做好安全环保工作的同时，发挥自身的产业优势，帮助周边社区优化规划布局、壮大经济实力、提升居民素质，为建设文明富裕的郊区新农村做出贡献、同时为化工区发展营造友好共处、互惠共赢的良好局面。几年来的实践表明，推行责任关怀已成为利区、利企、利村、利民的多赢活动，树立起了新型化工产业的绿色、环保形象，改变了周边居民对化工行业的传统印象，赢得了社会对化工区的尊重和信任。

一是开展结对帮扶活动。2009年以来，管委会联合15家区内企业与周边15个行政村及社区联合开展“双结对、好邻居”活动。区内发展公司与金山区漕泾镇3个村进行“结对帮扶”，建立了组委会和办公室例会、“五个一”、

"三互"、结对共商、宣传激励等制度或机制，多次到结对村或社区进行实地走访，深入了解村民生活状况、基础建设、地方工业以及农副业的发展情况，采取扶贫帮困、促进就业、互访互学互助等多种形式，推动了结对村、结对社区招商引资、扶贫帮困、健康医疗等各项事业的发展。近3年，化工区及区内企业累计投入各类扶贫资金已达250万元。

二是落实"反哺政策"。根据上海市政府的决定，将分属于金山、奉贤区的上海化工区金山分区、奉贤分区纳入上海化工区一体化管理。我们加强与周边金山、奉贤区的合作，通过调整产业结构、加强安全应急管理，提升金山、奉贤分区的开发建设水平和管理水平。化工园区内的企业实施税收属地征管，让金山、奉贤区分享化工区发展成果，落实了上海市"工业反哺农业"的要求，带动了周边地区的发展。

三是确保社区居民安全。我们不断完善《化工区公共突发事件应急处置总体预案》，制定事故状态下周边社区居民的应急疏散方案，并逐步提高周边居民在园区应急演练和事故演习中的参与度，提高处置能力。

四是拓展园区人力资源。我们联合区内企业，加强与华东理工大学、上海石化工业学校的合作，打造与国际职业技术教育接轨的"订单式"人才培养模式，由企业冠名培养的近1300名毕业生已进入化工区，走上操作岗位，受到了企业和学生的欢迎。我们还联手中法水务、同济大学和华东理工大学，合作成立全国首个工业供水及废水处理研发机构——"水研究中心"，经过5年的努力，取得多项发明专利、实用新型专利，中法水务公司因此获得了上海市科委等单位颁发的《高新技术企业证书》。

## 七、科学规划，"十二五"续写化工区的更大辉煌

目前，世界经济复苏曲折缓慢，影响行业发展的不稳定、不确定因素增多，行业下行压力增大。我们认真研究世情、国情、市情、区情，以落实国家《石化产业调整和振兴规划》为契机，充分利用化工区现有的产业优势，在深化、延伸产业链上做文章，重点引进投资规模大、科技含量高、产业链长、能源消耗低的先进项目，使价值链上的企业通过关联效应，相互配合、相互推动，进而向产业价值链的高端延伸，力争"十二五"期间招商引资100亿美元，到"十二五"末实现工业总产值1500亿元。我们的措施：

一是梳理1200亿元招商储备项目的发展路线。大力发展战略性新兴产

业，重点发展化工新材料和清洁能源，淘汰总投资20亿美元的与产业发展关联度不高的化工项目，着力打造“1+4”产业组合，即以炼化一体化项目为龙头，形成乙烯、丙烯、碳四、芳烃等四条产业链，涵盖合成树脂、合成橡胶、合成纤维三大合成材料。

二是探索园区原料供应的多元化。进一步完善产业链，形成上下游项目联动、集群式发展的态势。比如，推进赛科公司丙烷脱氢生产丙烯项目，通过引进德固赛公司双氧水项目，进而为赛科公司利用丙烯生产环氧丙烷提供原料；同时，赛科公司的产品提供给园区其他企业生产聚醚多元醇，而聚醚多元醇又可与化工区主打产品MDI混合，生产用于生产汽车、飞机坐垫所需的发泡材料。

三是为企业争取更多的政策支持。帮助企业申请节能技改、资源综合利用、新能源、高新技术产业化等政策扶持，推进企业与高校、科研院所的技术合作，支持主体企业做大做强，鼓励关联企业之间、生产企业与公用工程企业之间加强合作，放大“一体化”产业链集聚效应。“十二五”期间，我们将有一批增资扩产项目，总投资30亿美元，涉及拜耳、亨斯迈、三菱瓦斯化学、中石化、三井、西萨等公司。主体企业的扩建不仅带动了总投资10亿美元的一批下游项目的扩建，还将带动总投资8亿美元的公用工程及配套项目的建设。

四是以先进制造业带动生产型服务业。化工巨头在化工区基地化生产的同时，也将把各自的研发中心、地区总部放到上海，带来高端人才和先进的管理经验和技术，弥补了上海“创新驱动”的短板，同时，通过“鲶鱼效应”，还带动了行业内企业的能力和视野升级。譬如，拜耳公司计划投资10亿欧元扩大浦东研发基地，将全球总部的部分功能迁到上海，届时将吸引200名全球高级专家来沪工作。

上海化工区将积极落实《国务院办公厅关于上海化学工业区升级为国家级经济技术开发区的复函》意见，按照先进制造业与现代服务业并重、利用外资与境内投资并重、经济发展与社会和谐并重的要求，加快转变发展方式，进一步提高发展质量，增强体制机制活力，形成以产业为主导的多功能综合区域，充分发挥窗口、示范、辐射和带动作用，力争到2020年形成杭州湾北岸60平方千米的现代化化工产业带，实现3500万吨炼油、350万吨乙烯生产能力和2500亿元工业总产值，把上海化工区建成“具有国际竞争力的世界石化基地和循环经济示范基地”！

## 专家点评

上海化工园区是我国最早探索化工园区化发展的园区之一，在建设和发展过程中，他们积极借鉴国内外的先进经验，坚持“产品项目、公用辅助、物流传输、安全环保、管理服务”五个一体化发展理念，形成了专业集成、投资集中、资源集约和效益集聚的整体优势。特别是上海化工园区始终坚持绿色、安全、环保的发展理念，积极落实区域环评，大力推进责任关怀，加强环境监测和环境风险整治，构建园区安全生产长效机制，吸引了一大批国内企业和跨国公司到园区投资发展化工新材料等战略性新兴产业，为上海市化学工业“调结构、转方式”创造了良好条件，提供了有力支撑，成功走出了一条符合中国国情的园区开发新路子，为我国化工园区建设积累了宝贵的经验。

# 创新探索

The Path of Innovation

## 依靠领先战略和转型升级推动华峰跨越发展

华峰集团有限公司

创办于1991年5月的华峰集团有限公司（以下简称“华峰集团”）是一家以化工新材料为主，以金属、金融、物流、贸易、新能源等产业为辅的大型民营股份企业。华峰集团现有员工6100余名，总资产136.35亿元，在浙江、上海、重庆、江苏、辽宁、广东等12个省市建有产业基地，下辖30余家全资及控股公司，两家自主上市公司，其中集团旗下的四大高新技术公司，已分别发展成为全球最大的聚氨酯鞋革树脂生产企业，国内最大、全球第三大氨纶纤维生产企业，亚洲最大全无氟聚氨酯硬泡生产企业和国内最大超细纤维革生产企业，连续多年获得“中国大企业集团竞争500强”、“中国制造业企业500强”、“中国民营企业500强”、“中国石油和化学工业百强”等荣誉称号。

华峰集团主要研发生产聚氨酯树脂、聚氨酯弹性纤维（氨纶）、超纤合成革、热塑性聚氨酯、己二酸、尼龙6、尼龙66、环己酮和保温材料等系列产品，是聚氨酯鞋用树脂、革用树脂、氨纶长丝、超纤合成革、保温材料五大产品国家行业标准的起草制定单位，聚氨酯树脂、氨纶两大系列产品被评为

"中国名牌产品"，"聚峰"、"千禧"两枚商标被认定为"中国驰名商标"。

创业以来，华峰集团一直坚持走创新发展、科学发展、生态发展的路子，大胆突破传统民营企业发展模式、被誉为"新温州模式"的典型代表。

2011年，在国内外宏观经济形势复杂多变的状况下，华峰集团以加快转型升级来应对危机，通过"调结构、转方式"推动了企业的可持续发展，取得了营业收入、利税、市场占有率和行业排名全线飘红的佳绩。是什么力量使一家名不见经传的家庭作坊式小厂，发展成为了今天令人瞩目的大型民营企业集团？又是什么力量促使华峰集团在金融危机中，化危为机，实现弯道超越，始终保持高速稳定发展？

纵观华峰集团每一阶段的成长，主要有两种力量支撑着华峰集团大发展、大跨越。首先，最直接的动力来自于华峰集团长远的发展战略，它始终立足企业的实际，以战略眼光审视企业发展在"做强主业、适度多元、产融结合"的战略指引下，努力实现在发展中促转变，在转变中谋发展，通过创新发展模式和产业转型升级，成功实现了"三大转型"（即产业结构由传统产业向高新技术产业转型，股权结构由封闭向开放转型，治理结构由传统家族式管理向现代法人治理结构转型）和"四次飞跃"，推动了企业又好又快发展。其次，来自于华峰集团始终坚持"调结构、转方式"走转型升级的道路来优化产业布局、调整产业结构与创新发展方式。

## 一、坚持把优化产业结构作为推进"调结构、转方式"的重要手段

华峰集团创办之初是以生产编织袋为主，从事简单的塑料制品加工。受制于产业本身，企业很难做强做大。华峰集团董事局主席尤小平认识到要想做强做大、实现企业可持续发展，就必须调整产业结构，推进产业转型。

在这个关键的抉择中，华峰集团选择了新兴的高分子材料产业——聚氨酯鞋用树脂领域，随后又先后进入聚氨酯革用树脂、聚氨酯弹性纤维（氨纶）、聚氨酯超细纤维革、聚氨酯保温材料、热塑性聚氨酯、尼龙66等领域及聚酰胺行业。在转型升级道路上，华峰共经历了四次飞跃（产业拓展），优化了产业链和价值链，提升了企业的核心竞争力。

第一次飞跃（1994～1997年）：华峰集团的华丽转身。

产业进入和时机选择是企业成功发展的一个重要因素。1994年，随着

温州鞋业的蓬勃发展，生产鞋子的厂家如雨后春笋不断涌现，也恰在这一年，温州鞋业形成了打造鞋业品牌的统一认识。作为制作高档鞋底的原料聚氨酯鞋用树脂日渐紧俏。这时聚氨酯项目的投资成本大幅降低，国内技术也日趋成熟。

于是，华峰集团董事局主席尤小平下决心在有着悠久制鞋传统的温州从事聚氨酯产品的工业制造，以实现产业转型。没有资金，多方筹集；没有技术，外聘高工；没有外国设备，自己动手“国产化”……华峰集团一切从零起步，筹资2000万元打造了一条年产3000吨的聚氨酯鞋底原液生产线，冲破了被国外跨国公司垄断的层层防线，进入到当今世界最具发展潜力的高分子材料产业。经过多年的发展，目前该产品已经有每年50万吨的产能，并占据国内市场约50%以上的份额。

应该说，进入聚氨酯行业，是华峰集团发展史上的一次真正意义上的蜕变，是华峰集团进行的第一次成功转型，是华峰集团发展过程中的第一次重大飞跃。

第二次飞跃（1997～1999年）：华峰集团的快速升级。

经过第一次产业转型的成功，华峰集团坚定了对聚氨酯产业的发展信心。此后，不断完善产品结构，寻求新的利润增长点。1997年正值亚洲金融危机爆发、市场迅速回落、企业普遍不景气之时，华峰集团反其道而行之，面对发达的温州制革业和依赖进口的合成革树脂原料，决定投巨资上马聚氨酯革用树脂生产线。这一冒险“行动”遭遇了董事会方面的巨大阻力。然而，尤小平顶住了压力，“大家不敢上，我们敢上，就有机会，在低谷中培养新的项目，是最好的时机”。时间和实践证明，这个决策是对的，现在年产50万吨的“聚峰”牌革用树脂市场业绩已居全球前列。此举成就了华峰集团发展史上的第二次重大飞跃。

第三次飞跃（1999～2002年）：华峰集团的新突破。

1999年12月，当国内氨纶行业还处于起步阶段时，华峰集团再做惊人之举，投入1.65亿元资金，生产聚氨酯纤维（即氨纶）。随后又陆续追加投资20多亿元资金进行了10期工程技术改造，使氨纶年生产能力达到5.7万吨的规模。华峰集团进入氨纶领域，一举打破了国外氨纶的“贵族”价格，目前已发展成为国内最大、世界第三大的氨纶生产企业，特别是华峰氨纶公司2006年8月23日在深交所的成功上市，成为了温州首家A股上市民营企业，实现了华峰集团发展历程中的第三次重大飞跃。

第四次飞跃（2002年至今）：华峰集团的成熟。

2002年至今，华峰集团由推进转型到加快转型，实现了产业的合理布局与产业的结构调整。挺进“东三省”，成立辽阳华峰聚氨酯有限公司；接轨长三角，先后成立上海华峰超纤材料股份有限公司（目前华峰超纤已成为国内最大的超纤合成革生产企业，值得一提的是，2011年2月22日，华峰超纤深交所上市，成为华峰集团旗下第二家自主培育的上市公司）、上海华峰普恩聚氨酯有限公司和华峰铝业股份有限公司；迈入“大鞋都”，在福建晋江与斯兰集团合资成立兰峰制革有限公司；进军中西部，成立成都华峰聚氨酯有限公司、重庆华峰化工有限公司和江苏华峰化工有限公司等。

2011年，华峰集团逆势增长、再创新高，实现营业收入与利税同比20%以上的增长。

“应对金融危机的挑战，最根本的还是要提升企业的产业发展层次。华峰多年在市场风云跌宕累积下来的财富和经验，让我们有足够的能力应对危机。”华峰集团董事局主席尤小平如是说。

## 二、坚持把自主创新作为推进“调结构、转方式”的强大支撑

2011年，在市场疲软、订单减少、经营风险加大、政策环境多变的严峻形势下，华峰集团坚持把提升自主创新能力作为推进企业转型升级的强大支撑，加强产学研合作创新，加大技改研发投入，加快产品结构调整和技改成果转化升级，形成了规模优势和技术优势，创造出一批具有国内、国际先进水平的高科技成果，推出了一批在国内外领先的高新技术产品，确保了企业在“寒风”中依然保持稳健的增长势头。

多年来，面对充满机遇和挑战的市场，华峰集团始终瞄准全球化工新材料先进技术发展趋势，围绕“一核多点、开放协同”的技术创新体系，以市场为导向，科技为依托，以提高技术含量为主攻方向，以华峰国家级企业技术中心、行业研发中心及两个省级研究院为平台，积极与国内外高校进行产学研合作，包括与国内外竞争对手开展战略合作，先后承担了国家火炬计划项目、国家“863”对接项目和省高新技术产业化项目，致力于高新技术新产品的研发，先后开发出了120余项具有自主知识产权和核心技术的创新成果，如“聚合物改性聚酯多元醇研究项目”、“超低密度系列聚氨酯树脂研究

项目”、“耐水解牛巴聚氨酯树脂研究项目”、“高透明氨纶纤维生产工艺研究项目”、“纳米改性氨纶纤维工艺方法研究项目”和“彩色绒面革的开发等项目”，填补了国内外空白，促使华峰集团产品技术含量和档次始终处于行业领先地位，逐步实现了产品自主开发和产业化生产与市场的接轨。

在产品研发上，华峰集团以产品的应用技术领域为主，创造产品的局部优势。致力于产品应用领域的开发，努力拓宽产品应用领域，提高产品的均一性，使产品更适用于市场，更为消费者所认可。

在研发人员选育工作上，华峰集团采取了灵活措施。一是积极引进优秀人才。采取“以项目引人才，以人才上项目”的办法，陆续引进高素质的专家，形成了自己的技术研发团队。二是全员参与，共克难关。虽然企业专职的研发人员人数有限，但通过技术、生产、研发的立体结合全面提高了研发的效率。三是产学研相结合，我们通过与国内的专家、科研院所、高校建立联系，加强技术交流，并与国外跨国公司建立良好的技术交流和合作关系，以最有效的方法、在最短的时间内研发适销产品，解决技术难题。

“十一五”期间，华峰集团主动适应市场变化，在做精、做强、做专产业的基础上，企业加快了产品结构调整和技改升级的步伐，坚决淘汰落后产品、落后工艺和落后产能，不断引进研发先进环保、高效节能的新技术、新设备、新工艺，努力建设推广以低能耗、低排放、高效率为标志的绿色环保节约型项目。目前，华峰已在保温材料、铝热传输材料、超细纤维革等一大批绿色环保高科技的产品或技术方面取得了大量的研究成果、专有技术和发明专利，为企业产业转型升级创造了得天独厚的条件。

## 三、坚持把管理创新作为推进“调结构、转方式”的重要经验

华峰集团董事局主席尤小平说：“对于民营企业来说，一项物质技术的创新，远没有一个根本性制度的创新和管理创新来得艰难、来得紧迫。”纵观华峰集团的发展史，可以说，制度创新、管理创新是发展跨越式发展的引擎。

在注重技术创新的同时，华峰集团还坚持把管理的改进与创新作为推进转型升级的重要手段。2011 年以来，华峰集团对其所属不同行业、不同产业的公司加强了战略与财务的管控，逐步建立起适应多元产业发展的管理模式，为企业提升效益、规避风险提供了制度保障。

本着“效益最大化”原则和“整合资源、发挥优势”的思路，华峰集团增强了对旗下公司的管控、服务和监管力度，并及时梳理、完善以成本控制为核心，资金管理为抓手，财务监督、多方融资为保障的风险管控体系，积极稳妥地规避和防范财务风险，着力提升企业可持续发展能力。同时，强化内部管理，针对岗位定流程，针对工作定制度，实现岗位工作标准化、定量化的过程管理，企业管理不断迈向规范化、制度化、精细化，为企业降低成本、规避风险、渡过难关提供了制度保障。

结合当前形势，华峰集团从向管理要效益入手，开展节能减排、降本增效的创新、创优、创效活动，开展“对比标杆、改进短板、总体提升、争创一流”的对标管理活动，苦练内功降成本，千方百计提效益。公司把抓好节能减排和工艺技术提升，作为落实科学发展观、实施循环经济的具体体现，努力营造依靠科技降成本、改造工艺创效益、全员抓成本管理、全过程抓成本控制、全方位创成本效益的氛围。

通过管理创新，华峰集团有效发挥了产业协同能力、发展把控能力、系统创新能力和团队建设能力，成功实现了三个创新：一是围绕“集团化管理”的经营定位，以持续成长为目标，实现了产业创新；二是立足营造自身核心竞争力，实现了发展模式创新；三是围绕集团发展战略，以发挥集团化经营的整体优势为目标，实现了管理创新，全面提升了企业价值，取得了可观的经济效益和社会效益。

## 四、坚持把企业文化建设作为推进“调结构、转方式”的根本动力

危机之下，华峰集团加大企业文化的导向、凝聚和辐射作用，用文化力激活生产力，增强凝聚力、执行力和创造力，进而提升企业核心竞争力。

以学习实践科学发展观活动为契机，企业着力增强全体员工直面危机、迎接挑战、共克时艰、化“危”为“机”的信心和决心，最大限度地凝聚各方力量和智慧，形成凝心聚力、共谋发展的良好局面。

以打造“学习型企业”为方向，企业全面实施人才强企战略，积极开展“创新、创优、创效”竞赛活动，加大员工培训力度，着力提升员工素质，满足企业在新形势下对人才的需求。

以构建和谐创业氛围为目标，企业关注员工成长，关爱员工生活，科学

设计绩效管理体系，持续开展暖人心、聚人心活动，切实改善员工“吃穿住行”环境，努力解决员工关心的“民心工程”促和谐。

以“履行社会责任”为出发点，企业配合政府合力推进民间资本发展，解决中小企业贷款难、贷款贵等问题，化解经营风险，带头践行责任关怀理念，推进企业安全健康、节能减排及环保保护，不以牺牲生态环境为代价换取自身发展，实现企业绿色发展，引导和促进资源节约型和环境友好型企业建设。同时，近年来，企业以实际行动助学助教、抗震救灾、扶贫济困、植树造林等捐资8150万元参与社会公益活动，彰显了华峰人的责任和义务，增强了企业美誉度和影响力，2009年，华峰集团被评为“中华慈善突出贡献奖”。

## 五、华峰集团进一步推进“调结构、转方式”的思路

坚持“调结构、转方式”为华峰赢得了行业“翘楚”的地位，在“十一五”期间完成了总资产与营业收入越“双百亿”的业绩。未来，华峰集团将继续走“调结构、转方式”的道路，继续进行产业结构调整和转型升级，通过投资、并购、竞合等方式，在所涉及的行业领域中，在合理的市场和区域布局下，形成纵向延伸、横向拓展的强大的产业链。同时还将加快现代服务业的发展，使金融、贸易、物流等产业成为华峰集团实现跨越式发展的有生力量，力争向下一个五年实现500亿及奋斗十年突破1000亿的宏伟目标迈进。

### （一）提高产品集中度，做强做大主营业务

规模化生产是降低成本、提高竞争能力的有效途径，华峰集团要通过持续不间断发展，做强做大鞋革树脂、革用树脂、氨纶、超纤革等优势产品，进一步提高产品集中度，发挥规模效益，增强自身的竞争实力。

### （二）延伸化工产业链条，多元化发展

向上游延伸，建设集团需求量较大的关键原材料，通过保障原料供应、降低生产成本和提高技术贡献率，获得更大的企业盈利能力和市场竞争实力。为推进华峰集团的可持续发展，应同时围绕苯和丙烯两种原料，选取市场前景广阔、技术先进的己内酰胺——尼龙6系列产品等进行产品链延伸。

### （三）关注化工新材料产业，积极培育新的效益增长极

未来华峰集团将重点关注化工新材料行业，在现有核心产业做强做大的基础上，应积极培育新的效益增长极，依托资源和技术优势，在投资条件成熟的情况下，发展聚碳酸酯、聚酰胺等高性能合成材料，保证企业核心产品不断补充新鲜血液，实现可持续发展。

### （四）优化产业布局，积极争取临港资源

“十二五”期间，华峰集团延伸化工产业链、培育新的效益增长点，需要大量外购原材料。大型化工生产具有原料和产品大进大出的特点，优化产业布局，应首要选择临港地区或者物流较为发达地区。临港已经成为世界各国石化产业发展的重要方向，也成了国内外化工企业竞相争夺的不可再生的宝贵资源。

### （五）贯彻实施节能减排，打造绿色化工企业形象

聚氨酯生产过程中有一定“三废”排放，对周边环境较为敏感。因此，在未来发展过程中将继续贯彻实施节能减排，推行循环经济3R原则，逐步打造绿色化工企业的良好公众形象。

### （六）加强技术开发集成能力，培育创新型技术基地

目前我国石化产业仍处于增长期，但已进入由大到强的转型期，石化市场已由总量供应不足向高端产品结构性短缺转变。因此，华峰集团应抓住国家石化产业结构调整的历史机遇，进一步加强技术综合开发集成能力，培育创新型技术基地，加强在高端石化产品方面的技术开发和产业化实践，培育技术领先优势。

华峰集团将有效发挥聚氨酯行业“领军者”的优势，率先提出成立聚氨酯产业联盟。通过降低技术研发成本、分担研发风险、研发资源互补、共同学习等促进研发联盟集中产业力量加快整个聚氨酯行业技术更新的速度。

### （七）发展现代服务业，有效推动主业发展

坚持做强做大主业的同时，将传统优势产业与新兴现代服务业同心多元拓展，推进华峰集团在转型升级中优化业态结构，实现超常规可持续发展。

发展现代服务业，有效推动化工主业发展。总之，近几年来，华峰集团积极利用全球金融危机所产生的倒逼压力，抓紧做好产品结构调整和转型升级的文章，实现了由单一追求“数量增长”向全面追求“发展质量”转变，由单一追求“规模效益”向全面追求“协同效益”转变。

## 专家点评

华峰集团在成立初期只从事简单的塑料制品加工，具有典型的“温州模式”特色。随着经济技术的快速发展，华峰集团越来越受到这一模式的制约。面对发展的瓶颈，华峰集团积极调整产业结构，果断淘汰技术含量低、盈利能力弱、市场前景差的产品与业务，不断开拓新的领域，先后进入了聚氨酯、氨纶化纤等高新技术产业，与科研院所加强研发合作，持续推进管理和文化创新，研发生产出国内市场紧缺的尼龙66、己二酸等高端化工产品，成功实现了转型升级，最终发展成为一家大型民营化工企业集团，被誉为“新温州模式”的代表。

华峰集团的不平凡发展历程是东部沿海地区民营企业面对急剧变化的市场环境，不畏困难、浴火重生，成功实现新的跨越的一个典范，只有打破固有的思维模式，才能获得思想解放，只有勇于改革、勇于创新，敢于走前人没有走过的道路，把结构调整和技术创新放在企业战略的核心位置，才能闯出一条健康、可持续发展之路，在激烈的市场竞争中立于不败之地。

# 以效益体现价值　用财富回报才智<br>开创氟硅领域新天地

东岳集团有限公司

东岳集团有限公司（以下简称“东岳集团”）出身于民营企业，1987年从38名员工、2只小转炉起步，经过25年发展，企业核心竞争力不断提高，掌握大量自主知识产权，打破多项国外技术垄断，拥有国家级企业技术中心、博士后工作站、泰山学者岗位，先后承担了国家重点火炬计划、“863”计划和“十一五”、“十二五”科技支撑计划等重大科技项目，成为中国氟硅行业龙头企业、亚洲规模最大的氟硅材料基地，列全国科技竞争力500强第4位，中国石油化工行业百强第25位，税收贡献居淄博市地方企业之首，山东省纳税百强企业第35位。

东岳创新人才机制，打造科技核心竞争力，“以效益体现价值，用财富回报才智”的人才创新机制，成为企业快速、高效发展的核心源泉。

## 一、依靠人才，走出了一条“起步发展——转变发展——跨越发展——创新发展”的科学发展之路

东岳25年发展之路，主要是凝聚人才形成人才链，依靠人才形成创新

链，凭借创新形成产业链，从而实现了科学发展。

**起步发展：**通过聘人传技实现市场立足。1987年，38名最高文化程度为高中的农民，从数百里之外的济南拉回来两台被大厂淘汰的小转炉，开始生产无水氟化氢。当时，没有一名技术员，没有自己的市场，参加行业会议没有资格进入会场，只能在晚上找人了解点信息。东岳通过聘请节假日和星期天工程师，以及聘请国有企业退下来的老技术员、老专家，到企业进行传帮带。企业每年都进行规模扩张和技术工艺改造，五年内单套产能由600吨提高到1200吨、3000吨、6000吨、7000吨、1万吨、1.5万吨……实现了“量变”，在激烈的市场竞争中终于有了一席之地。

**转变发展：**通过联袂高校实现发展转型。1998年初，公司了解到清华大学朱明善教授在制冷剂替代品研制方面取得重大突破的信息。公司通过多方努力，促成了与清华大学的合作。在双方的共同努力下，先后成功开发了绿色环保制冷剂系列产品20多种，成为我国唯一自行研制开发，并被美国、西欧等国家和地区环境保护署认定推广的带有绿色标志的制冷剂替代品，获得国际统一编号，荣获国家技术发明奖。东岳先后与国内20多家高校和科研机构合作，实现了发展内涵由单纯资源消耗型向绿色环保型的“质变”，跨入国家级高科技企业行列。绿色环保制冷剂已达30万吨规模，产能、技术和市场占有率居全球第一。

**跨越发展：**通过整合人才占据发展前沿。企业转型后，公司紧紧围绕国家的重大工程、重点产业、关键领域，依托现有产品、技术、人才、资金、市场等优势，全力整合各方面创新型人才资源，集中优势资源实行重点突破，由新环保领域向新材料、新能源领域拓展。含氟高分子材料聚四氟乙烯（PTFE）号称“塑料王”，广泛应用于航空航天、尖端技术以及国民经济各领域。几十年来，我国生产的这种产品的质量、工艺水平一直与发达国家有很大差距，高档产品长期依赖进口。

2001年，东岳公司联合北京、上海、西安等十几所高等院校、科研院所有机氟研究行业的30多名顶尖专家，整合国内外最先进的技术，仅用了11个月时间，就成功上马了3000吨PTFE装置。目前，已发展到单体5.5万吨、聚合物3.5万吨规模，规模和市场占有率雄居全球第一，成为与美国、日本比肩的世界PTFE三大生产基地之一。之后，30万吨有机硅一期工程于2007年11月投产，二期工程于2010年12月投产，生产能力跻身国内前列。

有机硅被称为“工业味精”，是国民经济发展中具有重大战略意义的新材料。目前，东岳形成了绿色环保制冷剂系列、含氟高分子材料系列、氯碱氯甲烷系列、有机硅系列四大循环经济产业链条，每一产业链条都是整合创新型人才的创新链，使企业经营收入连年翻番，创新型人才的创造价值得以充分显现。

从生产初级化工原料到尖端高科技产品，从乡镇企业到全国重点高新技术企业、国家级新材料产业化基地骨干企业，从没有市场到成为大金、三菱、苏威、海尔、海信、格力、美的、长虹等国内外知名企业的优秀供货商。公司依靠整合创新型人才，20年走过了国外同行企业50年走的路。

**创新发展：**通过自主创新实现引领发展。氯碱工业是我国国民经济的重要基础产业之一和化学工业的两大支柱产业之一。全氟离子膜氯碱技术是20世纪世界化学工业突出成就，与过去的氯碱技术相比，它具有环保、节能和提高产品品质等突出优势。我国现有氯碱工业装置规模已超过3000万吨，成为全球第一氯碱生产大国。离子膜是氯碱工业核心设备电解装置的核心材料，之前100%依赖进口，是制约我国基础产业氯碱工业可持续发展的瓶颈。从1980年开始，国家组织全氟离子膜攻关达30年之久，一直没能攻克这一世界性难题。2002年，东岳集团发挥氟材料产业大平台优势，与上海交通大学联合开展离子膜攻关。项目研发团队从基础理论研究开始，从初级原料出发，以百折不挠的拼搏精神和严谨求实的科学精神，历时8年科研和工程技术攻关，先后解决了科学、技术、装备和工程等一系列难题，建成了单体生产装置、树脂合成装置、助剂生产装置、膜成型挤出装置、膜定形转型涂覆装置等一系列实验和生产装置。

2009年9月22日，氯碱工业用大面积全氟离子膜成功下线，实现产业化，并于2010年6月成功应用于万吨氯碱装置，实现了离子膜市场化应用和国产化替代。该装置采用国产化的核心设备电解槽和核心材料国产离子膜，成为中国第一套万吨级国产化氯碱装置。目前装置运行平稳，各项技术指标及产品质量均达到杜邦等同类企业水平，结束了我国氯碱工业长期受制于人的历史，不仅使氯碱企业节省5亿～7亿美元外汇，而且直接促成国家淘汰全部落后石棉隔膜装置（多耗能，50亿度/年）政策的制定，列入国家发展和改革委员会2010年《产业结构调整指导目录》，为节能减排和产业升级做出了重要贡献。

与此同时，我们还开展了含氟功能膜材料系统化科技攻关，为国家新能源战略提供关键支撑。含氟功能膜材料具有其他高分子膜材料无法替代的超强稳定性、超强耐化学介质性能和超强的酸性，已成为太阳能电池、燃料电池、储能电池、氯碱工业、军工、航空航天等领域关键的膜材料。由于我国氟材料人才缺乏，高端产品研发投入不足，特别是氯碱工业和太阳能、氢能燃料电池工业用含氟功能膜材料仍需要全部进口，成为制约我国基础产业和能源产业可持续发展的瓶颈。我们在膜材料领域的科技突破，有力地推动了我国系列含氟功能膜材料，如F46膜、F40膜、PFA膜等的加工应用，燃料电池膜电极技术的开发将推动我国正在研发的燃料电池潜艇的研发进程。改性聚四氟乙烯树脂的制备不仅使用了氟材料行业最重要的四氟乙烯和六氟丙烯两种全氟乙烯基单体，而且其制备技术、后处理技术对开发其他含氟聚合物如用于全氟辛酸氨的替代的含氟醚油、特种工程材料含氟聚酰亚胺等具有开拓性的意义。

## 二、创新人才机制，让效益的创造者成为人生价值的实现者；让才智的贡献者成为财富的拥有者

人才是科技创新和企业发展的第一资源，人才工程就是革新管理，人才工程就是核心竞争力，人才工程就是科技力量，人才工程就是创造未来。东岳创建的“以价值体现价值、用财富回报财富”的人才机制，就是着力将东岳打造成一个这样的创业平台：让创造价值的人在东岳能够实现人生价值，让创造财富的人在东岳能成为财富的拥有者。李克强副总理到桓台视察实践科学发展观时亲自将东岳“以价值体现价值，用财富回报财富”的人才理念修订为“以效益体现价值，用财富回报才智”，其内在涵义变为：让效益的创造者，成为人生价值的实现者；让才智的贡献者成为财富的拥有者，使东岳的人才理念更细化、更贴切。李源潮部长到东岳视察时，对公司提出的人才创新机制给予了充分肯定。中组部调研组还专程到公司实际工作一周，对东岳的人才机制进行深入调研，在中组部《组工通讯》刊发了介绍东岳公司人才工作的长篇调研报告，向全党推广东岳的人才创新经验。中组部领导在焦点访谈接受采访时专门讲到东岳的人才理念，山东省委书记姜异康在《人民日报》撰文，将东岳这一人才理念上升为全省的人才理念，《中国人事报》整版刊文介绍了集团人才创新机制，国内一批主流媒体也全方位介绍了东岳的人才创新经验。

东岳“以效益体现价值，用财富回报才智”的人才创新机制在具体实践

中以“三大人才机制”来具体体现，为人才搭建起了一个良好的创业平台，大量人才涌入东岳，并在这里建功立业。

### （一）“不求所有，但求所用”的人才整合机制：整合多少人才便拥有多少人才，把企业的科研机构建进高校

东岳地处乡镇，与大城市相比，聚集人才并不占先机。针对这一实际，东岳集团打破原有的人才归属观念，并不是户口迁过来，有工作关系、全日制在公司工作就是东岳的人才，在人才管理开放，交通、通讯、信息高度发达的当今社会，能整合到多少人才便在事实上拥有多少人才。东岳集团为此建立了“不求所有，但求所用”的人才整合机制，采取多种行之有效的措施，积极整合利用各类人才资源。

东岳按照产业定位和发展方向，积极主动地与高校和科研机构联合，建立“产学研”合作关系，借智发展。1999年，东岳与清华大学联合研发新型环保制冷剂，把东岳清华新型环保制冷剂研究所直接建到了清华大学。2002年，东岳与上海交通大学联合进行离子膜项目攻关后，在上海交大成立了东岳上海交大高分子材料研发中心。以科研项目为依托，东岳还先后与中国科技大学、北京化工大学、华东理工大学、山东大学等二十多所国内高校和科研机构进行了密切合作，并与欧盟第六框架协议，俄罗斯、加拿大、法国等国的国家科学院，荷兰能源研究所，以及奔驰、巴拉德、3M、通用汽车等著名企业的研发机构建立了合作关系，在氟硅材料研发方面打破了一系列国外垄断，取得了大量自主创新成果。

### （二）“特殊人才特殊政策”的人才引进机制：“一人一策、一事一议”，人才的需要就是东岳的政策，不给人才进入东岳设限

随着国家科技体制、科技方针的转变和企业是自主创新的主体这一科技体制的建立，东岳集团建立了“特殊人才特殊政策”的人才引进机制，打造自己的人才高地。东岳为人才创造良好的工作生活环境，先后争取到了博士后工作站、“泰山学者”岗位以及国家“863”计划、国家重点火炬计划、国家“十一五”重大科技支撑计划课题等项目研究；投资2亿元建设了国内一流标准的东岳研究院。目前，东岳投资10亿元的国家功能膜材料中心和国际人才交流中心，以及为高层次人才建设的东岳专家公寓正在规划建设中。

在人才引进中，“只要有利于创新，你来我就要”，“只要有真才实学，你

敢要我就敢给”，“人才需要就是东岳的政策”。为支持离子膜科技创新团队的工作，公司授予课题带头人张永明博士“三定大权”，即招聘什么样的人，安排什么职务，工资待遇和岗位都由张博士定，为离子膜研发提供全力支持。目前，东岳已从北京大学、清华大学、中科院等院校引进近百余名博士、硕士。

### （三）“赛马而不相马”的人才选拔机制：重学历、重职称、重工作经历，但更注重实际能力和工作业绩，搭建公平、公正的竞争平台

东岳集团一直坚持“以用为本”，用业绩证明自己，用能力赢得尊重，用作为赢得地位，用品德赢得信任。公司赛马而不相马，不背高学历、高职称和原工作经历的包袱，根据实际能力和为企业创造的价值确定报酬。职位能上能下，进口和出口同时打开，极大地激发了人才的活力和创造力，一大批从工作实践中培养和锻炼成长起来的“永久”牌人才脱颖而出。东岳集团副总裁、东岳研究院院长张恒，从一名普通员工干起，靠着勤于学习、埋头苦干、勇于创业的精神，成长为一名氟硅行业知名专家和优秀职业经理人，现已拥有发明创造专利数十项。他带领高分子材料公司，仅用5年时间就把聚四氟乙烯装置规模发展到2万吨/年，技术水平和市场占有率均居世界第一位。这样的例子在东岳还有很多，带领东岳进出口团队连续多年在全国同行业进出口贸易夺冠的赵素芳，8年时间从一名普通大学毕业生成长为东岳有机硅公司副总经理兼总工程师的伊港都是在公司公平、公正的人才平台上成长起来的。公司还坚持上一个项目发现一批人才、培养一批人才、使用一批人才，对培养使用人才与项目建设一并进行量化考核，让优秀人才在项目中脱颖而出。

## 三、高端引领、以用为本、尊重创造、尊重人才，挖掘人才最大潜能

对于人才的使用，“高薪养才”固然重要，但更重要的是，激发他们创新的热情，为他们提供创新、创造的土壤。对于人才，在东岳，更渴求、更尊重、更放手。通过“高端引领、以用为本、尊重创造、尊重人才”发展之路，使“以效益体现价值、用财富回报才智”的人才创新机制得以有效实施。

## （一）给平台，让人才专有所用

“没有一流的人才，就没有一流的产业”，东岳舍得投入，为科研人才创造最好的科研环境、提供最好的科研设备。一是建立科研平台。企业投资2亿元建成9000平方米的东岳研究院，建成13个研究室，拥有国内一流水平的有机合成、特种高分子材料制备等专业大型试验仪器和检测设备，成为承担国家重点科技项目和公司科技研发的主阵地。东岳正在规划建设投资10亿元的“国家功能膜材料工程技术中心”和“国际人才交流中心”。企业还先后承担了国家“863”、国家“十一五”等多个国家及省级重大项目合作，建立了博士后工作站、泰山学者岗等。二是建立研发体系。企业通过“产学研”合作及与国内外科研机构建立合作关系，用市场化的手段与科研机构、高等院校结盟，借助外力进行科技创新。企业充分整合科技研发资源，与清华大学、北京大学、上海交通大学等20多所高校和科研单位建立了合作关系，与奔驰公司、法国科学院、荷兰能源中心、俄罗斯国家科学院、加拿大巴拉德动力系统公司和美国通用等展开合作。三是建立科研联盟。东岳发起创建了以东岳为主体的氟硅功能材料产业技术创新战略联盟，已经有29所中外高校和科研机构加盟，并成为20家山东省首批产业技术创新战略示范联盟之一。

## （二）给舞台，让人才实现价值

对于人才，东岳不拘一格，用人所长，给人才提供发展舞台。为了便于人才选拔，东岳设立了“伯乐奖”。无论是在企业内部发现的人才，还是对外引进的人才，除为人才提供平台和舞台外，对于发现人才的“伯乐”，企业同样给予重额奖励，使人才使用更具活力。特别是企业内部人才选拔，不背高学历、高职称和原工作经历的包袱，解决实际问题的能力和业绩成为评判人才的重要标准。同时，让专业人才进入管理团队，发挥人才的专业知识，为企业提供战略决策依据。

集团层面决策班子有2～3名财务、科研专家，公司经营班子有1～2名财务、科研专家。离子膜科研带头人张永明博士成为东岳研究院的副院长，清华大学博士王鑫到东岳后，积极开发新型环保制冷剂新产品，他研制的东岳3号制冷剂实现年销售收入8亿元，成为中国绿冷替代的主力军，被破格提拔为东岳化工有限公司班子成员、总经理助理。东岳高分子公司总经理助理、博士夏俊，将专业知识带到生产一线，提出了一系列工艺技改、技术革新的良好建议，落实了大量节能、节电及技术改造项目。

### （三）给财富，让创造财富的人才拥有财富

在东岳，对所有中层以上科技人员，每年进行两次业绩考核，按创新成果定薪酬，以贡献论英雄。对做出重大贡献的创新型人才，专门设立“董事长总裁特别奖”、“优秀专家奖”、“研发创新奖”、“市场开拓重大贡献奖”等多项奖励。2007年东岳上市后，对公司中层以上科技人员以及重大科研项目的聘用专家，实行期股期权制度，推动人才资本化，把集团利益与人才利益紧密联系在一起，形成了企业与人才共命运的分配激励机制。目前，200余名管理技术骨干拥有东岳股权，期权更是成为了公司重要的分配形式，仅最近一批便授权213人1.5亿股。东岳每年的奖励数额也非常大，2010年集团奖励额为1729.28万元，2012年上半年奖励额就达到2200余万元。离子膜科研团队先后五次获得“董事长总裁特别奖”，奖励高档轿车3部，中档轿车12部，奖金额最高的一次为100万元。据统计，目前公司拥有千万资产者达100余人。最先来东岳的科研人员，65%成为了科技富翁。极大地调动了科研人员的主动性和创造性，科技创新热情空前高涨。

### （四）给荣誉，让人才更加有地位

对于高层次人才来说，高收入并不是让他们留在东岳的唯一因素，财富并不是他们实现自己人生价值的唯一标准。对于人才，东岳不仅充分激发人才创造活力，让人才成就事业，获得财富，还要让他们受到尊重，让他们真正享有成就感、归宿感、幸福感。东岳整合各类社会资源，尽最大可能地为人才争取荣誉，提高人才的社会地位。领军离子膜研发的张永明教授，经公司推荐，被省政府授予山东省人才的最高荣誉——“泰山学者”，参加了省委、省政府统一组织的专家休假活动。对在企业创新发展中做出突出贡献的张恒，经公司推荐，先后被评为山东省十大杰出青年、山东省优秀共产党员、“感动淄博”年度人物。通过多种形式，对创新人才的业绩和风范大张旗鼓地宣传，营造尊重创新、支持创新、鼓励创新的良好环境。

### （五）实行“保姆式”服务

给予人才最优越的工作生活环境，提高他们的归属感。企业建立了定期

交流、走访慰问、集体谈心等制度，倾听人才的意见建议，了解他们的实际困难，切实解决他们的后顾之忧，实现了集团领导与人才“零距离”，让他们真正享受“家”的温暖。考虑到张永明教授研发实际和生活需要，公司在县城为其购置了高档公寓、全套家具，配备了高级专车、工作助理、生活助理等，还把他的母亲、姐姐等亲属接到桓台安家落户并安排工作，真正让他心无旁骛地投入离子膜研究。张永明教授说：“我只是一个普通的教授，在东岳干成了自己想干的事，没想到东岳会考虑得这么周到，会给我这么多。”

2011年10月份，公司投资5000万元建设的公租房一期项目投入使用，850名科技和高层次人才搬入新居，公租房内生活娱乐设施齐全，极大方便了科技人才的生活起居。据统计，东岳集团高级人才的流失率不到2%。

### （六）包容个性，让人才更受尊重

创新需要独特的思维，需要独辟蹊径，需要打破常规，就不可避免地在人才身上出现一些与企业常规管理不相融的“个性”存在。在东岳，对于人才，始终坚持“你什么都不要考虑，放开干，其他事情公司处理”。企业坚持尊重创新型人才的特殊禀赋和个性，包容特点，宽容失误，在必要的时候给予必要的理解和支持。同时，企业还特别尊重人才的时间安排，让他们“来去自由”，基于科技创新活动的特殊性，公司规定，凡是与创新有关的一切科研行为、学术活动等，在时间安排等方面由创新型人才自己定。离子膜研发的关键时刻，公司董事长张建宏承担了大部分的风险和压力，他对科研人员说：“大家放心大胆地干，一切风险都有东岳顶着，有我顶着！”2009年第一批大面积工业用离子膜成功下线后，张永明博士给张建宏董事长发了条短信：“感谢您支撑着我们走了8年，感谢您一直陪伴我担惊受怕了8年。包容个性，宽容失败，让专业人才能够更自如的放开手脚去创新和创造！”

## 四、东岳创新人才机制、打造科技核心竞争力的几点体会

东岳实现科学发展关键在于重视人才、凝聚人才、使用人才。通过多年的人才机制体制创业实践，企业有以下几点体会：

**体会之一：**打造人才高地，实现科学发展，必须有先进的人才理念。“以效益体现价值，用财富回报才智”，就是要充分发挥企业培养造就人才的功能，以市场价值实现人才价值，用创造的财富回报财富的创造，是“尊重劳

动、尊重知识、尊重人才、尊重创造”的具体实践，也是一种新的价值观和财富分配观。

**体会之二：**打造人才高地，实现科学发展，必须有人才体制机制创造为保证。把握人才开发与流动规律，创新吸引人才、培养人才的体制机制，不断完善政策体系，增强对各类人才的吸引力，是做好人才工作的关键。东岳在不占地理优势的情况下，坚持“不求所有、但求所用”的人才整合机制，“特殊人才特殊政策”的人才引进机制和“赛马而不相马”的人才选拔使用机制，从而为人才高地的打造广开渠道，提供了保证。特别是突出创新团队建设，大力引进引领自主创新的领军人才，实现引进一个领军人才带起一个创新团队、带起一个新兴产业、形成一个新的经济增长点，坚持在创新实践中发现人才、培养人才，在创新事业中凝聚人才、锻炼人才，让人才在东岳这个平台上有活力、有创造力。

**体会之三：**打造人才高地，实现科学发展，必须坚持以优化环境为保障，爱护人才、服务人才。创新需要尊重、需要自由、需要支持。良好的人文环境是有效激发人才创造力的重要保障。公司“保姆式”的周到服务和以人为本的体贴关怀，使汇聚于此的各类人才具有归属感、荣耀感和成就感，并且转化为持续的创新动力、创造活力与创业激情。因此，要关心、爱护、理解、信赖创新型人才，扬长容短，尊重个性，包容特点，实行个性化服务，切实解决其后顾之忧。要尊重创新自由，为人才提供最开放、最开明、最开心的“软环境”，切实帮助他们干好事业、实现价值、受到尊重。要广泛宣传优秀人才的作用和贡献，努力形成鼓励创新、支持创业、宽容失败、信任理解的良好氛围。

25年来，东岳集团坚持科技创新，有力地促进了产业结构调整和发展方式转变，在各级领导和兄弟企业的支持帮助下，取得了一些成绩。我们将继续努力，以实际行动报效国家、感恩社会。“十二五”期间，我们将以“打造全球膜材料基地、争创世界级品牌公司”为目标，着力建设千亿级氟硅材料产业园区。一是建成国家膜材料工程研究中心和国际人才交流中心，以功能膜材料研发基地为重点，内建体系，外建联盟，积极开展国内外行业技术交流和科研合作，全面提升东岳核心竞争力。二是以循环经济理念完善产业链，把形成价值链、配套链、资源链作为新的增长点。三是通过四个集中（每年投入3亿元集中突破一批关键技术，投资30亿元集中提升一批关键装备，集中研发一批高新产品，集中培育一批创新人才）使东岳在国际氟硅材料领域有标准的制定权、发展的话语权，使“十二五”成为东岳集团实现更高层次、跨越式发展的黄金期。

## 专家点评

东岳集团从一家名不见经传的民营企业发展为氟硅领域的知名企业，与张建宏为代表的东岳集团领导层倡导的独特人才机制密不可分，可谓“披荆斩棘，逢难则轻身坚进；绝甘同苦，遇仕则推腹不疑”。自创业以来，东岳集团一直瞄准行业尖端技术开拓进取，从无水氟化氢、环保制冷剂、聚四氟乙烯乃至全氟离子膜的开发过程中，无不体现东岳人积极进取、不畏艰难、坚忍不拔的创新精神。东岳集团对人才高度重视，为吸引人才，挖掘人才潜能，创立了独特的人才整合、引进和选拔机制。张建宏董事长爱惜人才的事例，更是在行业内传为佳话。

东岳集团成功的核心是他们重视人才、凝聚人才、使用人才的独特人才机制。这个机制吸引了一批高素质人才，搭建创造热情的舞台，不断激发人才创新，促使科技成果不断涌现，企业实现了几次跨越式发展，逐步发展壮大，成为一个拥有多项自主知识产权尖端技术，赶超国际水平的高科技企业。

东岳集团独特的人才机制是东岳领导层集体智慧的结晶，更是引领行业发展不可多得的瑰宝。在当前行业面临“调结构、转方式”的关键时期，东岳集团的人才机制模式极具推广、示范效应。

创新探索

The Path of Innovation

# 立体实施转型战略<br>推动企业跨越发展

浙江新安化工集团股份有限公司

浙江新安化工集团股份有限公司（以下简称“新安”或“新安集团”），总部位于杭州建德市，创建于1965年，1991年组建集团，1993年完成股份制改造，2001年9月上市。集团下设3个事业部、5家工厂，拥有下属子公司20余家。新安连续多年入选“中国最具价值上市公司”之列，为中国制造业500强、全球农化销售20强企业。

新安作为国家创新型企业、国家重点高新技术企业、浙江省技术创新试点企业，先后被评为“全国资源综合利用先进企业”、“全国石化行业技术创新示范企业”、“环保先进企业”和“节能先进企业”。

## 一、发展循环经济，提升主业竞争力

新安主营农用化学品、硅基新材料两大产业。草甘膦是一种性能优异、环境相容性好、毒性低的非选择性除草剂，是全球用量最大和增长最快的农药品种。新安草甘膦是中国名牌产品，也是全球市场上最具竞争力的产品，年产能8万吨，居亚洲第一、全球第二。有机硅是极具市场前景的具有优异功能的新材料。有机硅单体是合成有机硅材料的基础原料，是发展有机硅产业的瓶颈，全球80%以上的市场及关键技术为美国道康宁、美国迈图等五大跨国公司所垄断，国内目前高端有机硅产品仍然依靠进口。新安集团是国内主要的有机硅单体生产企业，年生产能力10万吨，并以控股方式与迈图公司合资建设技术一流的10万吨单体装置。

在新安的发展进程中，具有重大意义的事件主要有：一是组建集团。20世纪90年代初，建德化工厂和建德农药厂合并，以股份制的方式实现两家企业新的组合，形成了既有资金、又具产品的新局面，并于1993年完成了股份制改造，企业面貌焕然一新。组建后的集团公司利用募集资金，迅速对草甘膦生产装置进行技术提升和扩建，当年产量就从500吨跃升至2000吨，生产规模跃居亚洲首位，当年实现销售收入1.54亿元、利润1316万元，分别同比增长40%和59.2%。二是首创氯元素循环模式。1997年，新安科研部门在行业内首先发现草甘膦生产过程中有氯甲烷废气产生，并成功将其回收用于有机硅单体的合成。这一成果在有机硅和草甘膦两大生产体系间架起了桥梁，最终形成了草甘膦–氯甲烷–有机硅这一独具特色的循环产业链，不仅综合利用了废弃资源，而且推动实现了产业从农用化学品到硅基新材料的升级。三是成功上市。2001年9月，新安以高新技术企业身份通过“双高”论证，新安股份（股票代码：600596）在上交所挂牌交易，成功融资2.8亿元，新安由此打通了迈向资本市场的新途径，建起了全新的资金链和财务体系。融资渠道的贯通使新安如鱼得水，为企业发展注入了强大动力，2008年新安实现销售收入72亿元，利润总额达21亿元，同期技术经济指标达到历史峰值。

回眸历史，新安从组建之初的一个产值不足亿元的传统农药化工企业，发展成为具有较强实力的科技型上市公司，新安人写下了充满艰辛和蕴含希望的答卷：综合利用效果显著，基本实现动态产销平衡，主要技术保持国内领先。这些可以用数字来佐证：截至“十一五”末，集团资产总额达到60亿元，销售收入实现翻番，五年累计营业收入218.27亿元，较“十五”期间增长233%。新安在取得了骄人业绩的同时，也积累了引领未来发展的宝贵经验和有益启示，主要有四个方面：

一是坚持自主创新，发展循环经济。新安一直重视技术创新，把企业的技术创新与产品的发展和结构调整有机地结合起来。注重创新体系的建设，建成了以技术中心为核心，事业部、专业研究所、工厂课题组为支撑，集院士工作站、博士后工作站、省级企业研究院等创新平台于一体的技术创新体系。积极探索面向市场、有利于提高技术创新能力和经济效益的技术创新运行机制，形成了适合现阶段发展的研发投入、课题运作和激励机制，并在内部形成了良好的竞争氛围和科研文化。通过多年积累，新安已培养了一支稳定的技术人员队伍，具备较强的自主创新能力、社会智力资源利用能力和科技成果转化能力。近几年来，每年完成各类科研项目40余项，多次承担国家科技攻关项目及省、市重点科研项目，已获授权发明专利72项，获得国家、省部级科技成果20余项，有效保护了主导产品的关键技术。

新安紧紧依靠技术创新推动循环经济发展，实现清洁生产。新安在国内率先实现了黄磷生产污水的闭路循环；实现了用沉淀磷泥生产磷酸，再用回收磷酸生产农用磷酸二氢钾等十几个磷化工产品；实现了将废弃的磷渣用于生产水泥等一系列综合利用。新安不仅在草甘膦和有机硅两大产业间实现了氯元素的循环利用，还将生产草甘膦的溶剂、催化剂进行回收重复利用，将有机硅副产物通过反应转化为有用的有机硅单体，将锅炉余热用来发电等。清洁生产既减少了污染、提高了经济效益，使产业链价值得以发挥，也带动提升了国内行业技术水平和国际竞争力。

二是坚持节能减排，实现可持续发展。新安作为一家大型危化品生产企业，利用技术进步和产品结构调整，不断主动地淘汰高危险、高污染、高能耗的产品和工艺，积极发展国家鼓励的新农药和新材料，使产品能耗水平居行业领先，适应了钱塘江流域对环境保护和安全生产的严格要求。新安通过技术水平的提高和“三废”资源的综合利用，使“三废”的产生量明显低于国内同行。特别是2005年以来，新安积极配合支持浙江省“811”环保整治工作，在环保方面投入专项资金超过3亿元，重点加强对危化品产、运、储各环节安全隐患和环保的整治，在“三同时”基础上加大对环保硬件设施的投入，增设防控突发环境污染事故的应急设施，并多次协助举办了全省消防、环保应急演习。

三是参与国际竞争，有竞争有合作。新安始终坚持“充分竞争、适度合作”原则，敢于参与国际竞争，并从竞争走向合作。中国的草甘膦出口自1995年起至今先后遭遇了欧盟、澳大利亚、巴西、阿根廷等国的反倾销类的起诉12次，从欧盟到澳大利亚，从澳大利亚到阿根廷、巴西，从草甘膦到有机硅，从去国外应诉到在国内发起诉讼，新安作为行业的龙头企业，积极带头或独自应诉，在关键时刻取得了关键胜利，为中国草甘膦产业的发展夺取了空间。2006年，以新安为主的中国有机硅企业还向跨国公司发起了有机硅反倾销诉讼，并获得了胜利。新安这种敢于据理抗争的精神赢得了对手的尊重，同时新安主动开展竞争与合作，目前在两大主业上都与跨国巨头有着不同层次的合作。

四是常存危机意识，主动把握机遇。新安的发展史就是一部在危机中求生存、谋发展的历史，新安能够做大也是因为始终保持着清醒的头脑。对内以技术创新和管理创新为突破口，提质降耗、节能减排，苦练内功；对外利用公司良好的品牌形象，抢抓市场机遇，尤其是国外订单，始终做到在不停产不限产的情况下力保动态产销平衡。同时，科学决策、积极把握产业发展机遇，按计划、分步骤地推进项目建设，进一步调整产品结构、完善产业链、提升主业竞争力，保持了新安在行业中的领先优势，为实现新的跨越奠定了坚实基础。

## 二、实施“四大战略”，加快企业转型升级

自2008年金融危机爆发以来，世界经济跌宕起伏，实体经济面临错综复杂的市场环境，新安两大主业的发展乃至生存都受到了前所未有的挑战。除成本、资金等因素外，压力主要来自于市场，包括三个方面：一是项目重复建设、扎堆上马。二是需求萎缩、市场低迷。三是国际竞争对手的打压。总体看，草甘膦、有机硅供过于求的局面短期内难以改观，市场恢复的进程将一波三折。

面对严峻的经营形势，新安以科学发展观为指导，立足当前、着眼长远，本着“执着追求、持续创新”的企业精神，坚持在调整中发展、在发展中调整，努力做大做强主导产业。当前，新安正在走出一条战略导向下“四轮驱动”的跨越发展之路，即以产业结构调整为龙头、以技术进步为支撑、以体制机制创新为基础、以文化“软实力”为保障，立体式、全方位地实施“四大战略”：

### （一）产业链延伸战略

新安坚持以前瞻性的思维，立足未来的竞争态势来推进产业布局调整，明确了产业链纵向拉长、上下延伸的发展思路。

1. 推进产业布局优化

近年来，新安围绕价值链潜能挖掘，借助上市公司融资平台，加快并购重组和市场整合步伐，实施了一系列的市场并购和对外合作，全线打通了两大主业的上下游产业链，使新安的行业地位进一步巩固，竞争力进一步凸显。“十一五”期间，新安相继设立了泰兴兴安、绥化新安，并购重组了镇江江南化工、广东新安天玉、宁夏新安科技公司。

通过这些举措，新安成功化解了横亘在两大主业之间的瓶颈，产业布局趋于合理：农化产业主要分布在浙江、江苏、宁夏三个区域；有机硅产业以“一体两翼”的方式发展，在本埠主要发展有机硅单体及高分子材料，在开化合成发展以三氯氢硅－偶联剂循环体系为主的精细化学品，在新安天玉发展以混炼胶、液体硅胶为主的功能型硅基新材料；无机硅产业向矿产资源丰富、要素成本较低的区域拓展，以硅矿冶炼与加工为主，先后完成了在浙江、西南、东北的布局。

2. 推进产业结构升级

主业持续发展。目前，新安已具备上中下游产业一体化发展的产业集群。近年来，新安一方面巩固和提升在草甘膦上的总量规模优势，同时通过草甘膦原药的延伸创新，让老产品不断焕发出新的青春，实现差异化发展；利用专利原药延伸创新优势，大力发展制剂产品，先后开发了草甘膦铵盐及草甘膦钾盐系列高附加值制剂品种，使新安成为品种最为丰富的草甘膦制剂企业；积极培育包括杀虫剂、杀菌剂在内的其他农用化学品，增加产品多样性，已形成了以草甘膦及草甘膦盐为基础的制剂系列产品。有机硅产业重心则由单体合成逐渐转向下游加工与单体合成并重，形成了从硅矿冶炼到硅粉加工、从单体合成到下游制品加工的完整产业链，完善了硅橡胶、硅油、硅树脂、硅烷偶联剂四大系列产品，新安成为国内首家拥有全产业链优势的有机硅企业。

配套更为完善。为提升企业综合实力和竞争力，新安不断增强为主业配套的能力，并促使辅业外拓市场，开辟发展空间，提高独立生存能力。新安热电采取热电联产方式，在保障集团各单位水电气供应的同时，还为园区其他企业提供热电支持。新安物流发挥危化品运输优势，加快全国布点，形成大物流体系，运、储、贸三措并举，外部业务比重逐年增加。新安包装引进国内领先的中空吹塑设备、符合国际标准的钢桶自动生产线，不仅保障集团内部各类纸箱、钢桶供应，而且为传化花王等外部客户提供各种液固包装物。

新安的现代服务业板块已初现雏形。

多元化迈出坚实步伐。新安于2008年控股杭州化工研究院，使之成为集团高层次的创新平台，杭化科技作为其成果产业化基地，不但向宝钢、神华等企业供应乙烯生产助剂，也是中石化、中石油定点的炼油助剂供应商。2010年，新安认购新安小额贷款公司新增股权，成为该公司第一大股东，丰富了集团公司投融资和创效渠道。去年，新安还注资2000万元设立了新安创投公司，从事高新技术产业股权投资，成为新安实施资本运作的载体，同时也是新安进军新领域的探路器、培育新项目的孵化器。

## （二）终端化战略

产品的终端、市场的终端才是价值链的高端。新安将产业链向下延伸的目标在于使自身从同质化竞争中突围出来，大幅提升产品盈利能力和价值空间。

1.推进产品终端化

新安不遗余力地集中大量资源推动两大产业向终端延伸。在农化产业方面，新安大力实施产品结构优化与升级。一是淘汰磷酸、甘氨酸等弱势品种，强化了草甘膦主导产品的规模优势。二是增强制剂产品研发能力，推动产品结构重心由草甘膦原药向剂型产品转移，主要方向包括：水性化，减少污染，降低成本；粒状化，避免粉尘飞扬；高浓度化，减少载体与助剂用量，减少材料消耗；功能化，更好地发挥药效。新安在杭州马目–南峰高新技术园区投资兴建了绿色剂型中心，该项目年产能为10万吨剂型产品，一期已于2010年3月投运，二期现已基本完成。三是积极响应国家部委关于淘汰10%水剂的公告要求，持续改良配方及工艺，提升助剂技术含量，下大力气主攻30%以上高浓度品种。在有机硅产业方面，新安着力将产业链向终端化、精细化方向延伸，加快新品研发及成果转化，提升产品科技含量和附加值，强化细分市场中的产品优势。2009年以来，集团公司先后投入10多亿元，用于有机硅下游产品的研发与生产。截至目前，下游产品产能已完全消化了自产单体。

2.推进市场终端化

市场终端化的最大特点就是差异化，即需要面临成百上千的客户、千差万别的需求。在终端市场，渠道建设、网络布局、销售策略、服务能力等成为企业竞争力的核心要素。针对这些要素，新安大力推动“三个转变”：

一是从卖原料、卖中间体向卖终端产品转变。新安在将产品向下游延伸的同时，大力拓展农用化学品、硅基新材料两大终端市场。农化方面，新安已建成了以品牌、品种和规模优势为支撑的终端销售网络。有机硅方面，通过创新和完善订单生产、终端拉动的商业模式，下游行业布局、客户结构不断优化，实现了对市场的强势突破。

二是从单纯的产品供应商向优质的服务提供商转变。市场终端化不仅带来了从“卖产品”到“卖服务”、从“坐商”变成“行商”的理念变化，还带来了服务对象、服务方式的变化，更多的是面向直接用户的服务、一对一的服务、应用技术的服务。基于此，我们通过抓好内部协作互动，促进产销研无缝对接，建立了问题解决机制、反馈沟通机制、快速反应机制；通过健全完善服务网络，充实一线的专业技术服务力量，提升为客户提供及时服务、增值服务、差异化服务的能力；通过加强营销人员技术培训，提高在农药安全使用、硅橡胶应用技术等方面的服务指导水平。

三是从做销售向做市场转变。新安明确地提出“谁掌握渠道和终端，谁就掌握了市场竞争的主动权”这一理念，将“增强终端控制力”作为砥砺锋刃、亮剑市场的终极目标。为此，新安以既有的市场网络为资源，不断通过新品研发和利用社会资源，增强网络中的产品元素、品牌元素，使市场网络的服务功能、配套功能更加完善。其中，农化事业部强化终端市场策划，全面执行终端拉动策略，奋力开拓高含量剂型市场，填补10%水剂退市留下的市场空白；有机硅事业部加强竞争情报分析，加速推广新产品、小吨位产品，关注不同行业、区域、客户的选择与开发，保持了产销总量的良性扩张；无机硅事业部开展商贸运作，发挥资源和渠道双重优势，将经营工作的重心由单纯的保内供向内供外销并举转移，将关注的焦点集中在流通环节，通过规模扩张、提供专业化服务，来提高获取资源的能力、提高资源掌控能力，加速从矿产加工商转变为贸易服务商，把市场的触角延伸到各个相关产业和领域。

3. 推进管理终端化

终端化战略是一项系统工程，这当中管理必须跟上，管理方式必须变革。随着集团规模的扩大，各单位所处区域不同、发展环境不同、发展水平不同、文化背景不同，为促进管理的有效延伸，新安较早地按照产业板块，将产销研资源分别配置到农化、有机硅、无机硅三大事业部中，把事业部作为各产业集团发展的平台。但是，终端化战略的实施对管理提出了新的要求。

2011年，新安进一步完善事业部运行体制，明确了事业部代行出资人责权的职能，将管理重心由集团层面下移至事业部层面，促进人、财、物等要素的深度融合，使事业部更加贴近终端、把控终端、服务终端，加快决策和响应市场的速度，真正实现商业模式的重构；将存量资产的经营权下放到事业部，使事业部真正成为集团公司的利润中心，并在把握产业发展方向上起到更积极的作用。在调整事业部职能的同时，集团总部进行同步转型，转型后集团层面更加突出了战略、投资、管控、服务四大职能，重点抓好了“两项提升”：一是通过理念更新、流程再造、制度重塑来提升集团管控水平，加快转变管理方式和服务方式；二是通过明确界限、创新机制、调配资源，提升总部职能部门对事业部的指导服务能力。

### （三）国际化战略

新安坚持以国际化的思维谋发展，“走出去”的步伐始于1999年。其间虽历经反倾销的磨炼，但新安也正因此成就了巨大的国际影响力，为走向国际市场奠定了坚实基础。进入“十一五”后，新安加速了国际化进程，一方面加强了与国际大公司的合作，与美国阿波罗集团合作成立新安迈图公司，新建了有机硅单体项目等。另一方面，外贸上力求在自有品牌和网络建设等方面实现突破，并在战略实施中力推“一二三”举措：

“一”就是海外布局一盘棋。针对目标市场、不断完善网络，相继设立了新安（阿根廷）公司、新安（加纳）阳光公司、新安（美国）国际控股公司等海外子公司。“二”就是打响自主品牌、打造自主渠道。新安积极培育国际知名终端品牌，在海外注册商标现已达151件；同时，通过资源整合与资本运作，建立自主的销售渠道和营销网络，改变单纯依赖中间商出口的方式，并在条件成熟的地区实现本地化生产。目前新安已在西非建立了较完善的自主销售渠道，形成辐射全西非的销售格局，并有望发挥剂型工厂产能优势和快反优势，复制出一个新的加纳公司。“三”就是抓好三件事。集团公司成立了国际部，承担国际业务的管理和指导职能，把重点放在定位目标市场、推进国际合作、狠抓资源整合、保障业务协作上；推动以新安进出口为主的国内贸易平台转型发展，从依赖集团自有产品出口转为依托集团优势，做精存量、拓展增量，用好国内外两个市场、两种资源，开展内外兼具、有进有出的综合贸易；推进以各海外子公司为主力的国际贸易平台不断完善功能，奋力挤占传统市场，大力开辟新兴市场，使新安在国际市场上的知名度和占有率稳步提高。

### （四）内涵发展战略

在市场寒冬中，在调结构、转方式的攻坚战役中，新安坚持“眼睛向外、也要向内”，即：眼睛向外，抓外延扩展，不断提升企业竞争实力；眼睛向内，抓内涵发展，努力提升企业发展质量。这当中，主要抓好了“五同时”：

一是在进行增量运作的同时做好存量挖潜。存量挖潜立足技术改造与工艺优化，通过技术改造来扩大产业链规模、挖掘产业链价值，通过工艺优化来提高产品得率、提升产品质量。

二是在实施节能减排的同时做好资源综合利用。充分挖掘氯甲烷、氯化氢、硅粉等关联产品价值，实现生产资源要素的有效配置和利用，在资源化、减量化的基础上开展三废资源、副产资源综合利用，进一步完善新安特色的循环经济模式。

三是在确保产销平衡的同时实施SHE体系。2009年11月，新安与美国杜邦公司合作，实施SHE管理提升项目，对企业安全管理体系进行全方位的改造和提升，力争通过三年时间，形成“自觉执行”的安全管理运行机制，形成安全管理长效管理机制。

四是在推进技术创新的同时建好人才队伍。新安以“自主创新、重点跨越、支撑发展、引领未来”作为技术创新的基本原则，加快突破核心关键技术，分层次地开发新产品。人才在其中发挥了至关重要的作用，得益于新安高度关注人才队伍建设，在集团层面出台了多项人才政策，健全完善选、用、育、留机制；在技术创新平台层面对外引进博士后工作站、院士工作站，对内选送专业人才交流深造；在一线员工层面专注培养“高级蓝领”，先后举办了两届员工职业技能大赛，集团公司代表队还多次在中国石化行业职工技能竞赛中取得佳绩。

五是在抓好生产经营的同时打造企业文化。新安文化是新安的灵魂。新安将打造先进文化作为推动企业从优秀走向卓越的关键所在。越是在调结构、转方式的关键阶段，新安越是注重发挥企业文化在凝心聚力、群策群力方面的作用。集团公司先后组织出版了《媒体眼中的新安化工》、《员工眼中的新安化工》、《新安故事》，用媒体的声音、基层的声音、身边的故事激发广大员工克难攻坚的斗志。新安越是在发展环境充满挑战的严峻时刻，越是注重发挥企业文化塑造品牌、树立形象的作用，于2009年、2011年先后举办了两届新安文化节，丰富多样的形式赋予了新安文化更多内涵，提升了企业文化的感召力、融合力和穿透力，成为全体新安人共同的精神家园。

未来的新安，将秉承“执着追求、持续创新”的企业精神，坚持“同创共享、新久安长”的核心价值观，在逆境中奋发有为、积蓄力量，力争率先穿越寒冬，迎来又一个新安之春，朝着打造具有国际竞争力与持续生命力的现代知名企业集团这一目标大步前行。

### 专家点评

浙江新安化工一直十分重视技术创新，特别是在改革重组后，把技术创新与产品发展和结构调整有机结合了起来，紧紧依靠技术创新发展循环经济，成功回收了生产过程中产生的氯甲烷废气，并用于有机硅单体的合成，在有机硅和草甘膦两大生产体系间架起了桥梁，形成了草甘膦–氯甲烷–有机硅这一独具特色的循环产业链，不仅综合利用了废弃资源，而且成功实现了从农用化学品到硅基新材料产业的优化升级，延伸了产业链，大大减少了污染，提高了经济效益和市场竞争力。

大力推进节能减排是行业“十二五”加快转变发展方式的重要着力点，浙江新安化工坚持自主创新，抓住了实现氯循环这一切入点，积极开展技术创新和技术攻关，构建了链接循环的生产链条，“调结构、转方式”取得显著成效，为其他企业推进节能减排，走资源节约型、环境友好型的发展道路提供了十分有价值的经验和借鉴。

# 创新探索

The Path of Innovation

## 坚持科技创新　调整产业结构
## 努力把特种新材料产业做大做强

四川得阳化学有限公司
四川得阳特种新材料有限公司

高新材料是现代文明的三大支柱之一，新材料被视为新技术革命的基础和先导。我国把工程塑料明确为战略性新兴产业，其中特种工程塑料更是引人瞩目，它所具有的优异性能，在促进节能环保和国家支柱产业、现代高新技术产业的发展中承担着重要的支撑作用。

四川得阳化学有限公司、四川得阳特种新材料有限公司（以下简称“得阳公司”）是专门从事特种工程塑料聚苯硫醚（PPS）树脂及系列产品研究、开发、生产及销售的高新技术企业，是全球聚苯硫醚生产规模最大的企业之一。21世纪以来，我们抓住国家大力推进产业结构战略性调整、加快高新技术成果产业化的良好契机，通过自主科技创新、产业结构调整、发展方式转变，谱写了我国特种工程塑料发展的新篇章。

## 一、立志为国分忧，实现“三大跨越”

PPS是一种高性能的特种工程塑料，它具有耐高温、耐腐蚀、高强度、高电性能、良好的稳定性和自阻燃等诸多优良的特性，广泛应用于军工、航空航天、汽车、电子电器、机械、石油化工、制药、环保等领域。由于PPS的优异性能，一直被西方国家列为战略物资，生产技术严禁向中国出口，即使出口少量的低端复合材料或制品也价格昂贵。民族的自尊心和企业的责任感，激励我们在特种工程塑料领域走上“三大跨越”的征程：

一是从无到有的跨越。我国对聚苯硫醚材料的研究始于20世纪70年代，国内多家大学、科研院所、生产企业都广泛开展了PPS的合成研究，并得到国家相关部门的支持和经费资助，被列为国家10号工程项目之一，取得了一定成绩，但直到20世纪90年代还没有任何一家企业实现关键的产业化技术突破。

得阳公司经过充分调研，敏锐地抓住高新材料是新技术革命的基础和先导这一主脉，决定高起点、高速度地进行聚苯硫醚的研发和产业化攻关。1998年组建了聚苯硫醚合成树脂技术研发团队，汲取科研院所、大专院校和生产企业前期合成研发的经验教训，坚持求实创新，克服重重困难，在3吨/年小试取得初步成果后，建设了85吨/年中试装置，产品与国外第二代聚苯硫醚的质量及技术水平相当，2001年通过了省级技术验收。在国家、省、市各部门大力支持、全体员工的齐心努力下，终于突破了阻碍产业化的若干重大技术难点，取得了千吨级装置建设所需的关键技术和数据，2002年仅用10个月的时间，在德阳建成了国内首条千吨级产业化示范装置，并一次开车成功。这是我国第一套具有自主知识产权的聚苯硫醚工业化生产装置，荣获四川省科学技术进步一等奖，被国家五部委认定为国家重点新产品。得阳公司也成为国内唯一、最大的国产聚苯硫醚树脂生产商和供应商。

二是从小到大的跨越。随着我国汽车、电子电气、通信、机械行业的大发展，聚苯硫醚供不应求，国内市场大都被国外进口产品占据，巨大的供应缺口警示我们，扩大聚苯硫醚的生产规模势在必行。公司制定了“工业化、产业化、规模化、国际化”的战略，在千吨级成熟技术和成功经验的基础上，相继实施了一系列战略扩张。2006年12月，在成都建成年产6000吨聚苯硫醚树脂合成装置生产线，同时建成年产3万吨聚苯硫醚改性粒料生产线；2007年11月，在迁建通过技术改造建成了年产4000吨聚苯硫醚树脂合成装置生产线和年产5000吨聚苯硫醚短纤维生产线；2008年1月，在德阳建成年产2万吨聚苯硫醚树脂合成装置生产线；2011年4月，年产5万吨聚苯硫醚装置级硫化钠法合成线性高分子量聚苯硫醚生产线在德阳奠基开建。

经过近十多年的发展，得阳公司的聚苯硫醚形成了工业化、产业化、规模化，成为世界上生产规模最大的聚苯硫醚生产企业之一，中国跻身于世界聚苯硫醚生产大国行列，产品远销亚、美、欧洲等地市场，实现了国际化。

三是从低到高的跨越。我们在大力推进规模化的同时，也时刻没有放松聚苯硫醚产品多元化的开拓，实现由低档向高档的跨越，使之具有更广泛的应用领域。在成功开发出注塑级别的聚苯硫醚树脂后，我们加大科技创新的力度，相继开发了应用于涂料方面的涂料级聚苯硫醚树脂、应用于绿色电子电器的低氯级聚苯硫醚树脂、应用于纤维生产的纤维级聚苯硫醚树脂、应用于绝缘薄膜的薄膜级聚苯硫醚树脂等，形成了比较完整的聚苯硫醚树脂系列。

经过十年的努力，我们的聚苯硫醚改性粒料从低档到高端，由最初少量通用牌号逐步发展至包含完整的5个大类、近200个品种的产品系列，产品涵盖增强、增韧、复合填充、合金以及功能化等类别，极大地扩展了聚苯硫醚的应用范围。

高性能聚苯硫醚纤维代表着聚苯硫醚技术的新高度。我们与中国纺织科学研究院合作，完成了聚苯硫醚纤维级树脂的合成、纯化、干燥、纺丝和牵伸等关键设备和成套技术的开发，突破了千吨级关键设备和工艺技术，年产5000吨聚苯硫醚纤维产业化项目于2008年1月一次性投料试验成功。目前我们与纺科院强强联合，结成产业联盟，建设年产1.5万吨高性能聚苯硫醚纤维，以规模化满足国内市场需求。“国产聚苯硫醚树脂、纤维产业化成套技术开发与应用”项目获得2010年国家科技进步奖二等奖，PPS纤维入选“辉煌六十年，中华人民共和国六十周年成就展”。

## 二、依靠科技创新，引领企业发展

得阳公司成功的“三大跨越”，得益于我们坚定不移地实施科技创新战略。公司设立特种工程塑料研究中心、技术研发部、市场开发部等科技创新研发机构。

“研究中心”成立初期，侧重于学习国内外先进技术并进行消化、吸收、再创新，为公司的发展提供技术储备；同时承担分析检测聚苯硫醚树脂级改性粒料的性能，保证聚苯硫醚的产品质量。

随着公司的一步步发展，世界聚苯硫醚技术的快速更新，我们针对聚苯硫醚的研发特点，又陆续成立了物质结构研究院、物理性能研究院、电热力学研究院、化学成分研究院、材料合成开发研究院、材料改性研究院、纤维及膜材料研究院、防腐材料研究院。这些研究院分别拥有行业专家和科技人才，对聚苯硫醚从基础合成、物理性能、化学分析、复合改性加工，到聚苯硫醚纤维、聚苯硫醚薄膜等开展专业的系统研究。

在材料结构与性能分析检测方面，研究中心拥有先进的大型精密仪器，能提供材料结构、热、电等物理性能以及流变性能分析检测，为更好地服务一线并与国际分析检测技术接轨，研究中心还将申请实验室资质认定（CMA）和实验室认可（CNAS），成为具有国内领先水平的科研开发和质量检测机构。

在合成开发方面，为有效降低成本、节约资源，我们在催化剂选择和配比上狠下工夫，试制出一种能有效降低成本约20%的催化剂。我们在合成工艺上大胆改进，使合成时间减少2小时以上，同时积极配合工艺和装置结构的优化进行技术改造，有效地提高了产能，实现了节能减排。

在标准的制定方面，得阳公司的“塑料聚苯硫醚（PPS）模塑和挤塑材料标准”被列为2012年推荐性国家标准项目，聚苯硫醚长丝标准已列入行业标准制定项目，聚苯硫醚短纤的行业标准已全部完成（标准号：FZ/T52017—2011）。目前，我国缺乏针对聚苯硫醚的统一行标和国标，公司作为国内聚苯硫醚领头羊，有责任和义务担当其标准的制定，为聚苯硫醚行业的规范发展贡献一份力量，使行业发展与国际接轨。

十年间，研究中心申报、承担并完成了包括国家“863”项目在内的国家、省、市各类科研项目20余项。“十五”承担并完成了国家“863”项目3项，“十一五”的PPS纤维项目列为国家纺织新型特种化纤专项；“十二五”年产1.5万吨PPS纤维项目列入四川省重大产业关键技术、四川省高新技术重大战略新兴产业发展项目。我们实现科技成果转化9项，申请并获得国家发明专利8项，拥有核心竞争力的专有技术10余项，承担的多项科研项目获得了政府奖励。

以聚苯硫醚类相关项目为纽带，我们利用四川独特的区域、文化和地理优势，形成了较为完善的技术创新体系和产学研合作开发体系。在民用上，我们与四川大学、西南交通大学、电子科技大学、西华大学等进行联合攻关和科研项目对接，真正实现了“产学研用”紧密结合。在军用上，我们与四川周边许多军工单位形成了良好的合作关系。在行业上，我们与纺织科学院联合攻关，目前在环境保护项目上的合作也取得了很大成效。

科技创新离不开人才。我们在与众多大专院校的合作中形成了创新人才联合培养和人才储备机制，同时积极引进关键核心技术人才，形成创新团队。技术人才的聚集实行项目制，以项目为依托，自由组合，真正实现技术人才的柔性流动，最大限度地发挥人才的潜质和才能。

## 三、调整产品结构，实现多元发展

得阳公司经过十年的发展与创新，从最初的聚苯硫醚注塑级树脂产品开始，到聚苯硫醚薄膜级树脂的研发成功，是一个不断调整产品结构、努力实现多元发展的过程。

聚苯硫醚改性粒料的研发与生产，为公司前期发展做出了巨大贡献、奠定了坚实基础。改性粒料系列产品占据公司产品销量的一半以上，是公司产品结构的主要组成部分。随着销量的快速增加，质量的不断提高，品种的不断增多，应用范围的不断扩大，产品从最初的$\phi$35双螺杆挤出造粒实验机组起步，逐步增加到多条$\phi$50、$\phi$65、$\phi$80双螺杆挤出造粒生产线。按照设备设计合理化、生产规模化、设备统一化、工人操作简捷化、节能减排等要求，形成了年产3万吨改性造粒生产能力，形成高品质聚苯硫醚改性粒料生产链。

聚苯硫醚树脂系列经历了从普通的注塑级树脂产品，发展到高端的纤维级树脂、涂料级树脂、低氯级树脂、薄膜级树脂产品，涵盖了聚苯硫醚树脂的大部分，极大地丰富了公司的产品品种，成为国内聚苯硫醚树脂主要供应商。

我们虽然掌握了聚苯硫醚原材料生产的核心技术，但是聚苯硫醚的高附加值、高科技含量的延伸产品市场空间广阔，缺口巨大，加之国家对环保产业、高技术产业的扶持，激励我们迅速进行产品结构调整，聚苯硫醚纤维的成功研发和推广应用，是值得我们骄傲和自豪的产品。

聚苯硫醚是一种新型的特种功能纤维，主要应用于耐热耐腐蚀袋式除尘器滤料生产，是目前国际公认的燃煤锅炉烟气除尘的首选过滤材料，也是促进高技术产业发展和传统产业升级不可缺少的新型高分子材料。2005年以前，

PPS纤维生产技术几乎全部掌握在日本两家公司手中，垄断了PPS纤维全球市场的80%，日本对我国PPS纤维实行高价政策并限制供应数量。为突破PPS纤维生产技术，国家将此列入《重点鼓励发展的产业产品和技术目录》、中国化纤工业“十一五”规划重点扶植项目。2007年国家发改委将千吨级PPS纤维产业化列入重点发展计划，“十二五”又列入《国家战略性新兴产业发展目录》。

得阳公司以“打破垄断、为国争光”的勇气，为研发PPS纤维倾注了大量心血，经过不懈努力，终于研发成功，并通过了国内权威机构的检测检验，技术指标达到国外同类产品的先进水平，经在多家燃煤电厂滤尘中应用，环境效益明显。我们同时研发的以PPS纤维为原料的PPS纱线、缝纫线、机织布、纤维纸等，开始应用于环保、过滤、电气、航空航天等领域。目前我们正就PPS产业链的延伸战略进一步部署，利用已投产的年产5000吨聚苯硫醚纤维产业化项目，新增一套年产1.5万吨高性能聚苯硫醚纤维规模化生产装置，以适应不断增长的市场需求和环保需求。项目完成后PPS纤维将达到年产2万吨生产规模，年创造销售收入20亿元，稳居国内最大的PPS纤维原材料生产企业，得阳公司也将形成聚苯硫醚三大系列的产品结构，实现多元化发展，为做大做强中国特种新材料产业做出自己的贡献。

## 四、创新经营理念，实现最佳效益

我国特种工程塑料长期供不应求的局面，使老牌生产厂家获利颇丰。得阳公司的第一条千吨级聚苯硫醚产业化装置试车成功后，打破了聚苯硫醚市场被进口产品一统天下的局面，但要成为国内唯一规模化的供应商，还需要市场的认可。得阳公司从零起步，全方位推广公司产品。经过十年的努力，公司的聚苯硫醚生产能力达到世界领先，聚苯硫醚系列产品也远销到世界各国，在国内外的知名度、影响力迅速提高，这与我们经营方针的调整变革密不可分。

公司在产品刚刚出来时，将销售策略定位在“部分替代”上。因为那时国内外客户对我们的产品持将信将疑的态度，美、日等国的产品品种多、应用范围广，老客户很多，替代进口必须和进口产品的加工工艺、性能指标相匹配，甚至包括颜色都要保持一致。我们在销售中，首先取得国际通用的各种认证，通过产品不断改进使性能指标与进口产品取得一致，根据得阳公司产品的特点调整加工工艺，派遣专业技术人员到厂家现场调试指导，让客户从最初对国产产品的疑虑到最后完全接受，从而打开了国产聚苯硫醚的销售市场。

得阳公司地处西南地区，而我国大部分塑料加工企业在华东、华南、华北。客户需要的产品能否及时到货、新产品试样能否及时提供、产品颜色能否及时调整、售后服务能否及时跟进，这些都给我们带来新的挑战。我们经过调研，进一步调整了销售策略，在终端客户集中地区加速发展了有实力的经销商，同时在华东、华南、华北等重点区域建立了办事处和仓库，进一步贴近市场，及时取得已有客户、潜在客户、竞争对手等市场信息，并迅速反馈到公司总部，以掌握市场变化和修订销售计划，最大限度地提高市场份额，把公司地理位置的不利因素降到最低。

我们感到，得阳公司要真正成为具有国际竞争优势的高新技术企业，产品就不能只面对国内市场。我们既然拥有自主的知识产权、拥有高新材料的核心竞争力，就应当理直气壮地在国际市场上分得一定份额，为中国高新材料占领一席之地。为此，我们转变经营理念、调整经营策略，成立专门的国际营销团队，定期对全球聚苯硫醚的生产和销售做详细调研，及时掌握市场动态，确定重点销售区域，密切关注不同国家对产品准入的要求和认证，及时对我们的产品做测试和认证，为销售铺路搭桥。我们还努力掌握不同国家的进口政策和民风民俗，针对不同国家的市场特点，分别采用直销和经销方式，注重货物的安全和公司的信誉，制定灵活有效的外贸销售激励政策，在条件成熟的国家和地区将建立驻外办事机构，缩短市场距离，使得阳公司的产品销售量和出口量节节攀升，销售收入每年呈现跨越式增长。

## 五、创新企业管理，实现高效运行

得阳公司经过十年快速发展，在德阳和双流建立了两大生产基地，生产规模、员工规模迅速扩大，客观形势要求我们必须创新企业管理，使之适应企业跨越式发展的需要。

第一，决策管理集权化。决策、指挥由公司董事会负责，统一规划企业的发展战略，统一调整企业的产品结构和经营策略；确定企业的科技创新方向，组织新产品、新技术的研发；统一原材料集中采购，实现原材料供应的一体化；实行统一的产品营销和售后服务，实现产品销售和服务一体化；实行统一的生产计划安排，统筹各生产基地的生产进度；统一人事劳资管理，负责员工招聘、培训和人才的储备；统一财务管理，优化财务成本、拓展融资渠道。两个生产基地按照公司总部的规划、计划做好生产、安全、环保和节能减排管理，打造花园式的生产环境。

第二，运营管理信息化。我们采用扁平化信息管理，减少管理层级，使企业决策快速到达职能部门、生产基地和营销一线，管理人员形成彼此互补、彼此合作的精干团队，高层领导有充分的时间和精力致力于战略决策，基层主管有发挥积极主动性、创造性的平台，形成一个管理高效的机制。我们应用现代信息技术建立了OA办公系统，构建内部信息网络，保障企业高效运转，同时使各种办公设备、用品、活动经费开支大大减少，使管理更加高效。

第三，薪酬激励制度化。我们构建了全新的现代企业薪酬激励制度，坚持效率优先、兼顾公平的原则，重成果业绩，重效率效益，鼓励基层节约挖潜、优化编制，实现企业与员工的双赢。建立客观公正的收入分配及考核评价制度，对开发新项目、创造好效益的，实行科技奖励，增加科研项目效益提成奖，评定为优秀科技人员的相应提高待遇；管理骨干实行绩效工资动态管理，对有突出贡献的职工进行表彰和奖励。

得阳公司按照“工业化、产业化、规模化、国际化”的战略构想，本着“人本为先、广结善缘、和谐共进”的经营理念，在“调结构、转方式”上实现了一次又一次华丽转身，在国内外同行业中赢得良好的赞誉和认同，为社会创造了巨大财富。国家“十二五”发展规划提出：“发展现代产业体系，提高产业核心竞争力”，“创新和发展高新材料、高性能纤维”，“节能减排、绿色环保”，这些都是得阳公司的强项，我们将抓住千载难逢的发展机遇，重点做好四项工作：一是进一步延伸聚苯硫醚的产业链，做强做大聚苯硫醚产业；二是进一步加大科技研发力度，站在特种工程塑料的研发前沿，成为自主研发的领航者；三是坚持把节能减排作为长期的战略任务，把得阳公司建设成资源节约型、环境友好型企业；四是继续以“科技兴企、产业报国、铸就百年国际名企”为使命，牢牢占领聚苯硫醚的制高点，使“十二五”成为得阳公司新的黄金发展期，为中国高新材料的发展做出新的更大的贡献。

## 专家点评

战略性新兴产业是以重大技术突破和重大发展需求为基础，对全局和长远发展具有重大引领作用，知识技术密集、资源消耗少、成长潜力大、综合效益好的产业。得阳公司立志为国分忧，经历了从无到有、从小到大、从低端到高档的三大跨越，为发展我国特种工程塑料聚苯硫醚树脂及其系列产品做出了贡献。他们的经验给我们以四点启示：

一是依靠科技创新，引领企业发展。十年间，他们完成了包括“863”项目在内的国家、省、市各类科研项目20余项，拥有核心竞争力的专有技术10余项，其中“国产聚苯硫醚树脂、纤维产业化成套技术开发与应用”项目获得2010年国家科技进步奖二等奖。

二是调整产品结构，实现多元发展。经过十年的发展与创新，他们从最初的聚苯硫醚注塑级树脂，到聚苯硫醚薄膜级树脂，形成三大系列的产品结构，实现多元化发展，为做大做强我国特种新材料产业做出了贡献。

三是创新经营理念，实现最佳效益。他们转变经营理念、调整经营策略，成立营销团队，全方位推广聚苯硫醚系列产品，理直气壮地为中国高新材料在国际市场上占领一定份额，使得阳公司的产品销售量和出口量节节攀升，销售收入每年呈跨越式增长。

四是创新企业管理，实现高效运行。他们实施决策管理集权化、运营管理信息化、薪酬激励制度化，提高了科学管理水平，形成了高效管理机制，调动了员工的积极性和创造性，在“调结构、转方式”上进行了一次又一次的创新探索。

得阳公司的实践，为从事战略性新兴产业特别是创新型企业提供了很好的经验，值得学习借鉴。

# 创新探索

The Path of Innovation

## 把握市场脉搏　调整产品结构 引领我国生态肥料行业健康发展

双赢集团有限公司

2001年，福建双赢集团有限公司（以下简称“双赢集团”）响应国家西部大开发的号召，入驻重庆南川，开启西部跨越式发展的征程。过去十年，双赢人不畏艰险，一路打拼，从立足西部到走向全国，从一元发展到多业并举，从传统肥料到生态肥料，现已发展成为集化工、矿业、酒店、房地产为一体的大型企业集团。所属18家企业分别位于北京、重庆、四川、贵州、内蒙古、甘肃、福建、山东等省市，年产化工产品、矿产品200余万吨，实现了跨越式发展。

### 一、发展历程回顾

2001年4月，福建双赢集团到重庆收购了原南川市维丰化工总公司，成立重庆双赢化工有限公司；2002年，公司并购原重庆南川市先锋磷肥厂、重庆南川市氮肥厂，成功整合了重庆南川三家化工企业后组建了重庆双赢化工集团有限公司；自2003年起，先后重组了内蒙古宁城磷铵厂、四川江安磷铵厂、甘肃白银磷肥厂，收购了重庆南川东胜煤矿、四川兴文硫铁矿，控股了贵州开阳广门田磷矿、开阳青花磷矿等矿山；2004年9月，经国家工商总局核准更名为双赢集团有限公司，成为跨区域、无行业限制的大型企业集团，2006年，被国家统计局认定为中国大型工业企业。

在做强做大化工、矿山主业的同时，双赢人尝试着走多元化发展之路，不断向酒店、房地产等行业拓展。2004～2009年，先后收购改造了重庆南川宾馆、内蒙古宁城宾馆、北京双赢酒店和厦门双赢度假酒店。2011年1月，双赢集团重庆南川新城区五星级酒店暨滨江1号项目开工，由此拉开了进军房地产行业的序幕。

经过十年的创业发展，双赢集团先后跻身“中国大型工业企业”、“中国化肥100强”、“重庆工业企业50强”、“重庆民营企业50强”行列。“双赢”商标荣获“中国驰名商标”，“双赢”牌磷酸一铵、磷酸二铵荣获“国家免检产品”、“重庆名牌产品”称号，通过了国家首批环保生态肥料认证。产品畅销全国各地并出口印度、越南、泰国等国家，深受国内外客户的欢迎和青睐。

当前，公司以“发展生态肥料、促进生态农业、共享生态食品”为己任，致力于生态肥料的研发、生产和推广，旨在从源头上保障食品安全，保护人类健康。

## 二、双赢生态肥料简介

### （一）生态肥料三大特点

双赢生态肥料是传统化肥的升级换代产品，是国家鼓励发展的新型肥料。它具有三大特点：一是钝化肥料中的有害重金属（砷、镉、铅、铬、汞）。利用高分子有机酸等物质的大分子铰链作用和离子交换吸附原理，“矿物化”肥料中残留的铅、铬、镉、汞、砷等有害重金属，使其从有效态变为无效态，使植物不再吸收，达到阻断重金属进入人类食物链的效果。二是嫁接高科技植物益生菌和调控因子。采用低温成膜插层技术，把植物高科技益生菌嫁接到肥料表面，施入土壤后可以形成益生菌优势群落，从而达到解磷、解钾、抗逆的效果；通过植物益生菌的代谢活动，分泌有机酸，改善植物根际微环境，达到促根、促生，极大改善果实品质的目的。三是添加生态有机质和钙、镁、硫、硼、锌等中微量元素。有机质可以改善土壤的物理性质，促进微生物活动，增强作物的抗性，促进作物生长。添加中微量元素可以实现平衡施肥，使农作物植株健壮，降低发病率，减少农药用量，提高农产品的产量和品质。

### （二）生态肥料四大功效

2011年，双赢集团委托中国农业科学院等科研院所在河北廊坊玉米试验基地、福建安溪铁观音茶叶试验基地、福建平和蜜柚试验基地、山东寿光蔬菜试验基地等不同地区、不同作物上试验证明，合理施用双赢生态肥料，可以实现四大功效，即“大幅度提高肥料利用率，大幅提高农产品品质，大幅提高农产品的商品价值，大幅减少农药使用量”。

为了积累翔实可靠的生态肥科研数据，双赢的科研人员曾经连续一个月每天在小麦试验地蹲守到凌晨二三点钟，观察夜晚土壤害虫的活动情况；为解决益生菌难成活、重金属难去除等问题，科研人员曾经连续10多天通宵达旦轮番上阵做试验，终于攻克了业内公认的技术难题。

据试验负责人、中国农科院农业资划所副研究员李兆君博士介绍，施用双赢生态肥料与等养分普通肥料相比，可以使玉米增产10%～15%，玉米在生长期间表现出四大特征：一是双穗玉米植株较多；二是植株根系明显发达，生长须根较多；三是籽粒饱满、穗型硕大；四是基本无秃尖。与施用等量NPK相比，施用生态肥的小麦增产23.6%左右，籽粒蛋白质含量增加1.72%，面粉湿面筋含量增加5.86%，面粉湿面筋延伸性降低2.89%～7.23%。与不施肥对照处理相比，施用生态肥后，土壤中真菌和放线菌的数量明显上升，分别较对照处理增加约21.96%和20.87%。施用生态肥后土壤中速效磷和速效钾含量分别较不施肥对照增加约40%和18%，促进了磷、钾元素的充分释放和吸收利用。

### （三）生态肥料的社会和经济价值

双赢生态肥料自投放市场以来，赢得国家有关部门、行业领导的广泛赞誉，深受中农集团、中化化肥等大型农资流通企业的欢迎。联合国粮农组织、国际肥料工业协会的官员也对双赢生态肥料大加赞赏，纷纷表示将向全世界推广这种高科技的生态肥料。

2011年11月12日，由中国农科院农业资划所、农业部全国农技推广服务中心、国家化肥质量监督检验中心（上海）、中国农资传媒联合主办，双赢集团承办的首届中国生态肥料高峰论坛在重庆成功举办。中国石油和化学工业联合会会长李勇武、重庆市人民政府副市长谭栖伟、中国农科院副院长唐华俊等领导、专家和经销商共400余人参加会议。李勇武会长在会上明确要求双赢集团以打造中国生态肥料第一品牌为目标，开发出更多安全、高效、环保的生态肥料产品。谭副市长表示，重庆市将把发展生态农业、科技农业、效益农业、安全农业摆放在更加突出的位置，大力抓好生态肥料的普及推广工作。中华全国供销合作总社党组书记、理事会主任杨传堂，农业部党组成员张玉香，中共北京市委常委牛有成等领导先后莅临双赢指出，生态肥料产品对于促进现代农业发展具有重要意义，市场潜力巨大。

2011年，双赢集团先后在山东、河北、吉林、新疆等地召开生态肥料招商会，与会经销商争相订购双赢生态肥料，现场签订2万多吨的销售合同。双赢生态肥河北总代理、河北廊坊绿园农资公司总经理杨春华表示，双赢生态肥不但可以节约宝贵的资源，降低投入成本，提高肥料利用率，促进农作物高产，还可以保护环境，从源头上保证了食品安全。

双赢生态肥料之所以受到国内外客商的追捧，一是因为它符合国家鼓励发展低碳、绿色、环保肥料的产业政策，能够有效解决我国农业发展中面临的资源浪费、环境污染和农产品品质下滑三大难题，受到各级政府和农业部门的高度重视和大力扶持；二是因为它不仅具有传统化肥的肥效，还具有钝化肥料中有害重金属，嫁接高科技植物益生菌和调控因子，添加生态有机质和中微量元素等三大特点，为广大经销商避开传统化肥产品恶性竞争，实现差异化经营提供了最佳选择；三是因为中国农科院·双赢集团生态肥料工程技术研究中心研究开发、试验示范实力雄厚，双赢生态肥料营销政策优越、宣传推广有力，为生态肥料的推广应用提供了强大的动力。

### （四）生态肥料的市场推广

"榜样的力量是无穷的"，双赢集团农化服务部在山东、河北、吉林等农业大省的重点区域市场建立生态肥料示范村、示范户和示范田，这些示范点正在发挥"榜样"的示范带动效应，以一带十，让广大的经营商和农民深切感受到生态肥料实实在在的功效。

据统计，2011年双赢集团投入达到1000多万元用于农化服务，100名农化服务人员共行程10多万公里，深入重点市场，通过兴办50个示范村、100个示范户和1000亩示范田，提高了双赢生态肥料的知名度和市场份额。对于示范村，我们首先搞清了区域市场内各村的种植结构、土壤肥力等基本情况，然后针对生态肥的特点挑选适合的村。之后，寻找具有一定农业技术基础的种植大户，科技带头人，或者在村民中有威信、有影响的村支书担当科技示范户。这些人在村里比较受人尊重，通过他们的示范作用，说服周围的农民跟随示范户去选购生态肥，充分发挥身边的典型引路作用。最后是选择合适的田块作为示范田。在便利的道路旁边、农作物集中连片种植区开辟示范田，经常组织农民现场参观，扩大示范点的影响力。双赢的农化服务人员还对示范农户进联户指导，做好苗情观测和田间管理档案记录，并及时组织其他农户参观示范田，详细解答他们提出的各种问题，引导农民施用经济、高效、绿色的生态肥料。

## 三、双赢集团的成功之道

为了合理布局产业，提高肥料利用率，减少环境污染，提高农产品品质，保障食品安全，双赢集团根据行业发展的趋势，不仅在全国范围内合理布局了化工产业，而且不断研发符合市场需求的新产品，从传统的化工产业提升至高科技、无污染、高品质的生态产业，致力于生态肥料的研发、生产和推广，从食物链的源头控制污染，促进农业可持续发展。

1.立足区位优势，辐射全国

前十年，双赢集团始终坚持到有资源、有市场的地区重组困难企业，先后深入西南的重庆、贵州、四川，东北的内蒙古、西北的甘肃等地重组困难企业，形成了核心产业在东南、西南、东北、西北“四翼齐飞”的格局，顺利推进东南起步，西部发展，北京壮大的三步发展战略。

第一步是入驻西部。2000年12月，福建双赢集团在世界文化遗产“福建土楼”所在地南靖县成立。当时，生产磷肥所需的磷矿需要从千里之外的贵州、四川等西部地区购进，使得原料成本居高不下，产品在市场竞争中处于劣势。为了摆脱磷、煤等资源的限制，双赢集团勇于开拓，走出福建，调整产业布局，在能源基地和农业大省建设生产基地。2001年，双赢集团入驻西部重庆南川时，集团蓝森古董事长的很多朋友都不太理解，甚至极力反对。他们认为，西部穷山恶水，条件艰苦，应该去东部发达地区“淘金”才是明智的选择。但是，当听到国家西部大开发的号角响起时，我们还是义无反顾地选择了到西部发展。当时，从重庆主城区到南川区没有开通高速公路，80公里的山路汽车需要行驶6个多小时。汽车一路颠簸在盘山公路上，窗外就是万丈悬崖，至今回想起来都心有余悸。

第二步是布局全国。在成功收购改造了南川区的三家化工企业之后，双赢集团自2003年起先后收购原内蒙古宁城磷铵厂、四川江安磷铵厂、甘肃白银磷肥厂、重庆南川宾馆、内蒙古宁城宾馆，相继组建内蒙古双赢、四川双赢、甘肃双赢、贵州双赢，实现了双赢集团全国布局的战略目标。内蒙古双赢地处辽宁、河北、内蒙古三省区交界处的宁城县，周边拥有生产磷铵所需的各种原料。整个东北是全国最大的磷铵市场，但是目前东北三省、内蒙古这一区域，磷铵生产主要在宁城。在宁城生产的磷铵，可以方便快捷地运往东北、华北等主要产粮区，具有其他地方所不具备的区位优势和资源优势。四川双赢地处长江上游宜宾市江安县，临江而建，长江货运码头连接至厂区，水陆交通便利。周边拥有马边磷矿、川南硫铁矿，上游资源十分丰富。生产的磷铵产品通过长江水道，顺流而下，运往湖北、江苏等地市场。甘肃双赢地处甘肃省白银市，当地拥有丰富的硫精砂、冶炼酸等资源，同时靠近新疆、陕西等西北重点市场，每年市场需求磷铵达数百万吨。甘肃双赢一头连接市场，一头连接上游资源，占据得天独厚的地理位置，发展前景极其广阔。

第三步是成立双赢控股。2009年11月，双赢集团入驻北京总部基地，成立双赢控股有限公司，这是双赢集团发展历史上又一个新的里程碑。双赢控股作为全国各地双赢产业的指挥中心，依托北京政治、经济、文化中心的综合优势，并结合已经形成的技术、人才、市场等优势，大力实施多元化发展战略，加快进入资本市场的步伐，实现双赢控股在北京壮大和融入世界经济的战略目标。

2.以市场为导向，坚持产品创新

过去十年，双赢集团牢牢把握市场需求，成功实施产品创新、技术领先战略，使双赢产品深受农民朋友的欢迎。

——从一铵到二铵。2001年，福建双赢集团收购原南川市维丰化工总公司后，当时西南片区的肥料产品比较单一，市场主要以磷酸一铵为主，但是企业生产磷酸一铵面临亏损。经过市场调查后，我们通过引进美国的生产技术，成功生产出高品质的磷酸二铵，一举扭转生产磷酸一铵连年亏损的局面。

——从本色二铵到黄色二铵。2004年，本色二铵的销售出现下滑，而染过色的磷酸二铵，如咖啡色二铵畅销市场，但是生产咖啡色二铵需要使用柴油，而柴油进入土壤会产生污染问题。为此，双赢集团以食品级柠檬黄为原料，开发出色泽鲜亮的黄色二铵并成功推向市场，彻底扭转原来公司客源少、销售受阻的被动局面。至今，双赢集团的黄色二铵仍然是农民欢迎的产品。通过开发新的产品，公司还巩固、开发了一大批优质客户（如中化化肥、中农工贸、黑龙江农资公司、新疆农资集团、浙江省农资公司、金正大、辉农集团、深圳芭田等），为企业实现大发展奠定了坚实基础。

在加快新产品研发的同时，双赢集团不断向磷铵产业的上游延伸。先后并购了重庆南川市氮肥厂、南川东胜煤矿，利用其优质的无烟煤为氮肥厂提供原料，生产合成氨供应磷铵生产。磷铵生产需要大量的磷资源，双赢集团又将产业链延伸至资源丰富的贵州、四川等地，寻找有价值的并购对象，先后收购了四川兴文硫铁矿，控股了贵州开阳广门田磷矿、开阳青花磷矿，形成了“煤→合成氨→磷铵”、“硫铁矿→硫酸→磷铵”及“磷矿→磷酸→磷铵”的产业链，并充分利用现有装置，开发出配方肥、复合肥等新产品推向市场，使企业迈上了一个新台阶。

——从传统化工到生态产业。近年来，农产品安全事件频频发生，引起社会各界的高度关注。但真正促使双赢集团踏上发展生态肥料这条道路的，主要缘于两件事：一是在国内三聚氰胺毒奶粉事件发生后，很多人都不辞劳苦涌入香港购买高价奶粉，而国内超市的国产品牌奶粉无人问津；另一件事则是，蓝森古董事长有一次入住厦门一家五星级酒店时偶尔发现，很多人在专卖店里排队花高价购买国外的农产品。这两件事让他深感肩负的责任重大，更加坚定了发展生态肥料，满足人们对于高品质、无污染、原生态农产品需求的决心。

近年来，双赢集团切实转变发展方式，从传统的化工产业提升至高科技、无污染、高品质的生态产业，以“发展生态肥料、促进生态农业、共享生态食品”为己任，从源头保障食品安全。2010年8月28日，中国农科院·双赢集团生态肥料工程技术研究中心在北京成立，该中心聚集了农业高新技术领域的70多名专家学者，组成行业内一流的研发团队，潜心研制出科技含量高、技术领先的生态肥系列产品。其核心技术已申报专利15项，经国家知识产权局受理7项。

3.参与标准制定，引领行业发展

肥料是粮食的“粮食”，处于食物链的源头。只有施用安全、优质、高效的生态肥料，才能从源头上保证农产品安全。随着经济社会的不断发展，生态食品日益受到人们的热捧。生态食品需求旺盛，必将促进生态农业的蓬勃发展，最终带动我国生态肥料市场日趋繁荣。正是因为生态肥料将迎来大发展，面临你追我赶、竞争加剧的局面，所以迫切需要制定一套科学、严谨、适用的国家强制性标准，控制有毒有害物质通过肥料进入食物链，逐步实现生态级、大田级和园林级等不同等级的肥料施用到不同的作物上，促进我国肥料行业走向质量替代数量的可持续发展之路。

为了引领生态肥料行业的发展，双赢集团主动承担社会责任，积极参与标准制定工作。2012年3月8日，双赢集团作为第一起草单位，与国家化肥质量监督检验中心（上海）一起在北京成功举办《肥料分级要求》国家标准制定工作启动仪式，联合国家工信部、国家标准委、中国石油和化学工业联合会等单位共同制定一套科学严谨、行之有效的标准。

随着标准制定工作启动，处于肥料最高级别——生态级的双赢生态肥料迎来千载难逢的发展机遇。作为第一参与起草单位，双赢集团将凭自身科研实力，牢牢掌握肥料分级标准，从而在未来的肥料市场竞争中占据领导者的地位，引导不同等级的肥料应用在不同的目的植物上，控制不宜使用的污染物通过肥料进入食物链，促进肥料行业的持续健康发展。

## 四、企业未来十年发展规划

新十年，双赢集团将加快调整产品结构，切实转变发展方式，构建从生态肥料到生态农业，再到生态食品的全产业链，从食物链的源头控制污染，保护食品安全，保障人类健康。

在生态肥料领域，我们将依托贵州开阳县丰富的磷、煤资源优势，以“贵州双赢生态产业园”作为转型升级的重点项目，以中国农业科学院作为技术支撑，加快建设年产100万吨新型生态肥料项目。同时，充分发挥北京双赢集团营销总公司以及在全国东南西北各区域的产业布局优势，推动各企业转产无污染、低能耗、高技术的生态肥料，在重庆南川、内蒙古宁城、甘肃白银、山东德州、福建南靖各上马10万吨的生态肥生产线，使总产能达到150万吨，打造新型生态肥生产基地和物流中心。另外，进一步深化与中国农科院的合作，加大研发投入和技术攻关，研制出更多符合“三农”需求的生态肥料产品。同时，进一步加快市场推广的步伐，与广大经销商建立战略合作伙伴关系，深入田间地头做好农化服务和试验示范，大面积推广应用新型生态肥料。

在生态农业领域，我们将重点放在西南原生态地区，按照水质洁净、空气清新、土壤无污染等三个条件选择适宜的地区建设生态农业基地，规划在重庆南川区的金佛山、贵州开阳的富硒农业基地以及福建平和县的太极峰等生态环境优良的地区建设双赢生态种植园，种植生态稻谷、蔬菜、水果等农作物，带动周边以及全国各地的农户施用生态肥料，大力发展生态农业，实现农业增效，农民增收，自身增益。

在生态食品领域，我们将在双赢集团旗下的酒店里提供双赢生态农业基地生产的生态大米、面粉、蔬菜、水果等农产品，同时在北京、上海等一线城市的星级酒店、高档社区开设双赢生态食品专卖店，与员工以及社会各界分享原汁原味的生态食品，吸引更多的人投身生态农业，共同为食品安全、国民健康做出贡献。

“十二五”期间，全体双赢人将继续遵循“诚实做人、用心做事”的行为准则，继续坚持“品质第一、竞争进步”的经营理念，继续秉承“客户至上、合作双赢”的企业宗旨，高举生态产业的旗帜，争做中国生态肥行业的领跑者，以生态产业带动矿业、酒店、房地产业齐头并进，打造资源集约型和环境友好型企业，努力实现双赢集团转型升级的战略目标，为经济社会发展做出新的更大贡献。

## 专家点评

福建双赢集团是一家以生产化肥为主业的企业，经过十年的发展，从传统肥料到生态肥料，现已发展成为集化工、矿业、酒店、房地产为一体的大型企业集团。过去的十年，双赢集团牢牢把握市场需求，切实转变发展方式，成功实施产品创新、技术领先战略，从传统的化工产业提升至高科技、无污染、高品质的生态产业，以“发展生态肥料、促进生态农业、共享生态食品”为己任，从源头保障食品安全。

在转型中双赢集团意识到，生态肥料将迎来大发展，面临你追我赶、竞争加剧的局面，制定一套科学、严谨、适用的国家强制性标准，对控制有毒有害物质通过肥料进入食物链、促进我国肥料行业走向质量替代数量十分必要。为了引领生态肥料行业的发展，双赢集团主动承担社会责任，积极参与标准制定工作。2012年3月8日，双赢集团作为第一起草单位，与国家化肥质量监督检验中心（上海）一起在北京成功举办了《肥料分级要求》国家标准制定工作启动仪式，联合工信部、国家标准委、中国石化联合会等单位共同制定一套科学严谨、行之有效的标准。随着标准制定工作启动，双赢生态肥料迎来千载难逢的发展机遇。作为第一参与起草单位，双赢集团将凭自身科研实力，牢牢掌握肥料分级标准，从而在未来的肥料市场竞争中占据领导者的地位。

# 创新探索

The Path of Innovation

## 打造多元耦合的产业链<br>实现开磷集团转型升级

贵州开磷（集团）有限责任公司

贵州开磷（集团）有限责任公司（以下简称“开磷集团”）是20世纪50年代末我国重点投资建设的三大磷矿石生产基地之一，是国家发展和改革委员会列入“十一五”我国特大型磷肥生产基地建设单位。2006年被确定为“全国首批循环经济试点单位”，2007年企业技术中心被评定为“国家认定企业技术中心”，2009年被中国石化联合会认定为“中国化工行业技术创新示范企业”，2011年被国土资源部确定为“国家首批绿色矿山”和“全国首批矿产资源综合利用示范基地”建设单位。

经过50多年的建设与发展，开磷集团依托资源优势，坚持科学发展，不断提高创新能力，通过整合自然资源和科技资源，逐步实现了产业结构和产品结构的优化升级，形成了具有自身特点的“矿业、磷化工、煤化工、氟化工、氯碱化工、建设建材、贸易物流、物业服务”的多元化产业发展格局，为打造以主业为核心的产业集群奠定了坚实基础。目前，开磷集团已形成600万吨磷矿石、400万吨硫酸、130万吨磷酸、350万吨高浓度磷复肥（其中260

万吨磷酸二铵、80万吨磷酸一铵、10万吨重过磷酸钙)、60万吨合成氨、35万吨甲醇、13万吨硝铵、15万吨硝基复合肥、15万吨烧碱、15万吨聚氯乙烯、2万吨黄磷、10亿块磷石膏砖、6000万块尾矿渣砖、1亿条塑料编织袋的年生产能力。

50年风雨历程，企业经历了辉煌，也遇到过挑战。像其他国有老企业一样，也被很多问题所困扰：人员过剩、观念落后、设备陈旧、资金困难、效益效率低下等。在各种困难与挑战面前，开磷人发扬“负重攀越、勇往直前”的精神，自力更生、艰苦奋斗，通过调整产业和产品结构，转变发展方式，使开磷从包袱沉重的老矿山走出，真正实现了做大做强。

## 一、“三步走”发展战略创造了“开磷速度”

开磷集团的发展经历了两次创业。从1958年建矿到1988年是开磷的第一次创业时期。经过30年的奋斗，建成了年产150万吨大型磷矿石生产基地，并建成“无泄漏矿山”、“清洁文明矿山”，成为化学矿山的标杆单位，原化工部曾提出“学吉化、赶开磷”倡议。1988年至今，是开磷发展的第二次创业时期，分为两个阶段。第一阶段从1988年建设2000吨/年黄磷和10万吨/年重钙起步，到2000年磷化工发展初具规模。在这一阶段我们提出“稳定矿山、发展加工，开发两类产品，建设两个基地”的发展战略，决定走矿肥矿化结合的道路。为实现从矿山到化工的转型，开磷经历了长达12年探索发展磷化工的漫长历程。

由于缺少人才、技术和科学管理，导致装置不能安全、稳定、长周期运行，再加上重钙产品市场不好，从未亏损过的开阳磷矿1995年、1996年10万吨/年重钙厂投产后出现大额亏损。产品卖不出去，资金收不回来，银行贷款利息负担沉重，使开磷陷入了从未有过的困境。但开磷人在发展磷化工最艰难的日子里始终未言放弃。1988～1996年的8年时间里，全体干部职工为了磷化工的发展，没有增加一分工资，没有发放一分奖金，勒紧裤腰带搞建设，顽强地从困境中走了出来，并在发展磷化工中培养了一批技术和管理人才，为企业的进一步发展奠定了基础。

2000年底，开磷集团进入了第二次创业发展的新阶段，我们提出了“三步走”发展战略规划，即用3个五年时间(2001～2015年)，通过进一步发展磷化工，带动相关产业发展，使开磷集团的销售收入从2000年的5.39亿元分别提高到20亿元、50亿元和100亿元。令人振奋的目标，曾使不少干部职工产生怀疑，因为像开磷这样一个深处大山沟的大型国有老矿山企业，富余人员多、历史欠账多、社会包袱重，奋斗了42年，年销售收入从未超过6亿元，能生存已属不易，怎敢奢望数十亿、上百亿的销售收入？然而，开磷人用行动和实绩回答了这些疑问。

2005年成功实现第一步发展目标，销售收入从2000年5.39亿元增长到23.28亿元，增长了4.3倍，年均增长34%；实现利润从2000年1075万元增长到7300万元，增长了6.8倍，年均增长47%；上缴税费从2000年3521万元增长到14660万元，增长了4倍，年均增长33%；资产总额从2000年16.8亿元增长到46亿元，增长了2.74倍，年均增长22%；同时还偿还各种历史债务和处理潜亏近2亿元，实现了开磷发展史上具有里程碑意义的大跨越。

2008年是开磷集团建矿50周年、发展磷化工20周年的大庆之年。开磷集团提前2年零3个月实现了销售收入50亿元的第二步发展战略目标。2011年提前4年实现了100亿元销售收入的第三步发展战略目标，实现利税21亿元。

11年时间，开磷集团面对同行业的激烈竞争和内部重重困难，锐意进取，深化改革，抢抓机遇，加快发展，销售收入、生产规模、资产总额、实现利税，与2000年相比，相当于11年再造了20个开磷。“三步走”发展战略的实施，使开磷集团成为我国较为典型的以“矿化结合、矿肥结合”多产业并举、在国际和国内具有较大影响力的大型化工企业集团，磷矿山地下开采达到国际先进水平，高浓度磷肥生产能力在国内居行业第二位。主要经营指标连续十余年保持30%以上的高速增长，提前4年建成了百亿企业，企业连续多年进入中国石油和化工行业百强。

## 二、以技术创新推动企业的转型升级

为实现开磷集团的可持续发展，不断推进企业的转型升级，我们确立了“抓好两头，做强做大中间”的发展思路。就是以技术创新为依托，“一头”抓资源的保护和高效集约利用，“一头”抓“三废”的综合利用，不断延伸中间的产业链，拓宽产业幅，实现产业结构和产品结构的优化升级，努力将开磷建设成为“资源节约型、环境友好型”企业，使整个生产过程成为无废、少废和绿色产品生产过程。

第一，推进采矿技术的创新。开磷集团的采矿技术创新历经三个阶段。第一阶段是从建矿初期直至20世纪80年代初，使用的是前苏联的采矿技术，有轨开拓、端部退采、分段崩落，贫化损失大，劳动生产率不高，矿石回收率只能达40% ～ 50%。第二阶段是从20世纪80年代中后期至21世纪初期。国家将开磷矿区磷矿资源的开采列为国家攻关课题进行攻关，经过近十年的努力，开发了具有自主知识产权的“锚杆护顶分段空场采矿法”，获得了“国家科技进步一等奖”。这一科技成果的应用，使磷矿石的回收率从50%提高到70%，贫化率从13%下降到6%，采场日生产能力由300吨提高到1008吨，使矿山寿命延长了20年以上。这一时期，开磷集团还大力推进“无泄漏工厂”、“清洁文明矿山”建设，建成了当时闻名化学矿山行业的“花园式矿山”，原化工部在行业内倡导“学吉化、赶开磷”。

在此基础上，开磷集团引进国外先进大型无轨采掘设备，使开磷集团矿山技术装备水平达到国际先进、国内一流水平。第三阶段是新世纪以来，我们坚持以技术创新为先导，继续开展采矿技术创新，开发了“磷化工全废料自胶凝充填采矿技术”，使采矿回收率从70%进一步提高到92.6%，贫化率由7%降至4.52%，技术经济指标达到了世界先进水平。按照开阳磷矿区的资源储量和年产600万吨规模，该采矿方法可延长矿山服务年限25年以上。同时，通过采用改性后的磷石膏和黄磷废渣充填采空区，每年可综合利用磷石膏废渣300万吨，减少废石排放100万吨，节省磷石膏库征地费、建坝费、防渗处理费及运营管理费等5000余万元。不但为磷石膏等工业固体废弃物的综合利用开辟了一条新的途径，而且通过充填井下采空区，大大提高了井下采矿的安全性，避免地表塌陷、山体崩落，防止和减少地质灾害，改善矿山生态环境，使磷石膏大规模再利用与高效低贫损采矿两者完美结合，首次实现了我国磷矿山的无废害开采。该采矿方法先后获得了“全国化工科技进步一等奖”和“国家科技进步二等奖”。

第二，推进现代化矿山建设。我们着力信息化与工业化的融合，以现代信息技术改进矿山传统的安全生产管理，积极推进“矿山数字化、装备现代化、管理信息化”的现代化矿山建设，使井下打眼、装药、锚喷支护工艺实现了机械化，井下固定设备操作、皮带运输系统、机械供风系统和运输监控实现了远程控制，矿山从地质勘探、工程设计、生产到管理控制等各流程基本实现了数字化、信息化、模型化管理，使矿山生产管理科学化水平和管理效率大大提高。目前现代化矿山建设正在向更深层次推进，通过管控一体化信息平台建设，最终实现计算机网络信息管理，实现对现场环境、人员、生产设备的全方位管理，使矿山生产、经营管理各个环节实现专业化、信息化，促进企业全员劳动生产率、设备效率、能源消耗等核心技术经济指标水平不断提高，达到世界先进水平。

通过推进现代化矿山建设的技术创新，开磷集团的生产管理水平跨上了新台阶。2001 ～ 2011年，磷矿石年产量从200万吨提高到570万吨；矿山从业人员从4634人下降到1500人；劳动生产率从年人均420吨提高到3800吨；矿山百万吨死亡率从2.86下降到0.25。

第三，抓生态工业园区发展。目前，开磷集团在省内两市三县已形成了以矿业为根基、磷煤化工产业配套及"湿热并举"的磷肥生产和磷煤化工产业格局，建立起以主业为龙头的"磷-煤-氯碱-氟-电-建材"多产业相互共生耦合的生态工业产业链和以辅业为支撑的"贸易物流-建设建材-塑编制品-物业服务"为主体的市场体系和服务体系，成为以"磷煤结合、矿肥结合、矿化结合"的大型综合性化工企业集团。

一是抓磷石膏的综合利用。我们以严重制约企业可持续发展的固体废弃物——磷石膏的资源化利用为突破口开展技术攻关。通过改性磷石膏充填采矿的推广应用，每年可消化300万吨磷石膏。我们经过十年上千次的反复试验研究，开发出了在国际上首创、利用磷石膏–黄磷炉渣生产新型高强耐水磷石膏砖的"一步法"生产工艺。该工艺解决了磷石膏遇水软化这一国际公认的世界性技术难题，开发出可替代黏土砖用作建筑物外墙和承重墙的、市场需求极大的新型高强耐水磷石膏砖。2008年，高强耐水磷石膏砖相继获"国家重点新产品证书"、"贵州省新型墙体材料认定证书"、"贵州省建设新技术推广项目证书"，成为贵州省人民政府重点推广的替代黏土砖的新型建材。2009年由中国石油和化学工业联合会组织科技成果鉴定认为该项科技成果总体技术达到了国际先进水平，其中直接利用二水磷石膏制备建筑用砖技术达到国际领先水平，被评为全国化工科技进步一等奖，并获贵州省优秀新产品、新技术一等奖。

我们利用这一具有自主知识产权的技术，投资3.5亿元建成了年产10亿块新型磷石膏砖项目和相关配套项目，开发出包括新型磷石膏砖在内的系列新型建材产品。该项目的投产运行，每年可综合利用磷石膏、黄磷炉渣300万吨（干基），可节约磷石膏等废渣堆存用地约500亩。用年产10亿块新型磷石膏砖替代黏土砖后，每年可节约黏土制砖取土1652亩，节省磷石膏及黄磷炉渣库征地费、建坝费、防渗处理费3787.5万元，节省磷石膏堆场运行及管理费3636万元，节省黄磷炉渣排放运输费315万元，同时避免了磷石膏和黄磷炉渣占地堆存可能造成的水体污染和生态环境破坏，减少粉尘及消除修建磷石膏库可能形成的安全、环保隐患。

该项目以黄磷尾气取代燃煤为原料烘干热源和黄磷生产喷淋热水加热源，每年可利用黄磷尾气4910万立方米（标准状态），相当于节约60000吨标煤，减少$SO_2$排放量84.89吨，减少温室气体$CO_2$排放量86000吨。该项目利用化工生产废水为工业用水，每年可减少新鲜水取水量约56万吨。同时，为社会提供就业岗位700余个，并推动当地运输业、服务业的发展和小城镇建设。

该技术的成功开发，不但为整个行业实现可持续发展创造了条件，而且实现了建筑墙体材料的革新并推动新型建筑材料产业的发展。

二是抓矿井涌水和工业废水的综合利用。我们把矿山井下涌水集中回收处理，保证了年产120万吨磷酸二铵装置的生产用水，每年可减少新鲜水取水量550万立方米。我们投资1.32亿元在磷煤化工生产基地新建和改造工业废水处理系统，实现了工业废水的集中处理，循环利用不外排，一部分返回生产系统使用，一部分用于厂区、生活区景观喷泉用水和养花、种草、种树、养鱼。每年可循环利用工业废水1100万立方米，节约取水费和排污费1600万元。

三是抓余压余热的梯级利用。我们在息烽磷煤化工基地和开阳矿肥基地分别建成了余热回收系统和2×12兆瓦发电机组，每年可发电3.4亿度，实现了余压余热能量的合理利用。在此基础上又与科研院所合作，攻克了国内大型硫酸装置实现低温余热回收技术国产化难题，打破了国际市场对该项技术的垄断。目前开磷集团硫酸装置能力超过400万吨，目前正在应用该技术代替燃煤产蒸汽，每年可副产蒸汽200万吨，节约标煤23.06万吨，减排$CO_2$ 57.5万吨，节电2800万千瓦时，产生了良好的经济效益和社会效益。

## 三、从战略发展的高度继续推进“调结构、转方式”

“十二五”是“调结构、转方式”的攻坚期，也是开磷集团发展的战略机遇期。我们的指导思想是：走新型工业化道路，通过产业结构调整，资源集约利用，产业链延伸，构建具有鲜明产业特点的磷、煤、氯碱、氟、硅一体化精细化工产业发展新模式；把开磷集团建设成为低投入、高产出、低能耗、能循环、聚集效应突出，配套设施完善，生态环境优美，产业结构特征明显、比较优势突出的国内一流的精细化工基地和国际化大型综合性化工企业集团。

“十二五”调结构、转方式的战略选择：一是建设国家级绿色矿山。按照将开磷矿山建设成为“更加安全、更加环保、更加高效”的世界一流绿色矿山的要求，对矿山进行战略性投资。通过技术改造，使矿山产能达到800万～1000万吨磷矿石生产能力。进一步完善采掘布局和采矿安全六大系统建设，全面实现矿山机械化、数字化和远程控制，使开磷矿山真正成为磷矿石地下开采产量第一、安全第一、环境第一的现代化矿山，为主业可持续发展提供原料保障。二是将先进的煤化工技术和精细化工技术相结合，大力发展循环经济和可以与其他相关产业相互耦合共生的精细化工产品，不断延伸产业链，壮大产业集群。三是依托开磷集团磷化工副产原料氟硅酸，发展氟精细化工并进行深度加工和高度延伸，将氟化工产业培育成为开磷集团发展新的经济增长点。四是采用先进的精细化工技术，拓展磷精细化工中电子级、食品级和湿法磷酸的深度精制和后续加工。五是充分利用煤化工和本省资源优势，发展与磷化工、氟化工、氯碱化工、硅化工共生耦合的循环经济产业链和低碳经济产业链。

“十二五”调结构、转方式的发展目标：一是充分利用现有产业基础和技术条件，实现资源的有效整合与高效利用，在保持高浓度磷肥竞争力的基础上，加快发展精细化工产业，使产品从价格竞争转入价值竞争，把开磷集团建设成为我国最重要的综合性精细化工产业基地。二是加快发展循环经济，为建设精细化工基地提供有效、可靠的生态环境保护屏障，使工业废水、废气得到循环利用，将工业固体废弃物的利用提高到一个新的水平，把开磷集团建设成为我国大型的新型建筑材料生产基地。三是推进开磷集团贸易产业和其他辅业的同步发展，通过资本运作，使开磷集团发展成为主业突出、辅业配套，贸易和资本运作相结合的综合性的大型企业集团。

“十二五”调结构、转方式的发展思路：一是以产业结构调整为重点，横向上，通过相关产业之间的共生耦合，最大限度地实现资源高效利用，循环利用以及能量的梯级利用，拓宽产业幅，壮大产业群；纵向上，以“有机无机、湿热并举”的工艺技术路线，通过产业链的延伸形成种类众多，附加值高，颇具规模的精细化工产品体系。二是以矿业为基础，以息烽磷煤化工基地和大水工业园为依托，推动新兴产业的崛起，打造具有开磷特色的精细化工产业基地。在主业上，形成以“磷、煤、氯碱、氟、硅”精细化工实体经济为主的五大产业板块，形成实体经济产业集群；在辅业上，形成以市场为主体，内部服务为保障的“贸易物流、建设建材、装备维修与制造、循环经济、种植养殖”为重点的五大板块。通过主、辅业的和谐发展，形成具有合理比例的产业、产品结构和经济结构。

“十二五”调结构、转方式的对策措施是：以贵州省“十二五”工业发展战略和科技支撑十大产业为契机，以“加速发展、加快转型、推动跨越”为主线，进一步加大科技创新与技术进步投入，以科技进步促进产业结构调整和经济增长方式转变，推动产业聚集和产品精细化战略实施。坚持“科技兴企”战略，有选择地发展高技术含量、高附加值产品，实施名牌战略。培育一批具有自主知识产权、核心竞争力强、市场占有率高、以磷资源为依托的高端产品体系的优势产业集群。围绕企业“十二五”发展战略和科技创新规划，进一步整合技术创新资源，完善技术创新平台，建立产、学、研及科技成果开发，应用转化为一体的创新体系，形成具有自主知识产权的核心技术，为精细化工产业发展提供项目和技术支撑。进一步制定和实施人才培养计划，加快相关领域学科带头人及专业开发人才和工程技术人才的培养和引进，建设技术创新团队，培养和造就结构合理、素质较高的各类人才，为企业保持可持续发展提供智力支撑。

通过以上发展战略和落实措施，力争再用3个五年的时间（2011～2025年），使开磷集团销售收入分别增长到300亿元、500亿元、1000亿元，把开磷集团建设成为国内一流的精细化工产业基地和国际化大型综合性化工企业集团。

## 专家点评

作为一个具有50多年历史的老企业，贵州开磷集团用不懈地探索与实践做出了一篇产业结构调整和产品结构优化升级的大文章。

从2000年起，开磷集团确定了“稳定矿山、发展加工，开发两类产品，建设两个基地”的发展战略，决定走矿肥矿化结合的道路。本着“抓好两头，做强做大中间”的发展思路，贵州开磷集团依托技术创新，一方面抓资源的保护和高效集约利用，另一方面抓“三废”的综合利用，不断延伸中间的产业链，推进企业转型升级，实现了企业的可持续发展。

与此同时，开磷集团以技术创新为抓手，开始了向资源高效集约利用进军的步伐。经历12年的探索和发展，开磷实现了从矿山到化工的转型，并在技术创新等方面为中国磷化工产业发展作出了突出贡献。例如，在磷石膏的综合利用方面，开磷集团经过上千次的反复试验研究，开发出了在国际上首创、利用磷石膏-黄磷炉渣生产新型高强耐水磷石膏的“一步法”生产工艺，解决了磷石膏遇水软化这一国际公认的世界性技术难题，成为全球典范。

# 创新探索

The Path of Innovation

## 科技为先导　人才为支撑<br>努力打造涂料行业的民族品牌

江苏三木集团有限公司

江苏三木集团有限公司（以下简称“三木集团”）是一个从村办手工作坊发展起来的、专业研发生产合成树脂、环氧树脂、溶剂、精细化工原料等系列产品和化工设备制造与安装的大型企业集团，产品广泛应用于涂料、复合材料、电子电工和胶黏剂等领域。2011年实现销售总额165.4亿元，同比增长9.5%，实现了“十二五”的良好开局。实践使我们深刻体会到，三木集团能有今天的辉煌，靠的是以科技创新为支撑，不断调整产业结构，不断转变发展方式，使企业始终保持旺盛的活力和强大的竞争力，从而实现超常规、跨越式发展。

### 一、“调结构，转方式”实现三次飞跃

回顾集团的发展史，33年风雨沧桑，33年峥嵘岁月。

1979年，三木集团从一个村办手工作坊起步，依靠三根木棒、四间平房、十多名员工和十几万借款开始了艰难的创业之路。我们所以把企业的名称叫

做“三木”，就是让历史铭记我们是从三根木棒起家的。面对当时无资金、无技术、无靠山的困境，企业只能做最基础的硝酸铅等化工产品的副产物回收利用。随着经营业务的开展，我们越来越感受到，这样走下去企业发展的路越来越窄，必须进行产品结构的调整，公司大胆尝试着进入合成树脂行业，取得了良好的业绩。这次转型，奠定了三木发展的基础，实现了三木发展的第一次飞跃。

20世纪80年代末90年代初，我们实现了2个多亿的年销售额，这在当时是很不错的业绩。随着市场竞争日益激烈，“星期天工程师”模式使公司很快进入了新的发展期。我们确立了“以科技为依托、以市场为导向、以规模求效益”的发展思路，积极调整产品结构和经营模式，建立了以环氧树脂为龙头产品，醇酸树脂、氨基树脂、丙烯酸树脂和醋酸丁乙酯为主导的产品结构。从1997年开始在全国各地建立自己的营销网络，形成了“东西南北中”跨地区的发展格局，实现了效益最大化，完成了三木发展的第二次飞跃。

进入新世纪，三木认真落实科学发展观，贯彻“以科技创新为主导、以人才为基础”的发展战略，坚定不移地走“产学研”相结合的道路，为企业调结构、转方式提供了强大的支撑，构建了“一个三木、全国布局”的发展格局，在7个省市创办了生产型分公司，并在全国各地设立了100多个办事处，同时走出国门，产品远销欧美、日韩等国家和地区，使三木成为全国规模最大、品种最全、综合实力最强的专业树脂生产企业，国家级高新技术企业、中国500强企业，实现了三木的第三次飞跃。

三木集团的三次飞跃使我们深刻体会到：调整产品结构、转变发展方式是企业永恒的主题，不调整没有出路，不转变没有活力，只有积极实施产品结构调整，不断更新发展思路、转变发展方式，才能实现企业裂变式的发展。

进入“十二五”，我们再次调整产品结构，走“园区化”发展模式，在江苏、山东、内蒙古、四川等地建立各种原材料和涂料产业园区，秉承“坚决不涉及涂料成品生产”的承诺，围绕“涂料用树脂超市”的经营理念，全力打造“世界级涂料用原材料生产基地”。

## 二、以科技创新为先导，为企业转型升级提供强大支撑

三木集团从成立的那天起，就提出“科技创新、科技兴企”的口号。科技兴企在不同的历史时期有不同的表现形式。三木最初讲科技创新，主要是通过

各种方法从市场上购进别人成熟的技术，采取的是“拿来主义”。以后随着形势的发展和企业的进步，我们对科技兴企也有了新的认识，光靠“拿来主义”已远远不能满足公司的发展，必须在引进技术的同时大力研发拥有自主知识产权、竞争对手不具备而市场又急需的产品。而开发具有自主知识产权的产品，就要求三木必须与国内知名大专院校、科研机构进行合作，瞄准国内、国际的前沿技术，规划下一代产品发展方向，使科技创新成为企业发展的核心动力。为此，我们打造了一批高层次研发平台，并争取到国家的政策支持。

第一，成立“两站一中心”，打造高层次研发平台。

“两站一中心”包括：企业院士工作站、国家级博士后工作站和江苏省合成树脂工程技术研究中心。

江苏省合成树脂工程技术研究中心是三木集团在原有树脂开发部的基础上整合优势资源，在省科技局等单位支持下成立的集研究开发、推广应用于一体的新型研发机构。

到目前为止，中心共承担了8项省级以上科技攻关项目，申请了13项国家发明专利，在国内一级自然科学杂志发表研究、学术论文50余篇，开发了新型树脂、新工艺100多项，建成新装置30套，各类新品树脂累积达到200多个，这些新产品为公司新增产量达10万余吨，为公司创造利润1亿元以上。同时每年为社会提供至少50名本科生就业岗位，取得了巨大的经济效益和社会效益。

中心积极推进并执行标准化战略，目前是“全国涂料和颜料标准化技术委员会”委员单位、“全国涂料和颜料标准化漆基分技术委员会”副主任委员单位，并参与和制定了环氧树脂与合成树脂污染物排放标准、光固化树脂（2006～2008年）标准。应中国辐射固化协会邀请，组织编写《辐射固化反应性稀释剂中有机溶剂的测定（顶空-气相色谱法）》、《辐射固化反应性稀释剂脂分布的测定（毛细管气相色谱法）》等行业标准，在标准的制定与起草方面积累了丰富的经验，取得了良好的行业社会效益。

成立国家级博士后工作站及企业院士工作站。于斯为盛，唯才是兴。我们深刻认识到人才在科技兴企中的关键作用，十分重视人才的引进与使用。2008年依托研发中心申请建立了博士后流动工作站，获得国家科技部的批准，使三木成为无锡市第一家拥有博士后流动工作站的民营企业；2009年我们与中科院化学所联办了企业院士工作站，不仅提升了公司的研发实力，同时也带来了不同院校的学术思想和研究方法，大大活跃了中心的学术气氛。

第二，贯彻人才强企战略，加快科技创新步伐。

古语云“功以才成，业由才广”，三木集团具有一支由院士、外聘教授专家、博士、硕士、本科等梯队人才组成，结构合理的人才队伍，拥有一支具有中高级职称、技术水平高、实践经验丰富的技术带头人团队。其中博士8名、硕士24名，高级职称专家8名、中级职称人才100多名。

公司给予人才特别是核心人才更多关注、更多关心、更多机会，为他们创造施展才华的舞台和天地，并从薪资待遇、生活环境等方面给予更多倾斜。例如：三木为每个本科以上学历员工建立三星级水平的宿舍，内有空调，电视，独立卫生间，让人才住得安心，对于不愿意住宿舍的员工，公司建立福利分房制度，只需要缴纳很少一部分现金，便可以获得140平方米以上商品房一套。为人才提供更多的机会，更宽广的舞台，为其提供广阔的发展空间和专业知识应用前景。

在人才的使用上，公司强调“专业的人做专业的事”，把人才配置到合适的位置；形成公平、公正的人才竞争机制和激励机制，使优秀人才脱颖而出，杜绝大锅饭现象；打破传统微环境约束，建立人才事业平台，给人才创造良好的发展环境，使他们在实践中发挥聪明才智、迅速成长。

第三，形成以企业为中心、“产学研”相结合的合作机制。

我们与中国科学院、北京大学、中国科学技术大学、南京理工大学、北京化工大学等单位均有广泛的合作与交流。每年投入销售收入的3%～5%作为研究开发经费，荣获“中国产学研合作创新奖”等荣誉。

2009年，我们依托南京理工大学承担的“3G通信光纤用特种环氧丙烯酸酯的研发与产业化”项目获得了江苏省重大科技成果转化专项支持。目前已经建设完成1500平方米的副厂房、550平方米的操作室和办公室、900平方米循环水池和新建厂房，约3000万元的产业化设备已经全部安装，并于2011年8月调试成功，预计三年内将实现销售收入5亿元，并向100多家中小企业进行辐射，累计新增经济效益1.5亿元。

第四，充分利用物联网平台，推进信息化建设。

三木地处无锡宜兴，无锡物联网是国家新型工业化产业示范基地，正在打造“物联网之都”。早在20世纪90年代中期，我们就认识到物联网的重要性，特别注重对营销网络的建设，在全国各地建立了100多家销售点，在总部设立国际营销部，负责对国外的销售。拥有一支庞大的、经验丰富的营销队伍，每个营销人员就类似物联网中的“传感器”，将市场、客户等信息及时反馈给集团总部，总部这个“处理器”做出决策，协调各个部门，更好地为市场、客户进行服务，履行“三木化工，祝您成功”的承诺。

公司积极推进管理信息化，采用ERP等先进的信息化系统，对整个集团进行信息化管理，提高了效率，也创造了效益。车间生产全部实现了“DCS”操作系统，大量运用物联网技术，实现生产的自动化、信息化，有力地保障了生产安全，减少化工产品对员工的伤害，提高了生产效率，实现连续化生产。

我们从实践中深刻体会到，科技兴则企业兴，人才强则企业强。科技兴企和人才强企是推动三木调结构、转方式的“两个轮子”，为振兴民族涂料树脂产业提供了重要支撑和力量源泉。

## 三、优化产业结构，不断培育新的经济增长点

产业结构优化是当今世界经济发展的重要课题。产业结构合理性的主要标志是：科学利用资源，各产业部门协调，能提供社会需要的产品和服务，能提供劳动者充分就业的机会，能推广应用先进的产业技术，能培育新的经济增长点，能获得最佳的经济效益。为此，我们采取了以下措施：

第一，将辐射固化产业作为集团的发展重点。辐射固化是一种绿色、经济、技术含量高、发展前景好的表面固化手段，具有节能、高效、无污染的优异特点，符合节能减排和环境保护的产业政策。

三木集团自2001年进入该领域，从最初的年销售不到1000吨，发展到现在的年销售40000吨，销售数量增长了40倍，一直保持着高速发展。目前集团拥有3万吨的环氧丙烯酸酯、3.5万吨的辐射固化单体、5000吨的小品种辐射固化树脂。辐射固化单体产能全球最大、技术也最先进，目前正在筹建单体四期工程。

为加快辐射固化在涂层、油墨、黏合剂等领域的应用，进一步了解国际辐射固化产业发展现状及未来走势，交流高端应用领域所涉及的辐射固化原材料及其新技术，我们与中国科学技术大学共同于2012年在宜兴举办了《第一届国际辐射固化产业发展论坛》。许多国家的辐射固化协会主席、该领域著名教授、企业家及专家到会，对促进三木与国际同行的合作、提高新产品研发水平发挥了重要作用。

第二，延伸辐射固化产业链，成功实施泰兴丙烯酸及酯项目。丙烯酸及酯是重要的化工原料，主要用于合成树脂领域。我国丙烯酸及酯行业起步晚，

受技术、原材料、资金、管理等因素的影响，企业数量较少，产品产量和价格比较透明。随着辐射固化等行业的快速发展，公司对丙烯酸及酯的需求量日益增大。为了不在原材料上受制于人，我们在地理位置优越的泰兴精细化工园区内投资建设了三木泰兴化工园区，其中8万吨丙烯酸已于2011年底顺利投产，创造了丙烯酸业界的一个奇迹；4万吨冰晶酸和6万吨丙烯酸酯系列产品也于2012年3月份投产。

随着丙烯酸及酯的自我配套，公司的辐射固化产品、丙烯酸树脂产品将再一次降低价格，有助于提高企业的市场竞争力，抢占产品的市场份额。

第三，围绕环氧树脂，积极发展环氧氯丙烷等上游产业。三木坚持实施“以环氧树脂带动公司发展”的战略，目前已是全球第三大的环氧树脂生产企业，计划在“十二五”期间，达到全球第一。多年来，三木致力于向环氧氯丙烷等上游产业发展，在山东投资注册了山东三岳化工有限公司，“十二五”期间计划在黄骅港鲁北高新技术开发区投资150亿元创办“盐化工”项目，一期工程30万吨烧碱、12万吨环氧氯丙烷将于2012年投产。项目建成后可实现应税销售500亿元以上，年上交税金20亿元以上。

第四，围绕化工主业，积极打造配套原材料的产业集群。这些年来，我国涂料业飞速发展，公司原材料需求量越来越大，采购过程中遇到了一定的困难。曾经有供应商讲：“你这么大的采购量，能保障你正常供应就不错了，价格肯定不会很便宜。”为了降低成本、规避风险、稳定运营，确保在行业中的领先地位，从2002年开始，三木注意上游原材料的自我配套，形成原材料的产业集群。我们首先在集团总部投入巨资，聘请高水平的工程技术人员，成立化工原材料小区，为企业配套生产苯酐、甘油、油酸、溶剂等一系列原材料。近年来，又与内蒙古乌海市合作共建煤化工产业园，生产为氨基树脂、醇酸树脂配套的原料，预计2013年投产。

第五，提升装备水平，实现装备的自我配套。公司在发展过程中，新上的项目越来越多，单纯依靠外面的设计院所及装备公司、安装公司，已经跟不上企业的发展速度。我们利用多年积累的项目建设经验，建立了一支经验丰富的化工装备队伍，设计所负责化工装备图纸和项目的设计，设备厂负责反应釜等化工装备的制造，设备安装公司负责总部及外地分公司的厂房建设与设备安装调试。这些配套措施不仅提高了配套效率，也有利于公司在产品等方面的保密性，进一步提高了企业的核心竞争力。

## 四、转变发展方式，走循环经济发展道路

循环经济是将生产所需的资源实现循环利用，减少废弃物排放的经济生产模式，是从资源的高效利用、循环利用和无害化生产三条技术途径来实现的。三木发展循环经济，主要通过建设园区，实现对资源的综合利用，坚持“绿色环保”理念，推进清洁生产，打造涂料产业的民族品牌。

第一，实施产业集聚，创办“涂料化工园区”。随着国家对安全、环保及资源与能源匹配的要求越来越高，我们进行了新一轮的产业布局。本着建设“涂料用原材料超市”的理念，为了实现涂料的“上下游”配套，实现资源的有效利用，公司重点打造了以下园区：

一是宜兴总部三木化工园区。这是经江苏省环保厅批准，定位于树脂、涂料、复合材料及下游相关产业的化工集中区。地处中国经济最活跃的长三角地区，区位优势明显，物流通畅便利，特别是加入上海二小时经济圈，使三木化工园区如虎添翼。

二是四川三木化工园区，位于四川省泸州市合江县临港工业园区内，地处川黔渝结合部，属成渝经济区范畴，是四川省政府确定的“一极、一轴、一区块”中的环渝腹地区块，也是川渝经济合作的“桥头堡”。园区紧靠合江县城，濒临长江，宜-泸-渝高速公路横穿园区，并有互通接口，距重庆外环高速公路57公里，规划码头泊位20个，园区内宜港岸线资源4500米，常年通航能力在3000吨级，中水期6000吨级。

三是由三木集团、中国涂料工业协会、焦作中站区人民政府共建的焦作三木工业园，占地约1000亩，园区建成后预计年销售额为35亿～40亿元，成为河南省最大的涂料生产基地。

四是湖北畈湖三木涂料工业园，园区地处湖北省嘉鱼县，首期投资15亿元，购置土地500亩，全力打造绿色涂料产业为主的高新技术产业园区。

以上涂料化工园区的成立，实现了上下游的完整配套。在涂料化工园区内，不仅有合成树脂、溶剂，还将引入助剂、染填料等一系列涂料用原材料生产企业。一方面降低了物流成本；另一方面，在此基础上，建立统一的交易平台和高起点、高水平的研发、分析检测基地，有利于提高园区内的企业参与市场的竞争力。园区将统一环保标准，统一进行危害物质检测，让使用公司的产品全部符合国家环保要求。在取得良好的经济效益的同时，也体现出企业的社会责任。

第二，落实节能减排，推进清洁生产。我们紧紧围绕“节能减排、科学

发展”这一主题，因地制宜地采取多种形式推进清洁生产，荣获“十一五”期间石油和化工行业环境保护先进单位。

一是加强组织领导。实行公司、分厂、班组三级管理，明确节能减排的任务和责任，通过岗位责任制及能耗定额管理等形式，将节能减排落实到基层。二是以科技创新落实节能减排。目前公司在环保方面的发明专利有“改良的环氧酯树脂及制备方法”、“环氧树脂含盐废水的处理及盐的回收”、“氨基树脂废水中去除甲醛及回收甲醇与丁醇的方法”等。2004年，三木集团宜兴官林凌霞污水处理厂建成投入运行，污水处理能力达9500吨/天。三是坚决淘汰高能耗、高污染的落后产能，将聚氯乙烯（PVC）、纯碱两个分厂的设备出租或者销售，对苯甲酸等污染较大的分厂实行减产或者限产。

在多年的践行环保过程中，我们也尝到了“节能减排、清洁生产”的甜头，开始向“环保”要效益。如公司的氨基树脂，目前国内外的技术瓶颈就在于废水的压力，有着多年的环保经验的三木，在该方面走在了世界的前列，依托“氨基树脂废水中去除甲醛及回收甲醇与丁醇的方法”等发明专利，实现了原材料的回收再利用，也降低了氨基树脂的成本，在2011年，世界最大的单套5000吨甲醚化氨基树脂成功投产。曾经有国外公司因为三木打破了其在氨基树脂方面的垄断，出高价收购三木的氨基业务。我们回应对方说：“我要更多的钱也没用，我们要的是涂料行业的民族品牌。”正是由于公司致力于建立涂料行业的“民族品牌”，公司也就更有社会责任来更好地落实科学发展观、节能减排、清洁生产。

第三，“立足总部、面向全国、走向世界”，打造涂料行业的民族品牌。早在20世纪末我们就意识到，单单在长三角地区发展对公司的制约性很大，于1998年建立了第一个生产型分公司——北京三木化工有限公司。到目前为止，三木集团已经在全国建立了沈阳三木、北京三木、新疆三木、山东三岳、泰兴三木、四川三木、广东三木等七家生产性分公司，全力打造出行业的民族品牌。在“走出去”的过程中，我们遵循以下几条原则：一是坚持本部为主不动摇。三木在加大对外投资的同时，重视对本部具有国际先进水平核心项目的扩能和技术改造，以加强控制力。二是协调好企业利益和当地员工及部门利益，紧紧抓住“双赢”这个法宝，充分尊重各方利益诉求。三是立足长远，不争一时。

任何投资都具有风险性，三木向上游产业转型之初，投资兴建了泰兴分厂，由于种种原因导致连年亏损，企业上下议论纷纷，有的甚至提出撤资。

我们顶住压力，引进高端技术人才，并对项目进行转型，充分利用现有设备新上16万吨丙烯酸、6万吨丙烯酸酯项目，经过两年多的奋战，一次性试车成功，鼓舞了员工的士气，震撼了整个丙烯酸业界，取得了良好的经济效益和社会效益。

"十二五"是石油和化工行业调结构、转方式的攻坚期。三木集团将以"科技为先导、人才为支撑"，进一步拓宽发展空间，抓好园区经济和绿色环保产业，将目光由宜兴转向全国，着力打造"世界级涂料用原材料超市"、"世界级环氧树脂生产基地"、"世界级辐射固化材料基地"。利用三木在涂料行业的影响力，为中国涂料产业的发展添砖加瓦，努力打造涂料行业的"民族品牌"。我们有信心，在"十二五"期间实现三木集团的第四次飞跃。

## 专家点评

一个靠三根木棒、四间平房、十几名员工起家的村办手工作坊，发展成为全国规模最大、品种最全、综合实力最强的专业树脂生产企业，历尽了风雨沧桑。他们不畏艰难，脚踏实地，瞄准全国和世界水平一步步前行。回顾三木集团33年的峥嵘岁月，我们可以得到三点启示：

一是调结构、转方式是企业永恒的主题。从做最基础的化工产品的副产物回收利用，到建立以环氧树脂为龙头、醇酸树脂、氨基树脂等为主导的产品结构，再到构建"一个三木、全国布局"并走出国门，三木从三次飞跃中深刻体会到：不调整就没有出路，不转变就没有活力，只有不断更新发展思路，积极推进结构调整和发展方式转变，企业才能实现裂变式发展。

二是调结构、转方式必须以科技、人才为支撑。科技兴企在不同时期有不同的表现形式，三木在发展初期采用的是"拿来主义"。但是，实践证明靠买技术只能跟在别人的后面，真正先进的技术永远是买不到的。三木由此下定决心建立产学研合作机制，打造高层次研发平台和人才事业平台，以此支撑企业的结构调整，培育新的经济增长点。

三是把打造民族品牌作为企业的社会责任。"我们要的是涂料行业的民族品牌！"这是三木集团对国外公司的豪言壮语。三木正是以这种创立"民族品牌"的大无畏精神，把全面落实科学发展观作为企业义不容辞的社会责任，坚定不移地推进节能减排、清洁生产，实施循环经济，向着打造世界级涂料用原材料基地奋力迈进。

# 创新探索

The Path of Innovation

## 调整产业结构　转变发展方式<br>全面提升云天化的核心竞争力

云天化集团有限责任公司

云天化集团是以云天化集团有限责任公司为母公司、控股一批生产经营型企业的企业集团。集团公司的前身——云南天然气化工厂，是我国20世纪70年代引进国外成套设备建成的13家大化肥企业之一，1977年建成投产。1997年整体改制为云南省人民政府授权经营的国有独资有限责任公司。

“十五”以来，云天化集团抓住国家西部大开发、云南省行业整合以及建设国家级磷复肥基地等一系列重大机遇，紧紧围绕全面提高企业竞争力这一中心，抓住结构调整和深化改革两条主线，依靠技术、管理、制度三个创新，实施了“以肥为主、相关多元”的产业发展战略、以增产降耗为重点的技术创新战略、以产业整合为重要手段的低成本扩张战略、以磷矿资源整合为重点的资源控制战略等四大战略，以及优化资产结构和融资结构、完善集团管理体系、提升装置控制水平、精干主体和优化内部机制、维护企业和谐稳定等五大配套措施。集团公司从原来以单一氮肥为主的生产企业，逐步发展形成拥有化肥、有机化工、玻纤新材料、盐及盐化工、磷矿采选和磷化工六大产业平台，70多家全资、控股及参股公司，3万多员工的跨地区、跨行业、跨所有制经营的大型综合性企业集团，在结构调整和改革发展上取得了显著成效，实现了超常规、跨越式发展。

目前，云天化集团拥有资产总额超过800亿元，2011年销售收入460亿元，主要产品30多种，其中磷复肥、磷矿石、黄磷、玻璃纤维、聚甲醛等重点产品的产能均居全国同行业前茅。近几年均被评为中国石油和化工行业前十强和中国化工行业前三强企业。

## 一、"调结构、转方式"是提升云天化核心竞争力的内在要求

改革开放30多年来，我国经济以年均9.7%的增速持续快速发展，处于经济发展的高峰期。云天化集团正是抓住了这一有利形势和良好机遇，实现了自身的快速发展。然而长期以来，企业的发展总体还处于"跑马圈地、搭建平台、规模扩张、壮大实力"阶段，企业的进步和价值的创造更多是依靠资金投入、资源消耗和规模扩张，发展方式相对较为粗放。作为一家引进国外成套设备的以天然气为原料的大化肥生产企业，云天化不论是在技术装备、管理水平，还是原料供应、产品市场等方面都具有较强的竞争优势。但随着国际国内形势和企业内外环境的变化，在资源能源供应日趋紧张、低碳环保的要求越来越高、行业竞争不断加剧的情况下，云天化作为一个资源型、规模型和传统产业主导型的企业，产业结构和产品结构相对单一、资源依赖程度较高、节能减排和环境压力越来越大等矛盾日益凸显。

2008年的国际金融危机迅速蔓延到实体经济，给我们以沉痛的教训，一夜间公司损失上亿元，生产经营遇到前所未有的困难。我们在反思中深刻认识到，如果不加大调结构、转方式的力度，提高企业的抗风险能力、应变能力和核心竞争力，集团多年发展形成的竞争优势将会逐步丧失，企业的发展空间将会逐步缩小，可持续发展能力将会逐步削弱。因此，加快结构调整、转变发展方式，既是党中央、国务院的要求，也是新形势下云天化集团巩固和提升竞争力、确保持续健康发展的迫切需要。

## 二、"调结构、转方式"必须坚持科学发展、重点突破

为适应新时期、新形势的发展要求，云天化集团自2002年以来，围绕全

面提升企业核心竞争力这个中心，以科学发展为主题，开展了第一轮结构调整和改革创新，并取得了显著成效。主要体现在以下五个方面：

### （一）把调整结构作为坚持科学发展、全面提升核心竞争力的主攻方向

“以肥为主、相关多元”，是云天化集团根据自身实际情况和云南省资源禀赋特征而明确的产业发展战略。做化肥是云天化的强项，为了扬长避短，这几年我们集中人力、物力、财力，把化肥这个产业做足做强，同时逐步退出了一些非主营业务。“相关多元”，就是把云天化产业发展的重点界定在与化肥、化工相关的产业方向上，强调有的放矢的多元化，而不是盲目的多元化。

通过几年的调整，云天化集团在产业结构方面，形成了以化肥为主业，以有机化工、玻璃纤维、盐及盐化工、磷矿采选和磷化工为主要发展方向的六大产业板块。通过集团内部磷复肥产业重组即国际化工的组建，聚甲醛和玻璃纤维生产规模的不断扩大和新产品的开发应用，打造了磷复肥、聚甲醛、玻璃纤维等一批在国内外具有比较优势的产业平台。

在产品结构方面，通过磷复基地建设，聚甲醛、玻璃纤维、氯碱和牙膏级磷酸氢钙等一批重大项目的建成投产，打破了原来主要靠氮肥的产品单一状况，形成了上下游结合、覆盖六大产业36个产品和品种的产品系列，多种产品产能居全国第一，规模效益逐步显现。

在原料结构方面，随着集团产业结构的多元化发展以及规模、品种的增加，改变了原来仅靠天然气的资源单一状况，逐步形成了天然气、磷矿、煤、盐、硫磺等多元化原料结构，多产业链互动发展的格局。

在市场结构方面，通过化肥营销网络建设和六大产业产品市场的不断拓展，逐步改变了原来主要靠省内市场的状况，形成了省内省外结合，国内国外互动的市场经营格局。

在企业发展方式方面，通过多年探索，逐步形成了内涵和外延相结合，技术改造、新项目建设、资本运作和产业整合有机结合，多种形式推进企业发展的模式。

### （二）把科技创新和技术改造作为全面提升核心竞争力的强大支撑

转变发展方式就是要从资源规模型向质量效益型、技术创新型转变。结构调整无论是现有产业和产品的结构调整，还是发展新产品、延伸产业链，都

离不开技术创新的支撑。近几年来，云天化以打造企业核心竞争力为目标，不断提升企业自主创新能力。按照产业发展和结构调整的要求，研究制定并全面实施技术创新战略，重点围绕五个方面开展技术创新：一是围绕现有产业的结构优化升级和产品链的延伸实施技术创新；二是围绕提高资源的利用效率实施技术创新；三是围绕新兴产业和新产品的开发实施技术创新；四是围绕节能减排和环境保护实施技术创新；五是围绕循环经济和废弃物综合利用实施技术创新。通过组织实施一批重大、关键核心技术的项目开发，不仅增强了企业引进技术消化吸收能力和自主创新能力，也有效提升了企业的经济效益和市场竞争力。

多年来，云天化集团在自主创新、技术升级方面始终坚持投入与开发并重，为提升企业自主创新能力奠定了良好基础。构建了以云天化集团技术中心为业务核心、以云天化集团博士后工作站及集团下属子公司的技术分中心为支撑，与国内外高等院校、科研院所广泛合作的、开放式的自主创新体系。目前，集团拥有2个国家级技术中心和1个国家认定的实验室、2个博士后科研工作站、1个中试基地、1个产业化基地。

在新产品、新技术开发方面，围绕矿产资源高效利用、新材料新产品的开发和产业化，重点开展了中低品位磷矿浮选技术的开发应用并取得重大突破，技术经济指标达到国际先进水平。我们与清华大学、四川大学等共建工程中心和研发实验室，重点开展聚甲醛新产品开发、改性研究及工业化生产、产品应用开发和技术服务。实施了磷肥生产副产氟硅酸综合利用技术开发、大型硫酸装置低温位热能回收利用、功能性玻璃纤维新产品产业化技术开发、高聚合度聚磷酸铵产业化技术开发、黄磷制备LCD级电子磷酸装置建设及技术开发等一批重大技术创新项目。建成了聚磷酸铵阻燃剂系列产品、功能型磷酸钙盐系列化产品工业化装置，形成云南高品质磷酸钙盐和精细磷化产品生产基地。“十一五”期间，集团共实施40余项技术创新项目，申请发明专利43项，取得了一批具有自有知识产权的关键技术成果，并成功地实现了产业化应用，对全面提升云天化的核心竞争力发挥了重要作用。

### （三）把推进节能减排、发展循环经济作为全面提升核心竞争力的着力点

云天化作为一个资源型、规模型和传统产业主导型的企业集团，长期以来一直高度重视节能减排和循环经济工作，在积极探索发展循环经济、推行清洁生产、加大节能减排力度方面做了大量工作并取得了显著成效。

自2005年以来，集团万元产值能耗连续下降，累计实现节能量213万吨标准煤，超额完成了“十一五”期间与云南省政府签订的实现节能量68万吨标准煤的责任目标，被省政府授予“节能减排先进单位”称号。

我们在技术创新和技术改造的过程中，始终追踪国际先进水平，以循环经济理念为指导，加快利用高新技术和先进适用技术改造传统产业，淘汰落后工艺、技术和设备，以技术进步实现“低消耗、低排放、高效益”。

“十一五”期间，集团积极创造条件，有针对性、有重点地组织实施了一批节能减排、提高资源利用等循环经济示范项目。积极采用新技术、新设备，淘汰了一批技术落后、污染环境和能耗高的工艺、技术和装备。组织实施的主要项目有红磷节能技改项目、硫酸低温位热能回收项目、大型热法磷酸装置热能利用项目、中低品位磷矿浮选、黄磷尾气和炉渣及电石废弃物综合利用、磷石膏制建材、磷肥副产氟硅酸制冰晶石等一批循环经济、节能减排、资源综合利用专项，实现了资源节约，减少了污染物排放，促进了结构优化和技术进步，在提高资源利用率等方面取得明显成效，实现了经济效益和社会效益双赢。目前，集团的资源综合利用技术达到了全国先进水平，循环经济和节能降耗主要指标达到了国内同行业先进水平，有力地提升了集团的核心竞争力。

### （四）把产业整合、资本运作作为全面提升核心竞争力的重要手段

为把云天化做强做大，近几年我们实施了以产业整合为重要手段的低成本扩张战略。通过收购、兼并、租赁等市场化运作和行政划拨、内部重组，结合资本运作、技术改造和新项目建设，实现了集团的低成本快速扩张。比如磷复肥产业，先是通过产业整合打造出一个发展平台；然后通过技术改造、新项目建设和内部整合重组放大整合效应，最终达到产业规模中国第一、世界第二的水平。再比如玻璃纤维产业，首先是通过低成本收购一家玻纤企业，建立起产业发展平台；然后进行增资扩股、技术改造和新项目建设，进行内部资产和业务再重组，不断放大整合效应，目前已经达到50万吨/年的生产规模，成为集团的一个重要支柱产业。

云天化自身的定位是资源型企业集团，资源要素的控制和有效配置对于企业的发展至关重要。我们积极推进以磷矿资源整合为重点的资源控制战略，通过股权收购，逐步完成对磷矿资源的控制和整合，并通过战略合作的方式进入了煤资源、老挝钾资源的开发领域。同时对集团内的硫磺资源进行统筹

管理、集中采购，形成了多渠道的供应路线和物流路线，为资源保证和降低成本创造了有利条件。通过实施资源控制战略，目前云天化各产业生产经营和发展所需资源得到了有效保证，实现了磷矿资源的从无到有、从小到大，逐步实现了重要资源的统一管理和有效配置。

与此同时，集团还通过资本运作这一重要手段，不断优化资产结构和融资结构。一是通过资本运作，包括云南盐化的上市、云天化股份的再融资、重庆玻纤的海外私募、发行企业债券等方式，形成了多元化的融资结构，为产业发展提供资金支撑，取得了良好的效果。二是通过内部重组，打造能够创造新价值的优势产业平台。2006年，云天化集团通过整合内部五家磷复肥企业，组建了云天化国际化工股份有限公司，实施了采购、生产、物流、销售、财务和人力资源六个方面的整合和统一，规模效益得到充分发挥，提高了管理效率，降低了各项成本，避免了内部矛盾，在国内外磷肥市场的竞争力明显提升。三是通过资本运作，有进有退，不断优化资产结构和资产质量。2007年，通过资本运作和资产、业务重组，原云南磷肥工业公司进入云天化集团，并按照现代企业制度成立了债转股新公司——云南天达化工实业有限公司。同年，集团通过增资扩股，控股云南中寮矿业开发投资有限公司，在老挝建设钾盐矿开采加工项目，开始实质性介入老挝钾盐的综合开发利用。2010年以来又全面启动了集团磷化工资产和业务的新一轮重组。

### （五）把深化内部改革、创新企业管理作为全面提升核心竞争力的强大动力

集团始终坚持以深化改革和管理创新为动力，不断精干主体、优化内部机制，不断完善集团化管理体系。“十一五”期间，我们利用云南省深化国企改革的有利时机，全面推进以完善治理结构、精干集团主体、优化内部机制为主要目标的改革创新。通过建立现代企业制度，进一步规范了法人治理结构；通过分离企业办社会职能，使企业负担得到明显缓解；通过全面施行辅业改革，使集团主体更加精干。我们还在企业内部积极推进劳动用工、人事和分配制度改革，实施人力资源规划，推行干部交流、竞聘上岗等制度，实施绩效工资制和子公司经营者年薪制等分配制度改革，为企业的健康快速发展提供了制度和机制保证。

在集团化管理方面，我们从云天化的实际出发，总结出了母子公司管理的“六项原则”：集团战略一体化原则、集团效益最大化原则、依法规范管理

原则、分类管理和层级控制原则、子公司独立行使经营权原则、决策层与经营层适当分离原则。同时，明确了对子公司管理的“六条途径”：战略管理、预算和经营目标管理、资产经营责任制管理、高管人员推荐选派和绩效考核、信息传输和反馈、监控和纠偏措施。通过“六项原则”和“六条途径”，集团较好地实现了对子公司的管理。目前，云天化正在按“专业化经营、集团化发展”的思路，从战略管理体系、市场营销体系、技术创新体系、治理结构和组织结构体系、企业文化体系、人力资源体系等六个方面加强集团化管理，通过强化管理体系功能，进一步提升集团的管理能力和管理效率。

## 三、抓住“十二五”发展机遇，坚定不移地推进云天化的科学发展

调整产业结构、转变发展方式是一个不断完善、持续推进的过程。云天化集团虽然在上一轮调结构、转方式中取得比较好的成效，但面对急剧变化的国内外形势，仍需要持续不断地调整和优化。我们将抓住“十二五”发展机遇，全面实施第二轮企业改革创新，加快发展方式转变的步伐，在提升企业核心竞争力上取得新成就。

### （一）“十二五”的发展思路

深入贯彻落实科学发展观，适应国内外形势新变化，实施“肥为基础、肥化并举、相关多元、转型升级”的产业发展战略。以产业结构调整和资源优化配置为主要内容，以延伸产业链、优化产品结构为重点，进一步做优做强现有产业，积极培育和发展新兴产业；以节能减排和循环经济为抓手，不断提高企业的资源利用水平和可持续发展能力；以全面提高企业自主创新能力为强大支撑，不断提高企业发展的质量和效益。

经过“十二五”的艰苦努力，力争实现六大转变，即：发展方式从资源规模型向质量效益型、技术创新型转变；发展重点从“以肥为主”向“肥化并举”转变；业务模式从以生产经营为主向产业发展、技术创新、资本运作、商贸流通四个平台互动转变；创新形式从引进消化吸收为主向自主创新转变；组织体系从单一的母子公司向更能适应企业发展的现代企业组织转变；经营范围从以国内为主向国内国际两个市场、两种资源互动转变。

### （二）“十二五”的结构调整将实现的目标

一是产业和产品结构进一步优化。非肥产业比重由2010年的30%左右提高到50%左右，其中新材料占12%，新业务和新产品占20%以上。逐步实现“以肥为主”向“肥化并举”转变，单一传统产业向传统产业与新兴产业相结合的产业结构转变，基础型产品为主向基础型与功能型相结合的产品结构转变。

二是资源利用水平进一步提高。通过加大磷矿浮选新技术的开发应用，大幅提高中低品位磷矿资源利用率；黄磷尾气、炉渣、煤渣基本上做到全部回收利用，进一步提高氟硅资源利用水平，磷石膏资源化、规模化利用有明显突破，利用率逐年提高；二氧化碳资源利用实现产业化突破。

三是自主创新能力进一步增强。全集团科技投入占当年销售收入的3%以上，专利申请总量比“十一五”提高30%，科技成果转化率提高10%。

四是管理体系进一步完善。通过集团整体上市和管理创新，进一步完善法人治理结构，优化组织结构，建立和完善制度化、规范化、信息化和精细化的管理体系，集团各产业的协同效应充分发挥，资源配置能力明显提升。

五是资源节约型和环境友好型企业基本形成。全面完成“十二五”节能减排任务，万元产值能耗较“十一五”末下降16%，所有生产装置确保达标排放，有条件的争取零排放。矿山覆土植被率保持在90%以上，逐步实现生态化开发。

### （三）“十二五”的工作重点

按照传统产业竞争力强、相关产业特点突出、新兴产业有发展后劲的要求，云天化“十二五”的结构调整将重点从五个方面寻求突破：

一是以打造新的竞争优势为目标，通过优化资源配置、提升产品质量和档次、延伸产业链，不断优化产业和产品结构，进一步做强、做优现有产业。

二是加大推进中低品位磷矿、磷石膏、氟硅酸、磷炉渣和二氧化碳等资源的综合利用和高效煤气化技术开发应用的力度，提高资源利用水平。

三是以节能减排为切入点，通过技术改造和技术创新，大幅度减少资源和能源消耗，深入推进循环经济和节能减排。

四是加快发展符合未来产业发展方向、潜在市场大、综合效益好的新兴产业和产品。抓住中缅石油、天然气管线和云南炼化基地建设的重大机遇，利用中石油在云南炼油过程中产生的副产品，全力推进云天化石油化工产业平台建设，重点推进石油化工、新能源、新材料等项目，培育新的效益增长点。

五是高度重视生态环境建设，大力推进循环经济和废弃物的再利用，按照低碳经济发展要求，最大限度减少废物排放，提高环境保护效果，建设环境友好型企业。

## 专家点评

孙子兵法中说："欲得其中，必求其上；欲得其上，必求上上。"把这句话用于市场博弈，告诉了我们这样一个道理，即：企业不可安于现状，要想实现做大做强的目标，必须树立"必求上上"的进取精神。

云天化正是这样一个"必求上上"、不断追求做大、做强目标的企业。作为20世纪70年代从国外引进成套设备建成的13家大化肥企业之一，无论在技术、装备，还是原材料供应、产品市场等方面，都有得天独厚的竞争优势，但是他们非但没有沉湎于安逸之中，反而却紧紧盯着自己的弱势，不断坚持在调结构、转方式上狠下工夫，实现了从单一氮肥生产到建成六大产业平台，从一家工厂到拥有70多家合资、控股及参股公司的跨地区、跨行业、跨所有制经营的大型综合性企业集团的转变，并跃居全国石油和化工前十强。云天化集团的超常规、跨越式发展的成就，说明了调结构、转方式是提升企业核心竞争力的内在要求，也印证了"必求上上"的深刻内涵。

云天化集团坚持"必求上上"，除了在思想上扎根外，更重要的是他们紧紧抓住五个方面寻求重点突破：一是把调整结构作为坚持科学发展、全面提升核心竞争力的主攻方向，根据自身实际情况，确立了"以肥为主、相关多元"的产业发展路线；二是把科技创新和技术改造作为全面提升核心竞争力的强大支撑，取得了一批具有自主知识产权的关键技术，并成功实现了产业化应用；三是把推进节能减排、发展循环经济作为全面提升核心竞争力的着力点，瞄准国际先进水平，积极采用新技术、新设备，淘汰落后工艺、技术和装备；四是把产业整合、资本运作作为全面提升核心竞争力的重要手段，做到有进有退，不断优化资产结构和资产质量，打造一个又一个新的产业平台；五是把深化内部改革、创新企业管理作为全面提升核心竞争力的强大动力，不断精干主体、优化内部机制、完善集团化管理体系，提升集团管理能力和管理效率。

# 创新探索

The Path of Innovation

## 依托技术创新　促进高端发展
## 打造纺织用化学品全球龙头

浙江龙盛集团股份有限公司

浙江龙盛集团股份有限公司（以下简称“龙盛”）创立于1970年，现已成长为全球规模最大的染料及染料中间体生产基地，中国染料行业的龙头企业。公司建有国家级企业技术中心、海外技术研发中心、博士后流动工作站，在染料及染料中间体领域掌握了大量自主知识产权，填补了国内行业的诸多技术空白，打破了多项国外技术垄断，先后获得“国家火炬计划重点高新技术企业”、“国家高新技术企业”、“中国化工行业技术创新示范企业”称号，并率先在行业内获得中国驰名商标、中国名牌等荣誉，成为引领染料企业转型发展的先进力量。目前，龙盛已成功入选中国企业500强、中国非国有企业百强企业、中国石油化工行业100强等知名榜单。龙盛通过产业结构调整不断为社会创造财富，为构建和谐社会做出贡献。截至目前，龙盛及下属子公司已为社会提供就业岗位总数超过1万个，维系幸福家庭超过1万个，同时帮助1万多个职工实现个人价值增长五年翻番的目标，“十一五”期间，公司每年上缴的税金以30%以上的速度在递增，2011年集团下属国内企业实缴国地税72964万元，同比增长38.79%，并一直在浙江省非公经济纳税排行榜中名列前茅。

## 一、依托技术创新，促进高端发展

1992年，龙盛带着踌躇满志的热情开始了经营染料业务的新时期，当时行业高端技术完全被国外公司控制。在如此困难的环境下，要立足谋发展，谈何容易？越是在这样的关键时期，越是显示出企业决策层的前瞻意识，龙盛的领导者们果断地做出判断：技术创新对未来企业发展必将起到重要推动作用。于是，龙盛确定了“科技兴企”的战略发展方向。20年来，龙盛一直在发展变化，但是改革之路从未偏离这个主战略，在结构调整、转方式方面走出了一条自己的自主创新之路。

回望龙盛走过的风雨创业路，龙盛人有一个共识：只有技术创新，企业才能生机勃勃。而要创新就必须先管理好创新的主体和创新的途径。龙盛领导班子概括地称这两点为“一个轴子和两个轮子”理论。“轴子”就是“以人为本”，“科学技术和科学管理”是“两个轮子”。通过人的主观能动性，狠抓科学技术和科学管理，在技术上占领制高点，通过管理获得集约型发展。这个技术创新的做法成了现在“龙盛效应”的精髓。

经过42年的实践，龙盛发现只有通过产、学、研平台建设、人才队伍建设、激励机制、创新文化建设等几个有效途径有机结合，才能很好地使“一个轴子和两个轮子”发挥作用，成为拉动企业快速发展的一架马车。为此，龙盛全力推进实施“科技兴企战略”，积极为企业创造有利于人才发展的良好环境、充分发挥广大科技人才的积极性、主动性和创造性。

为了给“科技兴企”战略创造良好的实施环境，龙盛每年投入技术开发的费用均占当年销售收入的3%以上，通过每年对企业技术开发所需费用饱和投入，龙盛已建设一个国家级企业技术中心、一个企业研究院、一个博士后流动工作站、一个开放式研发平台及若干海外研发机构，专门从事染料及染料中间体生产工艺、工程设计施工和应用服务技术的研发，为大量中高级人才提供了发展平台。通过基地吸引，龙盛已吸纳高工、副教授等高级职称9人，博士学位7人，中级职称32人，高级技师及中级技师4人，硕士及就读在职研究生14人，本科以上学历人员占技术人员总人数的63.6%。除此以外，还拥有海外技术团队员工147人，其中博士学位24人、硕士学位12人。

技术创新的主要成效：

一是掌握了一大批关键核心技术。通过自主创新，公司掌握了多项技术专利。截至2011年，龙盛在国内已申报发明专利130多项，授权74项，实用新型专利4项，累计主持和参与制定的国家标准和行业标准23项；拥有自主知识产权的高新技术产品达到69项，其中5项被列入国家火炬计划项目，15项通过科技成果鉴定，19项获得科技进步奖。龙盛开发的分散染料产品分散蓝BH在“COLOR INDEX”成功申请染料索引号——分散蓝381#，成为中国第一个在国际上获得的染料索引号。公司先后获得“国家火炬计划重点高新技术企业”、“国家高新技术企业”、“中国化工行业技术创新示范企业”称号。

公司“禁用偶氮染料及其中间体代用品的研究及产业化”、“新型功能型分散染料及清洁生产工艺研究开发与产业化”开辟了新的利润增长点，国内首次开发应用“$SO_2$法亚硝酰硫酸生产工艺及大规模将亚硝酰硫酸应用于染料生产”，提高了染料的纯度，缩短了生产周期，减少污染达90%以上。分散染料生产应用了染料行业规格最大的喷雾干燥设备，干燥工序在节能和生产效率方面具有国内先进水平。分散染料采用原浆工艺并通过引入高效的喷雾干燥塔进行干燥成品化，替代了原采取浆料盐析再烘箱烘干的落后工艺，减少了盐析工艺的高浓度、高含盐的废水排放，淘汰了能源利用率较低的烘房操作。由于产品收率的提高，原料成本降低8%以上，以龙盛公司年生产活性染料4万吨计算，年节约成本7800万元。采用原浆工艺替代原盐析工艺，每吨染料降低废水排放40～50立方米，每年减少废水排放160万～200万立方米，$COD_{cr}$减少890～1000吨。通过装备升级、工艺改进、提高在线检测、控制水平，染料生产收率平均提高5%～10%。以吨计算，染料用硫酸量和耗水量较本世纪初水平降低30%和55%，技术指标处于国内领先水平。近三年，龙盛科技进步贡献率为36.9%，科技成果转化率达到62.5%；2010年创新团队研发的主导产品营业收入占公司业务总收入的36%。

同时，龙盛对生产工艺末端处理等进行了一系列的配套技术改造。如1995年和2007年，公司分别投入3000多万元和6000多万元巨资进行“三废”治理设施排放建设，分别建设5000吨/天及15000吨/天污水处理装置，2008年又投入900多万元进一步完善“三废”治理设施。几年下来，公司在规模和产量不断递增的情况下，保证了废水排放量零增长甚至是负增长。

为让产品质量与国际接轨，公司组建了浙江龙盛研究院，将集团国家级企业技术中心、上海的开放式研发平台、新加坡Dystar研究和发展分部、德国法兰克福Dystar工艺技术开发分部等海外研发机构纳入公司研发体系。现代化的专业技术团队为龙盛的决策咨询、规划，新产品、新工艺、新装备等技术研发，技术成果产业化转化、推广，纺织品应用解决方案，产学研联合和对外合作交流，人才引进和培训发挥了积极的促进作用。

二是为结构调整提供了强大支撑。龙盛集团染料产业经过20年的积累和发展，在化工装备、工业放大、工程设计等方面能力提高很快，同时一直关注染料生产新技术的开发和应用，并取得了许多重大进展。为满足欧盟的环保、生态安全要求，龙盛实施了“纺织印染用生态型分散染料的开发”、“禁用偶氮染料及其中间体代用品的研究及产业化”、“新型功能型分散染料及清洁生产工艺研究开发与产业化”等重大科技专项均取得显著的成效。开发的环保型染料新品种，替代禁用染料品种，使纺织品面料更符合环保的趋势。乌黑度好、高固色率的复配增效型染料产品的开发，可以大幅度地降低印染厂家染料使用量，同时降低印染废水中染料残留。开发的“高强度、环保型EX-SF分散黑”、“分散红FS”、“分散红CBN”、“酸性蓝284”等新染料，提高了染料的性能和环保水平；开发的“EE系列”染料构筑了生态纺织品的安全防线。

近几年，龙盛开发的染料新产品得到了国家及行业的肯定，分散红FS获科技部国家重点新产品、中国石油和化学工业联合会科技进步奖二等奖；其他如“分散红CBN”、“高乌黑度酸性黑LD”、“高牢度分散黑ECT”、“环保节能速染型分散黑EE”等10多种产品被评为国家级新产品。“禁用偶氮染料及其中间体代用品的研究及产业化”2009年获中国石油和化学工业联合会颁发的科技进步奖二等奖。环保节能速染型分散黄棕EE，2010年获中国石油和化学工业联合会科技进步三等奖。

龙盛在染料主业结构调整的同时也在中间体业务方面开始产品的优化升级。龙盛采用以催化加氢为核心的绿色化学化工集成技术，运用循环经济发展模式，以现有催化加氢生产芳香胺等精细化工中间体产业链为基础，开拓催化加氢合成中间体的涉入领域，发展壮大催化加氢精细化工中间体产业，建立以芳胺衍生中间体为主的产业群发展平台。公司目前已由单一的间苯二胺产品发展到间苯二胺、间苯二酚、间氨基苯酚、对苯二胺、2-氨基-4-乙酰氨基苯甲醚等产品梯队，其中间苯二胺市场占有率约80%，龙盛采用国内首家“连续硝化、液相催化加氢技术”生产间苯二胺，实现了苯连续硝化、加氢制间苯二胺及苯二胺异构体关键分离技术的产业化，资源能源利用率大幅度提高，技术处于国际先进水平，对解决行业内传统铁粉还原、硫化碱还原等落后工艺的产生的废水、废渣污染问题发挥了积极的作用。

另外，以催化加氢工艺代替还原物传统生产工艺铁粉还原工艺生产2-氨基-4-乙酰氨基苯甲醚，与国内现行还原物的生产工艺相比，彻底根治了现行铁粉还原工艺中铁泥和酸性废水排放的污染。

间苯二胺催化水解制间苯二酚联产间氨基苯酚生产技术研发，加强合成工艺、分离等过程强化技术研发，提高装备水平，解决传统磺化碱熔工艺收率低、环境污染严重的问题，同时缓解国内间苯二酚产品进口依存度高的局面。

通过产品结构调整，近二十年龙盛淘汰了非清洁生产工艺、产品38个，近五年开发新产品26个，新产品占年销售总收入的49.2%。

三是成功化解了节能减排压力。随着社会对环境保护的要求趋严，对于化工企业而言，如何注重环境效益与经济效益的协调发展是一道难题。作为行业领军企业，龙盛在推进染料及中间体节能减排，发展循环经济方面做了大量卓有成效的工作。

公司率先实现了国内多偶氮结构产业化生产活性染料技术的工业化，采用在线温度、pH值控制等检测手段、活性染料染料原浆干燥等国内首创的成果，解决了活性染料生产传统工艺含盐废水的产生问题，该技术已在全国推广。

龙盛集团还开发应用亚硝酰硫酸高效重氮化剂生产技术，该技术在国内尚属首创。新工艺的开发推动了亚硝酰硫酸在染料合成中的广泛应用，推进了染料行业技术的进步。

为了解决分散染料生产存在的高耗能、高排放、高污染的“三高”问题，公司目前正在实施“分散染料清洁生产集成技术研发及产业化”项目，开发应用高效重氮化反应器、连续偶合反应器、资源能源综合利用、DCS控制等集成技术，对染料生产工艺和涉及排污各生产环节实施过程强化和技术改造，提高染料生产装置的本质安全性。大幅降低废水排放量，避免酸性废水中和石膏的排放，解决困扰行业可持续发展的废水、废渣治理的瓶颈问题，减排效果显著，促进行业可持续发展。

同时，龙盛积极开发中间体清洁生产及产业化技术：以“连续硝化、连续催化加氢，高效精密分离，废硫酸和水资源化利用，生产余热回收综合利用及全流程DCS控制”等特征为代表的间苯二胺清洁生产产业化集成技术，实现源头减排和资源循环利用，成为国内精细化工行业循环经济的典范。与国内现行工艺相比，年产2万吨的生产装置年节能折合标准煤1.6万吨，减排废水13.6万吨，仅实施“节能减排”年可创造直接经济效益3500万元。

除此以外，间苯二胺水解生产间苯二酚工艺的开发，与国内现行可降低磺化碱熔工艺相比，催化加氢法制2-氨基-4-乙酰氨基苯甲醚，年产1万吨装置较现行工艺可减排废水30万吨，减排废渣（包括中和石膏和铁泥废渣）9.7万吨。

龙盛环保治理硕果累累，被中国石油和化学工业联合会评选为“石油和化工行业节能减排先进单位”、“十一五”全国石油和化工环保先进单位。

染料生态安全标准的提升，染料中间体清洁生产工艺的实施，极大地提高了企业的核心竞争力。突破了困扰染料行业发展废酸处理的关键技术，解决了废水和废渣难题，提高了节能减排水平，全面突出了行业低碳经济、循环经济，促进产业技术升级，对促进我国染料产业结构调整和增长方式转变，由染料大国真正转变为染料强国具有较强示范推广作用。

## 二、全力打造纺织用化学品生产和服务的全球龙头

在夯实国内行业龙头地位后，公司决策层确定了打造世界级纺织用化学品生产和服务商的定位，把“产业相关”和“技术相关”作为主业拓展路线，进行上下游和相关产业的整合和拓展。通过新建工厂和兼并收购，纵向延伸产业链，加强行业控制能力。同时，从打破欧美发达国家贸易、技术壁垒，提升民族产业国际竞争力的角度出发，确立跨出国门发展，与世界先进企业进行合作竞争的“走出去”发展战略，从平台建设、人才储备、经验积累等方面开始龙盛的跨国发展。

### （一）强化资本运作

2003年7月，随着上市锣声的敲响。“浙江龙盛”A股股票在上交所成功上市，龙盛成为国内首家上市的染料生产企业。A股上市募集资金净额为4.66亿元，募集资金主要用于年产15000吨低压液相催化加氢法制间苯二胺项目、精馏法制3000吨/年聚合级间苯二胺技改项目、年产15000吨活性染料项目。龙盛在巩固分散染料龙头地位的同时，开始了在活性染料和染料中间体领域的拓展。

2007年，“浙江龙盛”又奋力一击，成功完成了A股的增发工作，实际募集资金净额为111648.17万元。募集资金主要用于年产7万吨芳香胺系列产品技术改造项目、收购浙江龙化项目、年产15万吨高效减水剂项目、日处理1.5万吨污水处理项目。本次募集资金项目投资的中间体芳香胺、活性染料、减水剂均为公司近年来高速增长的业务领域，项目建成投产后，使公司经营业绩跃升到一个新的层次。

2008年4月，龙盛开始了“兼并收购”盈利模式的尝试，在经过充分调研和多方论证后，龙盛寻找到最佳时机，以4.3亿元成功收购浙江龙化控股集团，迅速介入无机化工领域，有效延伸了产业链。总投资15亿元的龙化搬迁项目一期工程已于2011年投产，二期工程将于2012年年底建成投产，届时将形成年产20万吨合成氨、40万吨纯碱和10万吨浓硝酸的产能。

2009年，龙盛领导层群策群力，促使“浙江龙盛”成功发行可转换公司债券，实际募集资金净额为122750万元。募集资金主要用于杭州龙山化工有限公司整体迁建项目，浙江鸿盛联产间苯二酚、间氨基苯酚项目。项目建成投产后，将对龙盛中间体产业链的进一步延伸和无机化工业务的壮大起到很大推动作用。

龙行之势已成，龙盛以上市为契机，适时地抓住了再融资的方式，通过在资本市场中募集资金，使得公司的资产规模快速扩大，使公司的产业延伸拓展得到了充裕的资金保障。

另外，通过实施“产业相关”和“技术相关”的主业拓展路线，龙盛成功构建了完整的循环经济产业链，目前业务范围涉及染料、精细化工中间体、减水剂、无机化工产品等相关领域。其中分散染料国内市场占有率38%，全球市场占有率20%；活性染料国内市场占有率20%；间苯二胺产能全球第一，国内市场占有率80%以上，全球占有率50%；间苯二酚产能全球最大，目前国际市场占有率达到30%。在国际化市场的角逐中，龙盛又成功将染料巨头德司达公司囊括进自己的全球化战略，实现其名下超过30个生产和销售实体、7000家客户、全球近21%市场份额的共享。产业规模的不断扩大和市场占有率的不断提升，使龙盛在染料和中间体行业的全球控制能力和采购销售议价能力进一步提升，成为全球最大的纺织用化学品生产和服务企业。

### （二）“走出去”扩张产业链

龙盛通过多年的技术研发和管理创新，在生产成本控制和品质控制方面优势明显，拥有业内最优秀的生产平台。但在品牌打造、销售服务网络建设方面与国外先进企业相比，差距比较明显。通过产业的国际化拓展，特别是收购德司达公司后，开阔了视野、积累了资源、聚集了人才。公司不仅在生产体系的全球性布局方面迈上了新台阶，更是开始了全新盈利模式的探索，从强制造向强服务、强市场方面发展，通过自主创新能力的提升，品牌和服务价值的提升，增加产品附加值，改变染料作为传统制造业的微利状态。

2004年10月，龙盛出资1600万美元，设立香港桦盛有限公司，主营贸易和投资，建成了龙盛第一个“海外运作”的国际平台，为龙盛后续国际化运作提供了重要的资金、人才支持。

2005年4月，龙盛与世界500强日本伊藤忠商事株式会社隆重签约，揭开了龙盛对外合作“联手经营”的序幕，首先双方合作在中国设立浙江忠盛化工，建设年产30万吨硫磺制酸项目。该项目采用当时国际先进的HRS热量回收系统，没有任何废水废渣排放，且每年可产出50万吨蒸汽和1200万千瓦时的电能，成为龙盛科技工业园的“能源引擎”。对于龙盛的国际化道路而言，当时龙盛正处于国际化发展的探索时期，通过与世界级先进企业的合作，有了贴身学习国际先进技术、现代化管理经验的机会，同时也为自己的海外运作拓展了资源，积累了经验。

2007年9月，龙盛再次跨出国门，与印度最大的染料生产商KIRI公司建立战略合作关系，开始实施“跨国建厂”的构想。双方合作成立了Lonsen Kiri合资公司，并在印度建设印度最大的活性染料项目。2009年7月20日，在印度建设的合资公司染料生产基地项目正式投产，成为印度最大的活性染料生产企业，实现了中国染料企业跨国生产经营的突破。中国染料工业协会王擢理事长在Lonsen Kiri竣工投产仪式上评价说：“这不仅是双方企业的一件大喜事，也是中国染料界、印度染料界的一件大事和世界染料工业发展一个值得纪念的日子。Lonsen Kiri公司的顺利开工，必将会给双方实现强强联合、优势互补提供良好的契机，给染料界提供一个良好的发展平台和参照模式。”

2010年1月31日，龙盛与新加坡KIRI、印度KIRI等公司签订股份认购协议及可转换债券认购协议，实现了“跨国收购”的新发展，并成功将全球最大的染料、纺织助剂和服务供应商——德国德司达公司纳入到自己的战略视野中。德国德司达公司是全球最大的染料供应商，约占有全球近21%的市场份额，可以提供全方位的染色解决方案、高性能化学品和定制生产特殊染料、颜料，在所有的关键市场都有着销售和技术的支持。龙盛的收购范围包括德司达德国的固定资产、存货、专利、知识产权、商标、内部应收款以及在全球22个国家的子公司的股权。

此举在中国染料发展史上具有里程碑的意义，标志着中国染料企业真正登上全球中心舞台，中国从染料大国向染料强国转变迈出了关键一步。也标志着公司成为全球最大的纺织用化学品生产和服务商，对全球市场的控制力和国际化发展能力实现了跃升，公司的品牌价值得到提升。此次收购龙盛获得了社会和市场的高度评价，浙江省委书记赵洪祝亲笔批示高度肯定，《中国化工报》将此项收购评定为2010年全球第三大化工业新闻。

## 三、积极承担企业公民社会责任

龙盛始终秉承“饮水思源”的理念，在创造财富增强整个社会造血功能的同时，积极投身社会慈善公益事业。从20世纪80年代初向家乡的东关中学、杜浦乡校捐资46900元解决办学资金困难开始，1998年的长江洪灾、2008年的汶川大地震，公司都第一时间进行捐助支援。在家乡建设中，龙盛设立了5000万元的慈善冠名基金，旨在帮助家乡困难人群摆脱困境。截至2011年末，公司已累计向社会各类慈善公益事业捐助超过1亿元。

染料生产过程普遍存在单位产品物料消耗大、能耗高、环境污染相对严重等问题。龙盛凭借行业领先的技术研发优势，循环经济产业链的延伸和市场的国际化布局，改变了传统染料企业依靠牺牲环境、廉价出售资源来获取利润的窘境，开辟出一条依靠自主创新和产业资本化国际化运作进行产业升级的全新道路，有力地振奋了政府、社会和同行业企业对染料企业升级发展的信心。以2011年经济数据测算，龙盛占地上缴税收15万元/亩，耗水上缴税收280元/立方米，耗电上缴税收2.5元/千瓦时，而万元工业增加值能耗却比2010年下降了4.9%，COD排放量比2010年下降了21.7%。

42年来，龙盛通过科技创新，促进高端发展打造成为纺织用化学品的全球龙头。“十二五”期间，公司将加快科技创新，科技兴企的战略步伐，并且每一步都将走得更加从容、更加坚实，引领行业转型升级，打造一个全新的全球专用化学品领军企业。

## 专家点评

经过40多年的发展，浙江龙盛集团由一家小型民营企业发展为全球重要的染料及染料中间体生产基地，成为中国染料行业的龙头企业，法宝就是“创新”。依靠技术创新，突破了一大批关键核心技术，开发出一系列高端产品，获得了中国在国际上的第一个染料索引号；依靠体制创新，构建起科学高效的现代管理体系，积极开展股权融资、兼并收购等现代资本运作，提高了管理效能，打造了具有国际竞争力的产业链；依靠战略创新，从国内成功走向国际，从国际贸易到与国外公司联手经营，再到跨国建厂与跨国并购，树立了化工企业“走出去”的新风采。浙江龙盛集团正是牢牢抓住了“创新驱动”这一“调结构、转方式”的最有力武器，成功实现了转型升级。

创新探索

The Path of Innovation

# 不断改革创新　全面转型升级<br>打造可持续发展的盐湖特色经济

青海盐湖工业股份有限公司

“十一五”以来，青海盐湖工业股份有限公司（以下简称“盐湖股份公司”）按照“立百年盐湖，创永续事业”的发展理念，调整产业结构，转变发展方式，拓展钾肥主业，实施综合开发，建设“三大工业基地”和“五大产业群”，在做大做强盐湖产业、发展盐湖特色经济方面做出了一系列有益探索。

## 一、转变发展方式，做强钾肥主业

我国农业年需钾肥约1000万吨，因资源短缺长期大量依赖进口。盐湖股份公司拥有察尔汗盐湖矿床，氯化钾工业储量在2010年前虽然只有1.45亿吨，但在全国却稳居首位，被列为对国民经济具有重要经济价值的矿山。根据资源、技术和市场情况，国家对该矿的总体规划是年产100万吨氯化钾。到20世纪末，公司每年最大产能仅约50万吨钾肥，产品氯化钾含量90%左右，水分6%，成本高、效益低，2000年才首现微利。国家西部大开发首批十大重点工程青海盐湖年产100万吨钾肥项目于2006年如期达标达产后，才使产能升至150万吨/年，大部分产品氯化钾品位达到95%。

如果盐湖股份公司沿用老思路，维持年产150万吨钾肥规模，也比国家当年规划多了50万吨，企业效益和员工收入尚可。但是我们没有安于现状停滞不前，而是认真分析企业面临的形势，思考未来发展的战略，通过转变发展方式，实施规模化、品牌化、节约化和高科技化，做强钾肥主业，收到了良好效果。

第一，走内涵式扩展道路，实施规模化战略。盐湖股份公司是我国钾肥行业的排头兵，钾肥是我们的主业。我们掌握着国内最大的钾盐资源和最成熟的钾肥生产技术，钾肥又为市场大量需要，投资利润率和销售利润率较高。企业要做大必须自身强，实质上就是如何最大程度地做好钾肥主业这篇文章。为此，我们走内涵式发展道路，不是单纯依靠增加投入，而是通过眼睛向内，紧紧围绕钾肥主业，通过科技进步、装置整合和创新理念、增加产能等方式扩大钾肥生产规模。我们利用前段钠盐池中的高钠低钾赖矿，投资2.5亿元，采取滚动式发展方式，新建了年产40万吨钾肥生产装置；利用加工车间排出的低钾尾盐和钠盐池中低钾废盐，投资2.6亿元研发建设了年产10万吨优质氯化钾生产装置；建立维简费制度，加大采矿系统投入，保障原矿数量和质量，全面推广连续稳定满负荷生产运行方法，从人、机、料、法、环五个方面发力，通过系统统筹，最大限度释放了各装置能力，几乎每套装置都达到甚至较大幅度超过了设计规模。

2011年，公司氯化钾从2005年的150万吨增加到242万吨，增加部分一半来自于新扩建装置，另一半受益于技术创新和满负荷生产。目前公司正在新建年产100万吨氯化钾装置，预计2012年基本建成，届时钾肥产能将达350万吨/年，单套装置最大设计能力达150万吨/年，成为中国乃至亚洲最大的钾肥生产基地。目前公司在化肥行业中的钾肥排名全国第一，其产能与最初100万吨/年规划相比增加了2.5倍，在“十一五”之前是完全不可想象的。这无疑是企业走内涵式发展道路，实施钾肥主业规模化的重要成果。

第二，走质量型发展道路，实施品牌化战略。由于资源和市场等因素，相当长时间国内部分业内人士着重考虑的是首先解决钾肥的有无问题，盐湖人也一度沉浸在“皇帝女儿不愁嫁”的满足中。过去国内钾肥技术装备较为落后，在2006年采用自主研发的具有世界先进水平的反浮选冷结晶技术建设

100万吨/年项目达产后，我们的钾肥含氯化钾也只有2/3的产品达到95%、水分2%，其余只能达到85%～93%、水分6%。这与国际钾肥氯化钾稳定在95%～98%、水分1%以下比较，存在明显差距。开放的钾肥市场让我们领略了来自进口钾肥的严重冲击，进口钾肥质量、产量优势对盐湖钾肥构成严峻挑战。面对困境，我们转变思路，决心走质量型发展道路，大力实施品牌化战略。通过对“反浮选—冷结晶”工艺再创新和改造，实现了氯化钾品位从95%提高到98%，仅2011年就生产了55万吨品位98%的产品；通过对传统冷分解浮选法工艺再创新和改造，增加原矿破碎和采用冷结晶分解，氯化钾品位从90%提高到93%～95%；通过热溶工艺装置处理尾盐转化出的钾石盐，生产出品位98%的优质氯化钾。我们在全国范围访寻专家，对钾肥干燥系统进行全面升级改造，主要产品水分由6%降低到1%以下，彻底扭转了国产钾肥水分居高不下的局面。我们突破传统观念的束缚，在生产经营工作中强调产量服从质量、生产服从销售、销售服从市场和90%以下产品不计产、低品位产品回炉重选等措施，对高品位产品超产实行奖励，对不合格产品生产实行处罚，对质量指标实行严考核硬兑现。我们实施ISO9002质量体系认证，不断提升盐桥牌氯化钾品牌形象，使“盐桥”的社会信誉度、市场覆盖率和客户认可度越来越高。钾肥产品质量达到国际标准，盐桥牌钾肥被评为全国驰名商标，在中国国际农业博览会和中国杨凌农高会上获优质产品金奖。

第三，走节约型发展道路，实施低成本竞争战略。我国已经探明的氯化钾资源总量不足10亿吨，而察尔汗盐湖5.4亿吨中液体氯化钾只有2.44亿吨，品位0.5%以上的固体氯化钾却有2.96亿吨，由于缺乏技术而被定为不能单独开采，也没有列入可采储量。国家将极其宝贵的钾资源交到了我们手上，绝没有不珍惜的理由，开发好、利用好盐湖的钾资源责无旁贷。我们认识到，要在残酷的市场中保持不败，必须在扩大生产规模、提升产品品牌的同时，形成强大的成本优势。为此，我们决定走节约型发展道路，实施低成本竞争战略。

经过十余年时间的探索，我们成功研发了浸泡式固体钾矿溶解转化技术，投入2亿多元实现了工业化，经过国土资源部门认可，固体钾矿工业品位由8%降到2%，边界品位由3%降至0.5%，矿区新增设计可利用固体钾矿储量达到1.37亿吨，盘活和新增了1.5亿吨以上钾资源，利用率由26.95%提高到56.23%，相当于再造了一个察尔汗盐湖。

公司还创造性地利用过去每年排放的上亿吨废弃老卤，参与到固体钾矿溶解转化过程，实现了每年约3万吨氯化锂、30万吨氯化钾、3000万吨氯化镁、6000多万吨淡水等资源的循环利用，同时通过装置兑制固体钾转化溶剂替代过去大面积盐湖自然调节溶剂，减少湖面蒸发，年节约淡水1亿多吨。我们在100万吨钾肥装置成功应用“十一五”国家科技支撑计划项目“盐湖钾肥生产中提高钾回收率技术”等，每年可减少光卤石原矿消耗100多万吨，节约耗电量1000多万度；同等原矿条件下，年可多产钾肥10多万吨。我们对各个生产装置进行技术创新和改造，选矿回收率提高了3～5个百分点。我们实施尾盐综合利用，以钠盐田和车间尾矿为原料，建设了热溶法年产10万吨精制氯化钾项目，将废弃尾盐转化出的钾石盐热溶结晶年产98%优质钾肥，整体提高氯化钾回收率6%，每年节省尾盐清理费近千万元。

我们在广泛使用最先进的反浮选冷结晶工艺的基础上，通过冷分解浮选法或者冷结晶浮选法、4#工艺法、热溶结晶法等工艺优化组合，实现了对前后系统各环节不同组分、不同特点原矿的梯级高效选矿加工。我们对生产装置实施优胜劣汰，将分散的小规模生产装置和经营系统进行整合和流程重组，关闭3套共5万吨正浮选工艺装置，通过大装置优化整合，实现生产系统节能降耗。我们推广满负荷运行，100万吨氯化钾装置实际产能达到126万吨，40万吨装置达到51万吨，吨钾肥能耗大幅下降。我们在设计中优先选用节能设备，在布局上采取立体高架方式，减少物料泵送环节。我们实施节能技术与装备的开放式推广，借助社会技术力量帮助我们节能减排实现互利共赢，累计投资3000多万元在钾肥干燥中引进布袋除尘，粉尘回收96%以上，年增加氯化钾约1万吨，实现了清洁生产和绿色发展。与2005年相比，吨肥能耗降低约32%，处于同行业先进水平，成为国家矿山公园、绿色矿山和环保先进单位。

第四，走技术型发展道路，实施科技化战略。盐湖资源的特殊性、盐湖产业的特色性和盐湖地域的艰苦性，造就了企业的唯一性。在资源开采、加工、综合利用过程中，我们没有可以学习和借鉴的经验、技术、装备、方法和参数，基本需要自己摸索，有别于其他化肥企业、化学矿山和化工企业，一个企业就代表一个行业、一个产业。我们过去依靠技术进步，打造了中国的钾肥产业，但是光荣已属历史。面对新形势、新情况、新发展，摆在我们面前的问题越来越多、越来越艰巨，必须坚持科学发展，走技术型发展道路，实施科技强企战略。

我们坚持“人才是第一资源”的理念，培养和凝聚各类科技人才，充分调动科研人员的积极性，建立了国家级的研发中心、工程研究中心和战略联盟，深化产学研合作，实行研发费用按销售收入2%～5%提取制度，多渠道争取国家和地方研发基金，5年累计投入12.8亿元，大力推进科技进步。通过培育，公司自主创新能力不断增强，科技创新体系日益完善，产研结合模式不断创新，技术进步和技术改造成效显著。几年来我们先后获国家级科技奖励3项，省部级科技奖励7项，地市级科技奖励6项。《年产100万吨钾肥生产技术开发及产业化》、《西部盐湖钾镁资源高效与可持续开发利用关键工程技术与装备》获国家科技进步二等奖，《年产30万吨氯化钾反浮选冷结晶高技术产业化示范项目》获国家高技术产业化十年成就奖，《青海盐湖100万吨钾肥光卤石采收系统》、《青海盐湖100万吨钾肥加工系统》、《柴达木盆地盐湖钾资源高效开采关键工程技术与装备》获青海省科技进步一等奖；8项技术获得国家知识产权局专利证书，其中"光卤石生产氯化钾工艺"获国家知识产权局和世界知识产权组织联合颁发的专利金奖。取得省部级科技成果26项，5项处于国际领先，11项达到国际先进，2项处于国内领先。察尔汗盐湖固体钾矿溶解转化试验及工程化研究、青海盐湖100万吨光卤石采收系统、利用高钠光卤石贫矿生产优质氯化钾项目、吸附法提锂技术等处于国际领先水平，反浮选冷结晶法氯化钾产业化技术、察尔汗盐湖采输卤技术工程化研究、察尔汗盐湖浮箱式泵站研究、光卤石盐田长串走水工艺等达到国际先进水平。

科技创新丰硕成果为公司做强主业、推进共伴生资源综合开发发挥了积极作用。被国家科学技术部、国务院国资委、中华全国总工会评为"创新型企业"。

盐湖股份公司通过实施规模化、品牌化、节约化、科技化战略，努力转变发展方式，利用有限的钾盐资源，提升钾肥生产规模，产能几可满足国内钾肥市场约三分之一，且技术、装备水平可与全球同行业并驾齐驱，产品质量大部分达到国际先进水平。在国家、地方政府和有关单位的支持下，较好地建成了我国的大型钾肥工业基地。

"十一五"期间，公司累计产销钾肥1058万吨，实现利润127亿元，上缴利税57亿元，积累了资源综合利用项目资本金，支持了地方经济发展。国产钾肥产能和成本优势，增加了进口钾肥谈判话语权。以2011年进口630万吨钾肥为例，进口到岸价约450美元/吨，而周边农业用钾和缺钾大国到岸价却高达550～600美元/吨，少支出约40亿元人民币，取得了显著的企业效益、社会效益和环境效益。

## 二、调整发展结构，做大盐湖产业

盐湖股份公司拥有全国最大的察尔汗盐湖钾镁盐矿，探明储量600亿吨盐类，计有555亿吨氯化钠、40亿吨氯化镁、5亿吨氯化钾、1000万余吨氯化锂，潜在经济价值12万亿元。长期以来，产品品种只有氯化钾一种，共伴生资源未能得到综合利用。盐湖作为青海省特色优势资源，盐湖产业作为青海省四大支柱产业，盐湖股份公司作为青海省财政支柱企业，经济总量与所占资源和所处位置还很不相称，"主干"较强但"枝叶"弱小。如何更好地开发好盐湖资源，我们确立了"在加快主业发展中推进结构调整、在结构调整中转变发展方式"的思路，拓展了发展空间。

第一，调整盐湖产业结构，走综合利用道路。盐湖股份公司从1958年开始生产钾肥，到2005年主导产品依然只有钾肥一种，产品结构十分单一。国家在1978年就确立了盐湖要"以钾为主、综合开发"的方针，经过多年努力，钾肥开发已经上了规模、上了质量、上了台阶。但资源的综合利用却由于资金、技术、市场、人才等多种原因，迟迟未能起步。

我们根据青海省经济发展要求和公司的具体实际，于2005年大胆实施以钾盐深加工为主线的第一期资源综合利用项目，并在"十一五"期间快速全面推出了企业中长期发展规划，做出了调整盐湖产业结构，走综合利用道路的重大决策。规划以满足国家战略需求为原则，以柴达木盆地盐湖资源为依托，以平衡"氯"为核心，以盆地内天然气资源、煤炭资源、水电资源为支撑，以钾、钠、镁、锂、氯产品系列化和深加工为主线，通过盐湖资源与天然气资源、煤资源、建材资源、有色金属资源多产业相互融合发展，最终形成三大基地：即年产350万吨钾肥工业基地、年产40万吨金属镁基地和年产250万吨聚氯乙烯（PVC）等产品的氯碱工业基地。形成五大产业集群：一是钾盐产业群，产品有氯化钾、碳酸钾、氢氧化钾、硝酸钾等；二是镁盐产业群，产品有金属镁、镁合金、镁制品、无水氯化镁、氢氧化镁、氧化镁等；三是钠盐产业群，产品有氯化钠、碳酸钠、氢氧化钠等；四是锂盐产业群，产品有碳酸锂、氯化锂、金属锂等；五是煤气盐产业群，产品有尿素、甲醇、水泥、聚氯乙烯、聚丙烯，以及乌洛托品、联二脲、ADC发泡剂等精细化工产品。

项目总投资预计约800亿元，分三期实施：一期工程以钾盐深加工为主；二期工程以钠盐深加工为主；三期工程为金属镁一体化项目，以金属镁为核心、以钠利用为副线、以氯气平衡为前提，以煤炭为支撑、以天然气为辅助，构筑完整的循环经济产业链。建设期2006 ～ 2020年，其中2015年前投入450亿。目前一期已经建成并陆续投料试车，二期基本建成，三期金属镁一体化项目先导工程已全面启动建设。

这些项目建成达产后，钾肥结构由单一氯化钾到颗粒钾、红钾、氢氧化钾、碳酸钾、硝酸钾多品种发展；产品结构由单一钾肥产品向金属镁、PVC、聚丙烯、纯碱、甲醇、焦炭、电石、碳酸锂、硫化碱、氢氧化镁、氧化镁、水泥等多元化发展；产业结构由钾肥产业到盐湖化工、天然气化工、煤炭化工、精细化工、有色冶金工业、水泥产业、物流和酒店服务业等多产业发展。

我们在综合利用项目设计中，遵循盐湖资源特性，优化资源配置，按照“高起点、高科技、高效益、高附加值、高产业链、高度节能环保”要求和发展循环经济思路，构建具有循环经济特征和较强竞争力的盐湖工业园区，目前，园区已经成为国家级柴达木循环经济试验区的骨干支撑以及国土资源部和财政部资源综合利用示范基地的一个重要组成部分。

第二，调整公司治理结构，走集约化发展道路。为了有效推动盐湖股份公司发展方式的转变，适应盐湖钾肥主业做大特别是盐湖产业结构调整的需要，我们始终关注并着力调整公司治理结构，不断改革和完善公司机制和机构，从根本上为盐湖经济发展、为企业做大做强提供组织保证。我们通过发行上市、增发配股、资产重组、借壳上市、“两湖合并”（即“盐湖钾肥”以新增股份换股吸收合并“盐湖集团”，实现同一资源同一公司两支股票的合并）等方式，按照现代企业制度规范运行。

公司1996年作为青海省的首批现代企业制度试点单位进行公司改制，1997年后通过企业债转股、增资扩股实现盐湖钾肥股份有限公司上市；2007年盐湖集团又借壳“数码网络”上市，实现了盐湖股份公司及所属公司的股权多元化，2010年“两湖合并”获批，2011年两个上市公司重组合并成功，减少关联交易、避免重复纳税、提高决策效率、集中资源促进综合开发，公司实现了由工厂制到公司制再到现代企业制度的转型。

公司完善了股东会、董事会、监事会、经理层和党委会、工会委员会、职代会以及企业内部各层级机构设置、职责权限、人员编制、工作程序和制度安排，确保决策、执行和监督相互分离，形成制衡，做到了产权清晰、权责明确、治理结构完善。公司实现了由两家上市公司控制下的分、子公司模式向一家上市公司控制下的分、子公司模式转型；由总公司宏观管理向十大管理中心转型，分子公司由母子管理模式向生产五大中心转型，理顺协调所属公司之间的关系，母公司与所属各公司为资产纽带关系，各公司自主经营自负盈亏，总公司是决策和资产中心，各公司是成本和利润中心。

公司建立专业化分工、集约化管理，通过人力资源部、资金结算中心、物资公司、销售公司、项目管理公司和采矿公司等集中统管全公司相关业务，以更低成本、更高效率和更合理的体制参与市场竞争。

治理结构的优化使国有资本的运行富有效率，功能得以放大，优势不断增强，资本市场融资渠道越拓越宽，企业支柱地位、产业竞争力、市场竞争力不断提高。连续8年进入上市公司潜力股50强，盐湖钾肥进入上市公司综合业绩前30名，被权威机构评价为可持续发展实力强、经济增长前景看好的企业。

第三，调整公司人才结构，走人才强企道路。2005年前，盐湖股份公司员工只有3800多人，主要从事钾肥系统的业务，此前10年基本没有新员工进入。多年来我们一直把“人才强企”作为重要方略，虽然培养了一大批技术、生产、管理等高素质专业人才，但随着盐湖资源深度开发和企业升级转型，对人力资源开发管理的依存度越来越高，人才数量、质量与盐湖综合开发的速度、规模和技术装备要求的矛盾日益突出。

我们按照升级转型的战略目标要求，紧紧围绕“做大做强、赶超世界先进水平、打造一流企业集团，争当行业排头兵”这一战略定位，大力实施“人才强企”战略。坚持“人才资源优先开发、人才结构优先调整、人才投资优先保证、人才制度优先创新”。以提升经营管理水平为目标，打造出一支综合素质高、理论素养好、管理能力强、具有开拓创新精神的综合型、复合型人才队伍；以提升自主创新能力为目标，着力打造一支专业技术水平精湛、创新能力强、业内高度认可的专、高、精、尖技术型人才队伍；以提高企业员工整体素质为目标，着力打造一支爱岗敬业、技艺精湛、操作能力强、善于解决技术难题的高技能人才队伍。

我们建立了符合人才成长特点的培养机制，形成符合现代企业制度要求的人才选用机制，实施绩效优先的人才评价机制，形成与市场接轨的人才激励约束机制，以人才战略支撑企业发展。坚持外引内培相结合，不断优化人才结构。通过社会招聘大量引进人才，制定相应的优惠政策，构建绿色人才通道，有选择、有计划地引进人才。实施以扩大人才增量为核心的人才战略，在公司内部实行公开招聘、竞争上岗，并使这一机制逐步成为选拔技术和管理人员的主要形式。推进薪酬体制改革，创新业绩考核和分配激励机制，建立高层次人才优待制度，形成按照市场价位调整人才薪酬机制，健全以岗位绩效工资为主、以绩效考核为标准的薪酬分配制度，薪酬分配与业绩考核紧密挂钩，业绩考核与目标责任、贡献大小和创造价值相结合。建立人才培训中心，通过全员培训专业培训等，全面提高各级人员的职业素质和岗位技能。变招工为招生，定单式培养和委培结合，新招聘员工一律通过技工学校及大专院校进行深造和学习，提高综合素质。

坚持向生产一线和艰苦岗位倾斜，建立重实绩、重贡献、向优秀人才和关键岗位倾斜的分配机制，提高关键性管理、技术岗位和高素质短缺人才收入。推广导师带徒、技术比武、挂职锻炼、轮岗交流等方式培养青年人才。营造良好的工作环境、学习环境、生活环境，积极改善办公条件和作业环境，建设三个生活小区，形成鼓励人才干事业、支持人才干成事业、帮助人才干好事业的企业环境。目前公司已有员工12000余人，年龄结构、专业结构、知识机构等得到了明显调整和改善。

“十一五”期间，盐湖股份公司立足盐湖资源、借助科技进步、解放思想、躬身实干，走出了以钾为主、综合开发的新路子，开拓了企业做大做强的新局面。截至2011年底，公司资产总额已由2005年的56亿元上升到300亿元，化工一期等项目已建成投料试车并有多种新产品陆续面世。预计公司规划项目达产后，年销售收入将增长4倍，利润总额增长2倍，上缴利税增长近2倍，盐湖特色经济将不断发展壮大。

回顾公司的发展历程，我们以转变发展方式为主题主线、以结构优化调整为主攻方向、以科技进步为支撑、以人才为保障、以管理创新为动力，在做大做强盐湖特色经济上取得一些成绩，为国家和地方经济建设做出了应有的贡献。一言以蔽之，就是落实了科学发展观。是科学发展观使我们认识并确立了资源优势、技术优势和资金优势，营造了规模优势、品牌优势、低成本优势，形成了具有比较优势的市场竞争能力；是科学发展观使我们扩大了经济全球化的视野，认识到社会主义市场经济的内在要求，确立了可持续发展原则，怀着感恩的心，珍惜资源和珍惜环境，坚定不移地发展循环经济，统筹处理好短期利益和长期利益的关系，以高度的社会责任心谋求全局利益和局部利益的有机统一；是科学发展观使我们确立了以人为本的原则，深切认识到一代又一代盐湖人在钾肥主业成长中所起的不可替代的作用和不可磨灭的贡献，人才是决定盐湖产业的兴衰成败、企业兴旺发达的根本和核心。

## 专家点评

青海盐湖工业股份有限公司是我国第一个钾肥工业基地，经过多年的艰苦创业，建成了我国最大的钾肥生产企业，为我国农业生产做出了巨大贡献。面对世界钾肥工业的新变化和市场的新形势，他们没有安于现状、停滞不前，而是以做强钾肥主业、做大盐湖产业为目标，大力实施规模化、集约化、品牌化、节约化、科技化和人才强企战略，开发出一系列关键核心技术，有的技术成果达到了国际领先水平，有力地促进了盐湖资源与柴达木盆地内天然气、煤、建材、有色金属等资源的综合利用，产品质量达到了国际标准，成功走出了一条以钾为主，资源综合开发利用的新路子，打开了企业做大做强的新局面，为我国钾盐企业加快转型升级，提高资源利用效率，进行了有益的探索，积累了宝贵的经验。

# 创新探索

The Path of Innovation

## 做强产业特色　实现科学发展<br>打造世界级的氟化学工业园区

江苏高科技氟化学工业园

江苏高科技氟化学工业园成立于1999年10月，于2001年7月获江苏省人民政府正式批准，2006年12月获中国石油和化学工业协会冠名“中国氟化学工业园”。2008年7月，常熟市委、市政府创新体制机制，积极转变经济发展方式，在江苏高科技氟化学工业园增挂“江苏常熟新材料产业园”牌子，努力打造常熟第四大经济板块。十多年来，园区始终走专业化、特色化道路，以载体建设为先导，以转型升级为抓手，建平台、促转型，发展环境持续优化，项目建设有序推进，综合实力大幅攀升。

2011年园区列入统计的规模企业由“十五”期末的10家增长至26家，共实现销售收入114.28亿元，利润24.68亿元，分别是2005年的4倍和9倍。园区经济运行持续向好，各项指标快速增长，以氟化工为主的新材料产业进一步集聚，集约效应进一步体现。2011年全年实现地区生产总值21.41亿元，同比增长56.46%；工业开票销售收入116.58亿元，同比增长63.46%；财政总收入7.46亿元，同比增长256.09%；利税25.07亿元，同比增长264.57%，财政总收入、利税等指标同比增幅均超过200%。随着试产、在建、在批项目的相继投产，园区经济规模将快速扩大，呈现爆发式增长态势。

## 一、坚持特色产业定位，走产品精细化发展之路

常熟市地处江苏省东南部，北依长江，处在上海、苏州、无锡、南通等大中城市的怀抱之中，具有得天独厚的区位优势。作为苏南乡镇企业的发源地之一，常熟拥有良好的工业和农业基础，经济社会发展一直在县级城市中处于全国前列。但反过来，园区座落在人口密集、经济发达的区域，也是一种制约，规划面积只有15.02平方千米，环境资源容量十分有限。我们深知绝对不能走大型化粗放型发展之路，而必须走产业特色化、产品精细化的路子，才能在长江沿线甚至全国的化工园区中脱颖而出。因此，当江苏省政府批准我们设立江苏高科技氟化学工业园时，我们就咬定了打造世界级氟化工产业基地的目标。园区成立之初，委托了中化国际咨询公司就园区产业定位、发展模式和基础设施建设等内容编制了总体规划，明确了园区重点发展以氟化工为主的精细化工、功能高分子材料和生物医药等产业。

氟化工作为化工行业的一个年轻子行业，产品品种多、性能优异、附加值高，应用范围广泛，市场前景广阔，成长潜力巨大。但同时，这个领域的技术资金投入门槛高，适合本地发展。我们发展氟化工具有一定的产业基础，始建于1975年的常熟市致冷剂厂就位于园区内，1993年与上海三爱富新材料股份有限公司结合后，公司发展迅速，产品也从起初的单纯致冷剂发展到ODS替代品、氟聚合物单体、氟精细化学品等含氟产品，逐渐成为国内氟化工行业的龙头企业。公司凭借良好的信誉和优质的产品赢得了国内外同行的认可，先后与杜邦、大金、霍尼韦尔等国外知名氟化工巨头建立了投资、销售和技术合作关系。园区位于长三角核心区域，科技发达、人才密集、资金充沛，政府管理规范高效、社会安定、生活舒适，具备吸引国内外投资者的良好条件。在定位明确后，我们紧紧围绕氟化工产业链，深入研究国内外关联企业，突出专业化特色，做精做强氟化工，努力吸引世界氟化工行业巨头前来投资兴业。

园区增挂“常熟新材料产业园”牌子后，我们积极响应常熟市委、市政府的要求，认真分析国内外发展形势，寻找园区新的产业特色。我们在调研中发现，聚氨酯新材料和特种纤维具有强大的成长空间，我们将其列为新的

产业来打造培育。

目前，园区大力发展以氟化工、聚氨酯和特种纤维为特色的新材料产业集群，每个产业按集群布局，积极引进上下游项目，形成垂直产业链，各产业链之间力求功能互补，从而实现产业链内小循环、产业之间中循环和区域之间大循环的良好格局。

## 二、坚持产业集聚集约，走循环经济发展之路

我们鼓励和引导园区现有企业与氟化工科技最前沿的巨头企业进行合作，打造氟材料战略基地。通过坚持不懈的努力，园区现已聚集了法国阿科玛、日本大金、美国杜邦和比利时苏威四家世界氟化工巨头落户，氟化工尤其是有机氟单体资源丰富，产品线长，品位高。含氟致冷剂从氟利昂中间替代品F22、F142b等发展到不破坏臭氧层的终端替代品F134a、F152a、F125、F32以及混配冷媒R404、R407、R410，又发展到更高级的温室效应值极低的F1234yf。含氟高分子材料从PTFE（聚四氟乙烯）发展到PVDF（聚偏氟乙烯）、PCTFE（聚三氟氯乙烯）、氟橡胶以及含氟混聚物。同时还发展了一批新型含氟灭火剂、清洗剂以及特种功能化学品，如抗滴落剂等。园区形成了氟化工基础原料规模化，中间产品系列化，下游产品高端化，上下游相互配套的发展模式。区内企业欣福化工生产的硫酸供应给三爱富、阿科玛生产氢氟酸，氢氟酸生产各种氟化学品，三爱富的产品供应给杜邦公司生产混配冷媒和聚四氟乙烯，阿科玛的产品又供应给大金公司生产氟橡胶，杜邦的产品供应给苏威公司使用；氟化工生产过程中产生的副产盐酸由三福化工生产氯化钙，副产氢氟酸由新华化工生产各类氟盐。欣福化工硫磺制酸过程中产生的大量蒸汽供应给各个企业使用，蒸汽不足部分由金陵热电厂提供，园区实现了集中供热全覆盖。三爱富和阿科玛产生的F23，成立了CDM（清洁发展机制）项目，每年通过焚烧可减排相当于1400万吨$CO_2$，是全国最大的CDM项目。

我们还引进了以一统、华大、春润、进尚等为代表的聚氨酯生产企业，其产品涵盖不同形态的聚氨酯树脂、助剂和制品。这些企业全部建成投产后，园区将拥有40万吨/年的聚氨酯生产能力，成为国内聚氨酯材料最重要的生产基地。以兆达特纤的对位芳纶、绣珀纤维的超强高模聚乙烯为代表的特种纤维企业，产品具有优良性能，应用领域广泛，市场前景十分广阔。

园区大量在建、在批项目都集中于氟化工及新材料产业领域，并进一步强化集聚效应。目前，包括新建、技改等项目在内，共有16个新材料工程项目正在建设，这些项目总投资额达40多亿元，年销售收入可增加100多亿元。其中总投资2.6亿元的绿安擎峰年产30万吨聚苯乙烯项目，可实现年销售30亿元。总投资3600万美元的高泰助剂项目，产品为高科技水性流变聚合物，这种新材料用于改善涂料的流动性，技术含量达到世界一流水平，可实现年销售10多亿元。中昊公司投资2.7亿元，年产6000吨最新绿色冷媒F1234yf项目，投产后年销售额可达18亿元。还有20多个在批项目，其中大金公司投资8000万美元的氟橡胶、氟涂料项目，苏威公司总投资1.95亿美元的PVDF、氟橡胶项目，吴羽公司总投资9000万美元的年产5000吨的PVDF项目，阿科玛氟化工总投资1.5亿美元年产12000吨PVDF项目都将为园区的新材料产业发展持续注入活力。

园区从招商引资这一源头着手，在提高土地利用率和投入产出率上狠下工夫，实施绿色招商，提高准入门槛，着力引进“高科技、高产出、低能耗、低污染”的项目。目前每平方千米投入达18.8亿元，每平方千米GDP达6.69亿元，每平方千米税收达2.3亿元。由于每个项目严格执行节能评价，采用最先进的节能设备和技术，使园区能耗水平大大低于同行业水平。由于我们大力压缩污染物排放量，全园区日均污水排放量仅4000吨左右。

## 三、坚持技术创新，走安全环保可持续之路

我们坚持走科技立园之路，从促进产业转型升级，帮助企业提升核心竞争力的角度出发，积极打造科技创新的载体。园区建成为国家火炬计划常熟高分子新材料产业基地，牵头组建了常熟氟化工技术创新战略联盟，与南京工业大学材料化学国家重点实验室共建了常熟产业技术创新中心，与华中科技大学化学化工学院建立全面合作关系，被省科技厅确认为首批江苏省级科技产业园。园区拥有省级以上高新技术企业7家，获省市级科技进步奖5项、优秀专利奖3项，承担国家级科技项目及计划6项，省市级科技项目及计划11项。在园区创新载体平台上，三爱富中昊、华益化工、兆达特纤、新华化工等骨干企业与大专院校、科研院所建立了长期、紧密、稳定的产学研合作关系，设立了2个省级工程技术中心，2个苏州市级工程技术中心，2个院士工作站和1个研究生工作站，新增产学研合作项目18项，新申报各类各级科技

项目20多项，兆达特纤刘兆峰教授成为2010年度常熟市科技创新市长奖唯一获得者。同时，我们把“引资”和“引智”相结合，利用“海外华侨（华人）高层次人才江苏行”和“苏州国际精英创业周”活动，突出科技创新项目和创业人才的引进，引进了双创项目3个。园区企业引进1名“国家千人计划”人才、12名博士、40名硕士、400多名学士，为企业的可持续发展提供了强大的人才支撑。通过深化产学研合作，加大科技创新和招才引智力度，产业竞争力得到很大提升，夯实了园区持续发展的后劲。

安全生产和环境保护工作是园区成长的生命线。在全力进行招商引资、发展经济的同时，我们遵循责任关怀原则，积极推进自主管理，努力改善HSE管理体系，全面建设园区环境安全防范体系。2005年我们委托江苏省环境科学研究院编制了《环境风险应急预案》和《环境安全体系建设方案》，是省内编制此类方案的第一家。从项目入驻到建成投产，园区安全环保部门全程介入，积极参与项目的评审、报批、验收及日常的督查工作，形成了与各相关部门，特别是市安监局和环保局的联动机制。加强了对企业的监督与执法，确保企业在建设、生产过程中无违规现象。

园区于2009年建成了总投资350万元的应急响应中心，通过视频、有害物浓度探头、在线监测仪等终端设备对所有企业的污水排放、周界有害气体浓度、重大危险源和高危工艺系统等进行实时监控，形成园区管委会与常熟市环保局、安监局两级监管网络，提高了应对突发事件的能力，为降低风险发生和风险发生后的危害提供了有力保障。

园区始终把污水处理和水资源的科学利用看作是可持续发展的重要支撑和保证，做到园区所有企业污水进行预处理，达标后方可接入园区污水处理厂。为了加强控制，对企业预处理的污水加强监控，全部安装在线监测仪，数据与应急响应中心连接，一旦发现超标，可远程启动电动阀门关闭，做到了“测得到，控得住”。2008年，园区污水处理厂在原有基础上又实施了提标改造工程。2010年8月，又实施总投资5000多万元的改扩建工程，包括催化氧化预处理工程、强化生化处理工程及活性炭深度吸附工程，累计新建污水处理构筑物21座，实施污水分类分质收集和处理。

改扩建工程完工后，不仅日处理污水量将由原来的5000立方米提高到1万立方米，而且出水水质优于太湖流域排放标准，且稳定性大为提高。与此同时，园区酝酿实现污水零排放方案，积极筹划生态湿地处理中心项目建设，将污水处理厂尾水再进行深度处理，达到工业用水标准，实行中水回用，实现水资源在园区的循环利用。生态湿地处理中心项目一期工程总投资6000多万元，占地80亩，日处理能力达4000吨，2012年年内开工建设，建成后园区可实现部分工业污水零排放，是全国化工污水零排放的首例，将对常熟市的生态文明建设和全国化工园区环境建设起到重要的示范作用。

十多年来，园区管委会始终坚持以邓小平理论和“三个代表”重要思想为指导，认真贯彻落实科学发展观，以科学的理论指导我们的社会实践。十多年来的成功实践我们得益于走科学发展之路，得益于在此指导下始终不渝地致力于搭建三座平台。

一是致力于打造产业集聚平台。园区逐步形成氟化工基础原料规模化，中间产品系列化，下游产品高端化，上下游一条龙的生产模式。我们通过做好产业整体发展规划，充分利用区位优势、人文优势和产业优势，有针对性地招商选资，吸引同行企业来园区产业链延伸和错位发展，促成了国内外氟化工优秀企业向园区的集聚。我们整合好区内氟化工上下游产业资源，鼓励入园企业进一步利用已有的氟化工基础原料，丰富中间产品种类，提高关键中间体的品质和产能，加强下游高端产品研发，从而达到企业专业运作、产业高度聚集、资源循环利用、三废综合整治、上下游协同发展的良好局面。

二是致力于打造协同合作平台。园区管委会在“协同合作、共谋发展”理念的指导下，积极引导区内企业之间细分市场定位、加强分工协作、拓宽沟通渠道、创新合作方式、分享合作成果；引导企业之间探索建立合作开发、联合攻关、互惠互利的开发模式；引导企业与高校和科研院所之间加强交流与合作，优势互补，携手加强高性能产品的产业化研究，加强新产品应用领域的研究和推广。我们借助与高校共建的产业技术创新中心这个平台，深入推动产学研合作；借助省级氟化工工程技术中心这个平台，积极促进新产品开发；借助氟化工产业技术创新战略联盟，有效提升自主创新能力；借助已建成的院士工作站、博士后工作站平台，广泛引纳高层次人才。

三是致力于打造优质服务平台。提高服务水平是提高一个园区综合竞争能力的重要内容。我们园区发展至今，很关键的因素就是我们拥有一支十分敬业并为企业提供廉洁高效服务的管理队伍。落户企业在这里不断增资扩建，除了看中园区的产业定位外，更看中了我们这支队伍的服务质量、协调能力和发展激情。由于化工项目政府管制内容繁多、审批手续复杂、审批周期漫长，我们的服务队伍一方面会对客商做好耐心细致的解释工作，另一方面会积极协调各审批部门，主动推进项目进程，帮助客商及时应对各种难题，从而赢得了客商的一致好评。我们的诚信服务打动了已经落户的所有企业；我们的高效服务为企业的发展赢得了先机、降低了成本；我们的精心管理避免了园区内企业同质化恶性竞争，杜绝了同行之间恶性争夺产品或人才，搭建了企业之间互动平台，营造了合理有序、共存共荣的发展环境。随着园区的不断发展，我们这支管理队伍将进一步严格要求自己，认真听取各方建议，不断提高自身服务水平，让入驻企业落户开心，发展放心，生活舒心。

展望未来，我们将走“专、精、特、强”的园区发展之路。

一是产业继续延伸。围绕国家新兴产业和市场热点，拓宽产业渠道，含氟材料要发展太阳能光伏电池组件材料、汽车用锂电池隔膜材料、氟涂料等。特种纤维要扩大产能，占领市场，发展下游产品如特种无纬有纬布料、绳索、防护板材等，防弹衣、防割手套等军民用个人防护用品。聚氨酯产品要重点开发水性聚氨酯、特种聚氨酯，延伸产业链，开发防火阻燃材料等。拓展新的产业领域，不断构筑产业新优势。

二是总量快速做大。争取到“十二五”期末，园区经济总量达到350亿元，达到2011年的3倍。

三是竞争力持续增强。努力吸引有实力的企业来园区设立区域性氟化工研发中心，打造国家级氟化工研发基地。着力打造多领域多层次的创新平台，引进各类高层次人才，提升产业原创能力和引进吸收再创能力，提高产品竞争力，从根本上保持和增强园区的核心竞争力和发展后劲。

## 专家点评

江苏高科技氟化学工业园始终坚持走专业化、特色化发展道路，在建立之初即确定了打造世界级氟化工产业基地的目标，积极建设产业集聚平台、协同合作平台、优质服务平台等园区服务体系，做好园区产业整体发展规划，鼓励企业开展产学研合作，促进国内外氟化工优秀企业向园区集聚，丰富中间产品种类，加强下游高端产品研发，大力发展循环经济，逐步形成了氟化工基础原料规模化、中间产品系列化、下游产品高端化、上下游一体化、绿色安全环保的生产模式，形成了明显的规模效益和整体竞争优势。坚持专业化、特色化发展，是江苏氟化工园区成功的关键因素，为我国化工园区建设与发展提供了有益的借鉴。

# 创新探索

The Path of Innovation

## 实现以市场为导向、以客户为核心的转型发展

陶氏化学

陶氏化学（DOW）成立于1897年，是一家世界领先的多元化化学公司，总部位于美国密歇根州米德兰市。陶氏化学运用科学和技术的力量，不断创新，为人类创造更美好的生活。公司将可持续原则贯穿于化学与创新，致力于解决当今世界的诸多挑战，如满足清洁水的需求、实现可再生能源的生产和节约、提高农作物产量等。陶氏化学以其领先的特种化学、高新材料、农业科学和塑料等业务，为全球160个国家和地区的客户提供种类繁多的产品及服务，应用于电子产品、水处理、能源、涂料和农业等高速发展的市场。2011年，陶氏化学全球年销售额为600亿美元，在全球拥有52000名员工，在36个国家运营197家工厂，产品达5000多种。早在20世纪30年代，陶氏化学就已经在中国大陆开展业务，至今在华投资额超过10亿美元。目前，大中华区是陶氏化学全球第二大国际市场，2011年销售额超过44.5亿美元。陶氏化学在大中华地区共有七个业务中心和18个生产基地，员工约3600名。

# 一、转型的背景

陶氏化学经历了百余年的发展，逐步在全球化工行业中确立了其领先地位。然而进入新世纪以来，基础化工品的工艺门槛降低，全球竞争越来越激烈，规模生产的边际利润递减；同时，国际原油价格飞涨，导致化工企业的利润受到极大影响，而中东的石化公司依靠廉价的上游原材料成本大举进军基础石化领域。在如此严峻的情况下，摆脱盈利波动给企业带来的发展瓶颈，并在竞争中始终处于领先地位成为陶氏化学亟待解决的课题。长期以来，陶氏化学以卓越运营著称并以资产为驱动，在这一新的成长环境中，陶氏化学这一百年之躯面临着新的挑战。

作为全球化工业的领头羊，自2004年以来陶氏化学正式开启了战略转型的新征程。陶氏化学不仅改变了对市场的认知和看法，也对自己进行了重新定位。展望未来，陶氏化学看到了四大发展趋势，其转型之路也锁定了未来这四大趋势，即健康与营养、能源、交通及基础建设、消费领域。这四大趋势几乎涵盖了日常生活的方方面面，蕴藏着陶氏化学未来发展的市场机遇和利润增长机会。在明确了大框架和大方向后，陶氏化学制定了一系列具体措施突破发展瓶颈，向下游产业转型，推动创新，转变为以市场为导向、客户为核心的利润增长型企业。

## （一）宏观战略转变——从规模最大到盈利最佳

陶氏化学化学在烯烃类、环氧烷烃、氯、烧碱产品及相关催化剂等方面的基础化工产品的生产规模一直堪称世界第一。在过去，陶氏化学希望发展成为世界上最好的和最大的化工企业。然而为应对不断变化的经济环境，陶氏化学不再盲目追求规模最大，并开始果断实行“轻资产”策略，即关闭和出售低利润的非战略性资产，改善公司财务灵活度；减轻基础化学品业务比重，剥离非核心的基础化学品业务单元，向下游高利润的高新材料产业转型，由此来降低对整体能源市场的依赖度，将传统的优势产业的资本密度进行稀释，将更多的资金投入到利润更高的、以市场为导向的特殊化学品业务和应用产品业务上。

在过去的几年中，陶氏化学相继出售了位于南非的铬鞣化学业务、年增长率只有1%的莫顿盐业以及Styron塑料部门等。目前，陶氏化学在全球的产品业务组合，约三分之二以上的产品或者解决方案主要是功能性的或者是特殊化学品解决方案以及产品。在亚太区这个比例则更高：功能性材料以及以市场为驱动的解决方案大概占所有产品的85%以上。特别是在中国，销售总额的97%来源于功能材料和高新材料业务，来自于基础化学品的收入只占3%，功能产品和特殊产品在所有业务中所占的比重高于世界其他任何区域。

在转型过程中，陶氏化学还不断增加研发的投入，大力推动转型的进程。在过去五年当中，陶氏化学每年在研发方面的投入超过16亿美元，推出了500多个不同的项目，来应对世界发展的趋势和挑战。位于上海张江高科技园区的上海陶氏化学中心是陶氏化学在亚太区的商业和创新中心，同时也是陶氏化学全球最大的一体化研发中心，汇聚了世界一流的研发专业技术和面向市场的应用开发实力。500多名顶尖科学家和工程师在80多间综合实验室中齐心协作，立足本地市场，满足客户需求。

通过“轻资产”策略和对研发的加大投入，陶氏化学不再仅仅是化工产品的生产和销售商，而是脱胎换骨转变成为以科学和技术驱动的公司。

### （二）增值的业务组合——从基础化学品公司到收益增长型公司

随着战略思想的转变，陶氏化学同时加快了向高利润、高增长的下游产业移动的步伐。通过并购与合资经营，大幅改善业务组合，推进高附加值的功能化学品业务的增长。2011年，陶氏化学与沙特阿拉伯国家石油公司（沙特阿美公司）组建合资企业，在沙特阿拉伯朱拜勒工业城建造并运营世界级规模的、一体化综合化工设施。陶氏化学通过合资经营，有效地整合了产业链、降低了生产成本、提高了收益。陶氏化学转型之路上最具有里程碑意义的是2009年，陶氏化学对美国罗门哈斯公司的并购，从此陶氏化学确立了全球特殊化学品和高新材料领域的优势地位。由于罗门哈斯在特种材料解决方案的研发和创新方面一直处于全球领先地位，在电子化学品、涂料以及建筑和包装材料等领域具有很强的优势。通过收购罗门哈斯所创造的协同增长，陶氏化学扩大了特种化学品和高新材料业务，业务重心转移至高增长高利润的功能性产品领域。并购当年第二季度业绩报告显示，与上季度相比，陶氏化学电子和特种材料、涂料和基础设施以及功能系统的增长率均达到20%以上。

同时，陶氏化学开始大刀阔斧地进行业务和产品重组。在完成了对罗门哈斯的收购后，陶氏化学进行了业务重组，成立了新的四大事业部，即功能产品和系统事业部、高薪材料事业部、基础材料事业部以及健康和农业科技事业部。这种增值的业务组合和多样的产品组合有效促进了企业的利润增长，陶氏化学从此从基础化学品公司转型为收益增长型的公司。

### （三）平衡的地理布局——从欧美市场到新兴市场

过去陶氏化学的产业链布局和业务模式是基于北美地区，获得原材料进行生产。但随着上游原材料的大幅涨价，这样的地理布局不再适应陶氏化学未来的发展，因此陶氏化学着手加强对亚太地区和新兴经济区域的关注力度，顺应新兴市场蒸蒸日上的发展趋势积极抓住市场机遇，加大对新兴市场的投资力度。2006年，陶氏化学对大中华区追加4亿美元投资，用于建设新的生产和研发设施，其中包括在张家港生产基地建设新工厂，以及在上海化学工业园区世界规模的甘油制环氧氯丙烷和液态环氧树脂工厂。2011年，陶氏化学在亚太及拉丁美洲地区进行了一系列投资项目，包括投资与日本三井物产建立世界最大的生物聚合物平台、与中国龙翔集团共建的全球最大的化学品物流中心等。这些具有战略意义的项目是陶氏化学积极投资于高附加价、高创新的新兴市场从而实现增长的重要举措。

2002年年末，陶氏化学化学全球共有190个生产基地，其中美国61个，加拿大9个，欧洲65个，拉美29个，太平洋区26个。2010年年末，陶氏化学化学全球共有188个生产基地，其中美国55个，加拿大4个，欧洲59个，拉美27个，亚太地区43个。亚太地区的投资和项目得到了大幅度的增加。从2008年至今，陶氏化学化学的新型市场销售收入占比由28%升至32%，创下历史纪录；到2012年预期达到35%。

### （四）优化的管理模式——从“卓越运营”到“以市场和客户为导向”

2009年初，陶氏化学转型进一步加速：为继续削减高成本资产、摆脱集中式功能管理结构，公司的管理模式将由过去的八个业务单元加一个营销体系变为一个精简的公司中心、一个共享的业务服务集团和三种业务运营模式。三种业务运营模式包括合资公司/轻资产；功能性产品；健康与农业、高新材料和其它市场导向业务。这样的管理战略转型使企业以客户为中心，以市场为导向；在技术创新的同时，完全围绕客户的需求，与客户一起协同创新，实现创新本土化。

优化的组织管理结构支持陶氏化学化学成为一家高绩效、盈利增长型企业。特别是业务服务集团（Business Services Group）是陶氏化学化学总部的战术执行机构，利用其规模和专业能力，为整个公司提供经济高效、具有市场竞争力的服务，所涉领域包括信息技术、供应链、采购、公共事务、可持续发展、环境、健康和安全等。

过去的陶氏化学是以产品为导向，而转型后的新陶氏化学着重加强客户交流，敏锐地洞察客户和市场需要，与客户一起双赢合作。在上海陶氏化学客户创新中心，客户方的工程师及管理人员常常与陶氏化学的科学家一起讨论设计研发，客户也可以走进陶氏化学实验室亲自体验研发产品并提出意见和建议。转型后的新陶氏化学着眼大局，不仅仅关注化学行业和化工市场，而是从更宏观的角度通过提供有效的化学材料解决方案或者技术解决方案，来满足客户和市场的需要。

## 二、不变的企业承诺：从严谨自律到共同进步

长期以来，陶氏化学致力于可持续发展，公司的一切作为都是通过可持续发展的理念来实施的，这也是陶氏化学转型的精髓所在。2005年，为减少碳足迹、降低能耗、保护环境，陶氏化学制定了2015可持续发展目标，定义了七大努力方向：产品安全领域的领导者；可持续化学；人类健康与环境的本地保护；应对气候变化；能源效率与能源节约；创造突破，缓解全球危机；推动社区发展和成功。每个方向都设定具体的目标和标准，以期对公司盈利水平、社区，以及整个地球的环境发挥积极的推动作用。

陶氏化学化学不满足于严于律己，还努力与业内企业分享自身在可持续发展领域的专长和经验，以期提升整个行业的发展规范和水平。例如陶氏化学2005年与国家环保局共同实施的“清洁生产示范项目”，至2009年已完成68家来自化工、印染、酿造、电子、食品等多个行业的试点中小企业的清洁生产审核，对当地的清洁生产审核起到了推动和示范作用，68个试点企业共产生清洁生产方案2968个。通过已实施的2130个方案，减少废水850.4万吨，减少废气24.3亿立方米，减少$SO_2$排放779.36吨，节电2006.3万度，节水3.5亿吨，节省煤量12.2万吨。

转型期间，陶氏化学继续强调和推广可持续发展，努力成为“最受尊敬的化学公司”，改变公众对化工行业的负面看法，因此长期以来陶氏化学积极践行企业社会责任，其中“我们的城市”是陶氏化学和青年成就组织（中国

部）合作开展为中小学生设计创新课程，以培养年轻人可持续发展的生活理念和生活方式；恰逢2011年国际化学年，陶氏化学还与全球各地的一流高校合作开展“可持续发展创新挑战赛”，鼓励青年学者为应对世界挑战提出创新的解决方案。这一化学比赛盛事至今已成功举办三届，2012年陶氏化学将扩大赛事规模，在全球范围内与17所高校展开合作。北京大学、清华大学、复旦大学和上海交大都是该赛事的合作高校。陶氏化学在企业社会责任领域的长期不懈的努力树立了其最受尊敬的化学公司的健康形象，也为陶氏化学的转型起到了难以估量的助推作用。

作为可持续发展的领导者，陶氏化学已十一次荣登“道琼斯可持续发展指数榜”。2012年获得由上海美国商会颁发的“2012年企业社会责任领导力奖”，并被《财富》中文版授予“2012企业社会责任25强”，也被《南方周末》授予“2012年在华企业杰出贡献100强”称号。

## 三、中国：陶氏化学转型的先锋和缩影

近年来，中国经济保持平稳迅速的发展，而在过去10年中陶氏化学在中国的年销售额也保持了两位数的高增长率。特别是2000到2010年的10年间，销售额从9亿美元跃增至40亿美元，2011年超过44.5亿美元，中国逐渐成为陶氏化学全球的第二大国际市场。同时，陶氏化学全球65%的业务是特殊化学品、功能性化学品，35%是基础性化学品。陶氏化学的转型目标是将特殊化学品、功能性化学品的比例提升到75%，基础性化学品占25%。陶氏化学在中国的业务组合已经实现了97%的特殊化学品、功能性化学品和3%的基础化学品，这代表了陶氏化学全球业务组合的走向和趋势，因此，中国是陶氏化学转型的先锋和缩影。

为更好地支持陶氏化学业务的持续大幅增长，2011年底陶氏化学制定了新的大中华区增长战略，从七大纬度全面引领陶氏化学全球战略转型：加强客户协作；加大在华投资；增强本土创新能力；充分拓展中国台湾业务；加强品牌建设；更加深入市场；强化人力资源投资。2011年，陶氏化学与海尔集团成立了联合创新实验室，结合了陶氏化学在材料方面的卓越技术平台和全球科研能力和海尔在产品方面独特的研发能力和对行业趋势及客户需求的洞察力，是陶氏化学加强客户协作，增强创新能力，深入市场的重要举措。此外，陶氏化学在张家港投资建成的电子元件生产工厂用以满足亚洲地区印

刷电路板、电子与工业表面处理及太阳能电池市场日益增长的材料需求，对于陶氏化学的全球转型具有重要的战略意义。

同时，陶氏化学在中国的发展也很好地顺应了中国政府的“十二五”规划。中国政府提倡加快产业转型、推动城市化进程、节约能源以及关注环境和可持续发展，使陶氏化学在消费品、能源、交通和基础设施以及营养和健康等方面获得了广泛的业务机会。2012年3月，陶氏化学在成都开设了办事处，响应了中国政府“西部大开发”的号召，进一步拓展在西部新兴市场的发展机遇。

## 四、转型后的新陶氏化学

历经变革，陶氏化学的转型已经取得阶段性的成果：全球的产品结构得到优化，随着对罗门哈斯的业务整合，附加值高的功能性产品的比例进一步提高；全球业务的地理布局更加平衡，在2011年全部地理区域的销售量均实现了增长。2011年全球营收创下纪录，达到600亿美元，比上年增长12%；新兴区域销售额也创纪录地达到190亿美元，在中国地区的带动下，陶氏化学在亚太区的销售额首次超过100亿美元。扣除特定项目后，2011年EBITDA（税息折旧及摊销前利润）总计为84亿美元，与2010年相比增长了12%。创造全年EBITDA历史最好纪录的业务板块包括：电子和功能材料业务板块、农科业务板块、功能材料业务板块以及原材料和能源业务板块。

值得一提的是，陶氏化学化学于2010年成为奥林匹克全球合作伙伴，为未来十年的奥运会提供支持，这是对陶氏化学全球转型所取得成果的一大肯定。作为优先合作伙伴，陶氏化学在全球也将参与很多与奥运相关的项目，到2020年，由此产生的累计销售收入预计将超过10亿美元，30多个陶氏化学业务部门将有机会参与其中，产品包括建筑用隔热保温材料、导热流体、建筑及工业涂料、电线电缆、塑料等。

迄今为止，陶氏化学化学的转型已经取得了令人瞩目的阶段性成果，公司运营渐入佳境；今后陶氏化学将持续密切关注全球经济发展趋势，积极抓住发展机遇，以新姿态应对新挑战。如今的陶氏化学已经成功转型成为全球盈利最佳、最受尊敬的科技型化学公司。

# 创新探索

The Path of Innovation

## 科技创新奏响绿色发展主旋律<br>精诚合作应对环境变化新挑战

通用电气公司

通用电气公司（GE）是一家多元化公司，产品和服务范围广阔，从飞机发动机、发电设备、金融服务、水处理到医疗成像及媒体，全球的GE员工致力于将创意转化为领先的产品和服务，帮助客户解决最为棘手的问题，客户遍及全球100多个国家，拥有30多万员工，2011年全球销售收入1470多亿美金。GE是道•琼斯工业指数1896年设立以来唯一至今仍在指数榜上的公司。早在1906年，GE就开始发展同中国的贸易。迄今为止，GE所有业务部门都已在中国开展业务，拥有18000多员工，并建立了100余个经营实体，包括30多家合资企业。

GE能源集团是全球领先的发电和能源技术供应商，全球员工9.5万人，2011年全球销售收入437亿美金。GE能源集团的业务涉及所有的能源领域，包括煤炭、石油、天然气和核电，可再生能源如潮汐能、风能、太阳能和沼气，以及其他新型燃料。GE是全球天然气设备和解决方案产品线最全的一家公司，产品范围从上游勘探开发，管道输送，到下游的发电应用包括全产业链。在水处理方面，GE提供全球领先的纯净水处理、循环水处理、原水废水处理以及工艺过程处理等设备。迄今为止，GE已向中国提供了270多台燃气轮机、70台蒸汽轮机以及近千台风机，并颁发了大约50多项气化技术许可。GE能源集团在中国设有10多家合资或独资企业。

GE以中国的绿色经济发展为己任，一直致力于通过科技创新以及与国内企业的大力合作，帮助中国企业节能减排、调整产业结构、转变生产方式，为中国的可持续发展战略提供支持。

## 一、以本土化的市场需求为导向，树立全新开放创新理念

爱迪生1876年创办了世界上第一所工业实验室，研发的白炽灯等发明后来逐渐演变出今天的GE。爱迪生的新模式打破过去科学家单独从事研究的做法，组织专门人才共同致力于发明，从而开辟了19世纪至20世纪科学技术研究的新时代。

而今，创新更是成为推动经济社会发展的强劲支撑和动力，并被赋予新的内涵和外延。由GE发起对22个国家3000位企业高管的调查研究后发布的《全球创新趋势调查报告》显示：创造利润的多寡将不再是新时期衡量创新的最高标准，取而代之的是该发明创造能否满足人类的基本需求。创新是全球竞争力的关键组成部分，涵盖了从传统的研发新产品，到拓展新市场和探索新商业模式等各种举措。在全球层面上，创新继续走向一个开放的、协作性更强的模式，公司正在超越传统的封闭型创新模式，转而采用更新的模式，比如几个战略合作伙伴之间的协作，充分重视小机构和个人的创造力，为满足当地需求推出本地化解决方案等。而在国家和地区层面，创新面临着机遇和挑战并存的复杂局面，更需要对本土市场的深入理解和本土化策略。美国、日本、德国、中国被认为是最具创新性的国家。

近年来中国的创新体系建设取得了突破性进展，技术创新能力不断增强，"十二五"规划纲要更提出要加快建立以企业为主体的技术创新体系。GE作为一家以科技为动力的公司，立足中国，服务中国，开展了一系列创新工作，为中国市场创新产品，为中国培养全球化的创新人才。

### （一）"绿色创想"计划"绿色挑战赛"

GE从2005年开始在全球推出"绿色创想（Ecomagination）行动。"绿色

创想”是Ecology（生态）和Imagination（想象）两个词的组合，这是GE品牌口号“梦想启动未来”（Imagination at Work）的一个延续。其核心就是：确立以环保产品和服务作为新业务增长点的战略，通过大力推进环保产品的研发和推广，为投资者与客户带来经济与环保的双赢。“绿色创想”是GE的旗舰业务战略，旨在为市场开发使用更少能源和资源的产品，同时降低本公司自身运营中能源和水资源消耗。“绿色创想”产品都经过第三方独立认证，它们能够大幅提高客户的运营绩效和环境绩效。“绿色创想”项目已成为可持续创新的标志性案例，GE开发的400多种产品已获得能源之星的评级。

中国不仅是GE全球业务增长速度最快的市场，也是世界上面临环境威胁最为严重的国家之一。GE相信“绿色创想”将在能源需求日益增长、自然资源面临考验的中国发挥出重要作用，因此在2006年，GE决定将“绿色创想”计划重心移至中国。2006年GE与中国国家发展和改革委员会签署了绿色创想合作谅解备忘录，双方约定加强在环境可持续发展方面的合作，GE公司将提供先进的技术和方案给中国的能源节约型和环境友好型产业。31款“绿色创想”认证产品行销中国市场，自2006年来创造总计近30亿美元的收入。

在全球范围内，GE致力于持续投资创新活动和各种合作伙伴关系，以此推动全球能源产业革新，“绿色挑战”是这一战略的关键组成部分。作为一项面向公众的创新实验，“绿色挑战”活动于2010年首次在美国推出，它为企业、创业者、投资者及高校学生构建了一个共同分享创意、推动能源产业革命的平台。该项目以选秀加风险投资的方式帮助促进大公司、学界和中小企业的合作，加快创新步伐。2011年，开放式清洁能源创新竞赛“绿色创想挑战赛”引入中国，该活动通过征集并资助突破性的清洁能源创意来推动中国能源技术和产业的发展。GE与其投资伙伴将共同投入1亿美元资金，对在这一活动中脱颖而出的清洁能源技术创新进行进一步开发并推动其商业化应用进程。“绿色挑战”第一阶段将以燃气能源技术创新为主题。短短三个月内总共收到超过200个相关创意。根据“绿色挑战”竞赛规则，获奖者将得到包括现金奖励、在GE的工作机会、与GE开展商业合作，以及GE与合作伙伴的股权投资等多种奖励。

首批获奖创意包括：天然气管网压力能回收，纳米压缩天然气储存技术，化学驱采油废水回用方案，摩天轮农场，摇摆帆式风力发电系统，获奖的这些创意代表了“绿色创想”的核心理念——实现资源利用的最大化，提升效率并让世界变得更加美好。

GE公司董事长兼首席执行官杰夫·伊梅尔特表示："中国是全球最大的天然气储备国之一，并且拥有各类丰富的燃气资源，但在高效开采、运输和使用各种燃气资源方面仍面临巨大挑战，需要各方携手合作，进行开放式创新。"

## （二）在本土设立研发中心和创新中心

1.GE中国研究开发中心（CTC）

以发达国家市场作为创新中心是跨国公司的惯常做法，但GE现在开始改变这一点，更加关注新兴市场，特别是在中国的创新合作。在中国，GE目前有科研技术人员近3000人，主要分布在上海、北京、无锡、成都和西安等地。截至2011年底，GE在中国的研发人员共申请了700余项国际专利。

GE中国研究开发中心是GE公司五大全球研发中心之一，每年完成100多个研究项目。中心坐落于上海张江高科技园区，占地面积47000平方米，于2003年5月投入使用。现有60多个拥有世界一流设备的实验室，是国内最大的独立外资研发机构之一，也是国内极少数具有基础科学研究能力的企业研发中心。GE全球研发中心能够充分利用各行各业及各种学科的先进技术。其实力在于所拥有的一整套稳固的核心技术，以及将技术创想运用于业务发展的方式。GE秉承这样的座右铭："所想皆能实现"。

2.GE中国创新中心

2010年底，GE承诺未来三年内在中国投入20亿美元，用于拓展其在中国的技术创新能力，并与行业领先的中国公司建立新的合资企业。投入5亿美元用于在中国内陆城市建造3～5个创新中心，以更快的市场响应速度，与客户共同开发创新的、符合本地需求的技术解决方案，第一阶段计划在成都、西安及沈阳建立创新中心，新增员工达1000余人。

2012年5月30日正式落成运营的GE中国创新中心（成都）是GE这一投资承诺的重要组成部分，是GE全球首个专为客户协同创新而设计的机构。作为与客户共创价值的平台，创新中心将推动国内、特别是广大中西部地区的创新活动。研发创新的重点为基层医疗，页岩气钻井技术，新型工业自动化解决方案和绿色新能源交通技术等。中心将致力于与客户及合作伙伴共同开发针对本土市场需求的新技术解决方案，并为客户提供世界一流的培训和服务。中心占地面积33500余平方米，内设30多个实验室，其中大部分都配有精心设计的设施，以方便客户的参与。中心目前拥有员工500余人，已投资8000万美元，预计到2013年底，GE中国创新中心（成都）的投资将超过1亿美元。

## 二、关注中国石化行业发展、大力推动节能减排

### （一）专注先进高效煤气化技术，助力中国清洁煤行业发展

在过去的千百年中，煤炭支撑了中国和世界工业的发展和文明的进步。然而，随着煤炭资源大规模利用甚至滥用，传统煤炭利用技术的一些固有缺陷开始逐步引起了人们重视，如煤炭直接燃烧引起的酸雨问题，粉尘、颗粒物和可吸入物问题，温室气体排放问题等。因此，在第二次世界大战之后的相当一段时间内，人们更加关注于如何利用石油、天然气、风能等其他资源，支持经济增长和社会发展。

然而，中国作为一个多煤少气贫油的国家，煤炭占据了70%以上的一次能源消耗量，在可以预见的未来，这种资源结构基本不可能改变。此外，随着国际原油价格的不断上涨，石油化工行业面临越来越大的成本压力，很多时候，石化产品成本的上涨已经对于整个经济发展造成了重大的阻碍，从经济性上，行业内也需要更具有经济性的原材料来源，来稳定和对冲国际原油价格大幅度变动所带来的重大风险。

正是在这样的背景下，GE的煤气化业务在中国通过长期的努力耕耘，通过提供先进稳定的技术，通过持之以恒地对客户的关怀，为中国现代煤化工业和煤的清洁利用做出了我们应有的贡献，并最终成为中国市场上最被推崇的先进煤气化技术。

所谓的煤气化技术是指将低价值的碳氢化合物燃料（主要是煤炭），转化成高价值的产品——合成气。气化可以替代很多通常只能使用天然气作为进料的工艺，并且气化技术可处理煤和石油焦炭等进料，生产各种高附加值产品，用于发电、热电联产，以及生产氢气、合成氨、甲醇和其他化学品。煤炭通过气化之后，煤炭内绝大多数的有害组分，如硫、硝等成分都会被脱出并且产出有用的副产品如硫磺等，从而解决了煤炭利用过程中的大多数的环境污染问题。与此同时，由于煤炭价格相对稳定与低廉，相对于石油化工来讲，煤炭经过气化后制成的各种化工产品的成本在目前的原油价格水平下，具有极强的竞争力。

GE的加压水煤浆气化技术最早在20世纪80年代初就引进中国，经过过去30年的不断发展，现在已经成为中国市场上最为推崇的煤气化技术，截至2012年上半年，通用电气在中国已经有超过53个项目、150台以上的气化炉

的业绩，而且绝大多数的客户运行稳定，取得了良好的经济和社会效益。

总结起来，GE中国气化技术发展主要有如下经验：

通过持续不断的技术开发保持技术的先进性。GE的水煤浆加压气化技术，属气流床加压气化技术，原料煤经磨制成水煤浆后用泵送进气化炉顶部单烧嘴下行制气，原料煤运输、制浆、泵送入系统比干粉煤加压气化要简单得多，安全可靠、投资省。单炉生产能力大，目前国际上最大的气化炉日投煤量为2000吨，国内已投产的最大气化炉日投煤量为1000吨。国内设计中的气化炉能力最大为1600吨/日。该技术对原料煤适应性较广，气煤、烟煤、次烟煤、无烟煤、高硫煤及低灰熔点的劣质煤、石油焦等均能作气化原料。气化压力从2.7MPa、4.0MPa、6.5MPa到8.5MPa皆有工业性生产装置在稳定长周期运行，装置建成投产后即可正常稳定生产。气化系统的热利用有两种形式，一种是废热锅炉型，可回收煤气中的显热，副产高压蒸汽，适用于联合循环发电；另一种是水冷激型，制得的合成气水气比高达1.3～1.4，能满足后续CO变换工序的需要，变换工序不需要外供蒸汽，适用于制氢、制合成氨、制甲醇等化工产品。气化系统不需要外供蒸汽、高压氮气及输送气化用原料煤的$N_2$和$CO_2$。气化系统总热效率高达94%～96%，高于Shell干粉煤气化（91%～93%）和GSP干粉煤气化（88%～92%）。气化炉结构简单，为耐火砖衬里。气化炉无转动装置或复杂的膜式水冷壁内件，所以制造方便、造价低，同时由于采用热壁炉，炉内热容量比较大，气化炉升温至1000℃以上后，即可直接喷水煤浆投料，生产安全可靠。在开停车和正常生产时无需连续燃烧一部分液化气或燃料气（合成气）。煤气除尘也比较简单，只需要一个文丘里洗涤器和一台洗涤塔就可以了，无需价格昂贵的高温高压飞灰过滤器，投资省。单炉年运转时间为270～300天，碳转化率达96%～98%，有效气成分（$CO+H_2$）为80%～83%；有效气（$CO+H_2$）比氧耗为336～410立方米/千立方米，有效气（$CO+H_2$）比煤耗为550～620千克/千立方米。

立足于中国不断增强本地化技术能力。在过去十年左右的时间里，GE气化业务团队从刚开始的几个人的关注于商务和服务小团队，逐步依靠GE在中国的强大工程团队力量，建设成为一个基本涵盖各个业务职能的较为完整的业务部门，并且培养了一批具有较强实践经验的工程技术和科研试验人员，从而不断的支持中国业务的发展和市场的需求。

以海容百川的气度多方面、全方位开发中国本地合作伙伴。一个产业的发展，需要整个产业链的支持。GE充分意识到中国的合作伙伴对于气化事业发展的重要性。GE在合理合法保护自身知识产权的前提下，努力与国内的各类合作伙伴进行合作，定期举行与客户、设计院等相关部门的技术探讨，努力扩大与国内主要设备制造厂商的技术交流，增强相互之间的互信互利合作和支持。特别值得一提的是，2012年在中美两国政府的大力支持下，作为中美两国清洁能源技术合作的一个重点项目，GE与神华集团共同合资成立了一个合资公司，共同在中国开拓煤气化和清洁煤利用方面的新市场，相信该合资公司将会对于中国的清洁煤利用技术发展和应用起到至关重要的作用。

不断加大对于中国的管理授权力度。随着中国市场的进一步发展，随着国家对于清洁煤利用技术的更高的要求，GE也意识到必须对于市场和国家的要求做出更快更有力的响应。因此，在过去的几年中，GE不断地加大对于中国管理授权的力度，更在2011年将其全球总经理派驻中国。我们相信，这样的一种更加贴近市场的安排，将会使得GE以更好更快的方式助力中国煤的清洁利用。

展望未来，GE气化业务将会深耕于中国，加快各项关键技术的研发进程，在国家清洁煤技术科技发展“十二五”规划中，我们深感天地广阔，大有可为。紧密配合“十二五”洁净煤技术专项规划技术方向，GE目前着重发展煤提质与综合利用技术、煤转化多联产、煤气化联合循环发电技术（燃气轮机）以及煤基清洁燃料相关的气化技术。我们相信，通过不断的努力，GE煤气化业务会为中国煤的清洁利用这一重要能源安全和国家安全战略提供更加有力的支持。

### （二）整合内部高科技技术资源，推动石化行业节能减排

中国石化行业规模、总产值已跃居世界首位，石化行业在经济和社会发展中发挥着重要作用，是国民经济的支柱性产业。据统计，能源成本约占石化企业总运营成本的40%，石化行业面临日益严峻的能源约束，如何提高能源利用效率成为重中之重。同时，作为排放大户，石化行业也面临着巨大的环境压力，如何降低排放、转变生产方式、改善生产运营安全水平也成为当务之急。

GE一直关注石化行业的发展，希望能够以GE特有的多样化的装备制造能力，以及工业领域的专业技术、经验和研发能力；为依托，解决石化产业中棘手的技术挑战，为用户提供创新的整体解决方案，推进全行业的发展和节能减排工作。

2011年，GE特别整合资源成立专门的石化工业团队，为客户提供一体化

的解决方案。团队引进国际市场的经验，整合GE科技资源和创新优势，针对中国市场的具体情况和石化客户的要求，为石化行业设计整体解决方案。

GE的石化工业团队正专注于三个主要的产业方向：一是在石化工业中，如何提高能源的使用效率；二是水资源在石化加工过程中的高效利用；三是先进的控制系统和生产效率。

随着与中国客户、合作伙伴的交流和合作，GE中国的石化团队正致力于下述方面的应用研究和合作：一是压缩机节能技术开发和应用；二是石油化工加工过程中能源管理和回收利用；三是GE气化技术的干法应用研究和推广；四是高灰、中高硫煤炭清洁高效综合利用项目相关技术的研究和推广；五是煤化电热一体化项目相关技术的研究和推广；六是焦炉煤气的综合利用的相关技术研究和推广。

GE还特别关注化工行业的减排，特别是石化行业的自备电厂和催化裂化CO余热锅炉的氮氧化物的排放，预计未来全国范围石化行业的脱硝运动即将大规模展开。石化行业锅炉多为小型炉，炉温一般比火电锅炉的炉温低，负荷较火电锅炉浮动小，因而与火电锅炉相比较，其工况更适合SNCR（选择性非催化还原反应）脱硝技术的应用。GE在美国和欧洲等地成功地为催化裂化装置的CO余热锅炉设计，改造和调试了SNCR和enhanced SNCR（增强型eSNCR）系统。在工艺设计过程中应用计算流体力学（CFD）和化学动力学来设计和预测SNCR的脱硝效果以减少投资风险。并对尾气温度低于SNCR温度窗口的锅炉采用加氢装置来提高脱硝率和降低氨逃逸率（enhanced SNCR）。平均脱硝率达到了40%以上。GE在国内也帮助许多化工企业自备电厂脱硝改造，典型的案例是GE应用SNCR+SCR（选择性催化还原反应）联合法脱硝技术帮助扬子石化热电厂燃煤锅炉进行改造。

2012年上半年，扬子石化热电厂在2号炉试用GE脱硝组合工艺流程，成功实施了烟气脱硝，使烟气氮氧化物降到了100毫克/立方米以下，成为行业内率先达到氮氧化物排放新国标的企业，同时降低了企业脱硝的投资成本和运行成本，也因此一锤定音，为GE赢得后续8台锅炉的改造订单。7月5日，国家环保部副部长周建一行赴宁考察调研扬子石化热电厂烟气脱硫脱硝设施，对该项目给予了充分肯定。

“十二五”期间，国家发展和改革委员会、工业和信息化部对煤化工行业的能效和环保提出了更高的要求，以推进全行业的转型升级。为更好地响应国家要求和推进国内技术进步，GE能源集团协助中国石油和化学工业联合会、中国氮肥工业协会举办了“高效煤气化与节能减排技术交流研讨会”，介绍煤化工行业发展趋势以及GE最新高效煤气化与节能减排技术研发进展及其推广应用情况，帮助国内企业更好节能减排，应对未来挑战。

## 三、弘扬诚信合规文化，承担企业社会责任

中国正在努力转变经济发展方式，力求通过促进创新、提升公共管理水平、支持完善法治和政府问责制，形成平衡、包容，全面和绿色的发展模式。GE相信，在构建安全、负责任、诚信和合规的文化方面，企业能够发挥重要的作用，这种文化将保障人们可以安全而高效地完成工作，也只有在这种文化的前提下才能产生世界级的工业和服务业企业。GE在中国的目标之一是确保尊重所有员工，并保证在员工与各利益相关方的关系维护和商业交易中保持绝对诚信，遵守法律法规，并促进法治建设，对我们在中国运营的方方面面采用全球统一的标准来评判。

GE从自己的商业行为开始践行这种理念。我们的商业行为准则以“诚信手册”（The Spirit &the Letter）作为指导，这一诚信承诺要求所有员工都要做到：遵守所有适用的法律和法规，包括与公平竞争和反商业贿赂；诚实、公正而且可靠；在工作与个人事务之间避免利益冲突；培育公司内部人人机会平等的氛围，使之能够惠及多样化的GE社区的每个成员；努力创造一个安全的工作环境，并致力于保护环境；建立并维护一种人人认同，推崇正直行为并身体力行的公司文化。

GE中国各个业务集团总共设有50～60名诚信疑虑督查官，保证员工可以自由地报告疑虑，而无须担心遭到报复。事实上，如果员工对已知的和有嫌疑的诚信问题知情不报，他们有可能会因此受到纪律处分。GE诚信疑虑督查官有责任接受有关诚信疑虑报告，并启动调查程序，将案件调查清楚并结案，这一流程还将受到内部审计部门的全程监督。GE中国公司上上下下的经理人都接受过处理合规问题的培训，他们所接受到的诚信疑虑报告也被纳入跟踪统计系统当中。

GE将“诚信手册”中的原则纳入到了与供应商、合资企业合作伙伴和经销商的合同中。我们还与政策制定者、学术机构和国内外企业合作，支持法律和司法建设的努力。

作为负责任的企业公民，GE积极应对中国各地发生的灾害。GE有一套

正式而完整的程序来管理赈灾活动，可以在灾难发生后做出及时和适当的反应与决定。这套程序依靠新闻报道、GE在当地联系人的报告和国际红十字会提供的信息对灾难程度做出评估。完成对灾难信息的收集后，GE会立刻行动起来确认当地员工及其家庭成员的安全。然后，根据事先制定的标准，酌情考虑如何满足赈灾的需求。2010年，GE捐赠20万元人民币，支持中国西南三个省份发生严重旱灾后的减灾行动。同年8月，GE向青海省玉树地震的灾民捐赠1600件冬衣。GE基金会还捐赠了人民币100万元，支持玉树地震后的紧急救援行动。面对自然灾害，快速反应与赈灾同样重要，因此在2010年，GE航空集团向玉树机场捐赠了先进导航系统，使得空运救灾物资飞机无论在白天还是晚上都能够快速安全着陆，保障了救援物资运抵地震灾区的效率。GE基金会还为2011年发生的云南地震设置了专门的员工配捐计划，将公司和员工的捐赠合力一处。

## 四、精诚合作、共同应对未来挑战

中国已经成为世界第二大经济体，被誉为世界经济增长的重要引擎，GE将中国视为全球最重要的市场之一，本着“立足中国、服务中国”的精神，不断推进本土化工作，通过创新改进自己的产品性能，以满足中国市场的需求，帮助中国解决最棘手的问题，提高中国人民生活质量，培养全球化人才，并与中国企业建立战略合作伙伴关系，共同走向世界。

GE与哈尔滨电气集团是燃气轮机领域长期的战略合作伙伴，在此基础上，GE与哈电集团建立风电设备合资企业，进行风电机组的研发；GE与神华集团成立煤气化合资企业为中国煤气化市场发展贡献力量；GE与华电集团成立分布式能源合资企业，共同推进中国的分布式能源事业发展，帮助中国实现节能减排，调整能源结构的宏伟目标；GE数字能源业务与中国西电电气股份有限公司建立全球战略联盟，注资33.8亿人民币获得中国西电15%的股份，与西电共同拓展全球电网市场……本着精诚合作，共同面对未来挑战，开拓市场的精神，GE与中国的合作伙伴一道为中国可持续发展不懈努力。

GE坚信，在政府、企业和全社会民众的共同努力下，中国未来拥有广阔的发展前景，GE将发挥自身的创新优势，立足本土，帮助中国应对未来各种最棘手的挑战，转变生产方式、调整产业结构，为中国的可持续发展贡献力量。

# 创新探索

The Path of Innovation

## 助力客户　创新增长
## 走高端化产品发展之路

塞拉尼斯

塞拉尼斯（CELANESE）是全球最大的乙酰基产品生产商之一，所生产的中间体化学品几乎应用于所有主要行业。塞拉尼斯也是全球领先的高性能工程塑料制造商，产品应用于多种高价值终端市场。我们的产品在北美、欧洲和亚洲制造，广泛应用于消费和工业领域。

在塞拉尼斯的百年发展历史中，它从一个没有差异化的化工品制造商成长为多元复合型的化工企业，经历了一系列的战略调整和发展，时至今日，塞拉尼斯终于成功转型为领先的化工技术和特种材料公司。

从2004年到2012年，塞拉尼斯在中国走过了不平凡的8年。这8年中，塞拉尼斯顶住了金融危机、后金融危机，不断创新探索……梳理这几年的成绩单，不难发现，塞拉尼斯在中国这块土地上因地制宜、坚持科学发展，根据“转方式，调结构”的精神，在纷繁复杂的国内外经济局势中，出色地完成各项经济指标，交出了令人满意的答卷。

## 一、在中国的发展之路

塞拉尼斯自1960年起即在中国开展业务。20世纪80年代后期，塞拉尼斯开始在中国投资，与中国合作伙伴建立合资企业，先后在南通、珠海和昆明建厂，生产醋酸纤维丝束和醋酸纤维素片。随着中国经济的不断增长，中国市场日渐成为塞拉尼斯投资发展的重心。

2004年塞拉尼斯（中国）投资有限公司正式成立，管理塞拉尼斯公司在中国的各项投资和业务。2007年，公司将乙酰基业务营运总部从美国迁往上海，管理全球乙酰基业务。同年，塞拉尼斯在中国的全资实体即塞拉尼斯南京一体化化工基地建成，该基地采用了塞拉尼斯第一流的技术和最先进的管理理念，坐拥7套装置，其建成是塞拉尼斯在中国乃至亚洲业务发展的重要里程碑。此外，2011年初，塞拉尼斯上海商务技术中心建成，将亚洲区业务总部与客户应用开发和研发中心全面整合在一起，更好地服务客户。

对塞拉尼斯而言，中国的重要战略意义不仅在于它是我们全球发展战略上的关键一环，同时也是公司未来发展的重要动力。凭借一流的生产技术，专注增长的战略，强势的市场地位和优秀的专业人才，塞拉尼斯正在向全球顶尖化工企业迈进。

| | |
|---|---|
| 1960年代 | 开始往中国销售产品 |
| 1987年3月 | 与江苏烟草专卖局建立第一家合资厂——南通醋酸纤维有限公司 |
| 1993年4月 | 与国家烟草专卖局建立第二家合资厂——昆明醋酸纤维有限公司 |
| 1993年5月 | 与国家烟草专卖局建立建立第三家合资厂——珠海醋酸纤维有限公司 |
| 1997年 | 在上海、北京和广州设立销售代表处 |
| 2001年12月 | 泰科纳（塞拉尼斯工程塑料业务）与日本宝理、韩国工程塑料以及三菱瓦斯化学在中国南通合资建立共聚甲醛（POM）生产厂——宝泰菱工程塑料（南通）有限公司，2006年已正式投产 |
| 2002年4月 | 塞拉尼斯（上海）国际贸易有限公司成立 |
| 2003年2月 | 塞拉尼斯（南京）化工有限公司成立 |
| 2004年12月 | 塞拉尼斯（中国）投资有限公司成立 |
| 2005年12月 | 塞拉尼斯（上海）贸易有限公司成立 |
| 2006年1月 | 塞拉尼斯（南京）多元化工有限公司成立 |

续表

| | |
|---|---|
| 2006年12月 | 塞拉尼斯（南京）乙酰衍生物有限公司成立 |
| 2007年1月 | 塞拉尼斯乙酰基中间体全球管理团队迁至中国 |
| 2007年6月 | 南京化工基地醋酸装置投产 |
| 2007年9月 | 塞拉尼斯南京一体化化工基地正式开业 |
| 2008年3月 | Celstran LFRT长纤热塑增强型塑料装置投产 |
| 2008年4月 | 塞拉尼斯上海技术中心成立 |
| 2008年7月 | 南京化工基地GUR超高分子量聚乙烯装置投产 |
| 2009年10月 | 南京工厂醋酸装置成功扩产，年产能从60万吨提升到120万吨，为世界最大的醋酸装置 |
| 2011年1月 | 上海商务技术中心正式运营，整合了公司的业务部门、客户应用和开发以及研发部门 |

## （一）塞拉尼斯南京一体化化工基地

塞拉尼斯在华独资企业——塞拉尼斯南京一体化化工基地坐落于南京化学工业园区，该基地于2004年开始建造，2007年9月正式竣工开业。塞拉尼斯南京一体化化工基地采用塞拉尼斯全球最先进的技术以及最高环境与安全标准，是塞拉尼斯全球最大的化工基地。

该基地包括醋酸、醋酸乙烯单体、醋酐、醋酸乙烯-乙烯共聚乳液、超高分子量聚乙烯和长纤增强热塑性塑料的生产装置以及一个混配改性装置。2007年醋酸和醋酸乙烯–乙烯共聚乳液投入商业生产，醋酸乙烯单体、醋酐、长纤增强热塑性塑料以及超高分子量聚乙烯装置于2008年投入商业生产。基地采用世界一流的乙酰基技术，其醋酸装置是目前世界最大的装置，年产能达120万吨。

南京一体化化工基地的建成体现了塞拉尼斯对亚洲市场，尤其是对中国市场的长期承诺，它大幅提升了塞拉尼斯的生产能力，更好地满足亚太地区各行各业和不同客户群不断增长的需求。

## （二）塞拉尼斯上海商务技术中心

2008年，塞拉尼斯在上海张江高科技园区内启动建造塞拉尼斯上海商务技术中心。此中心集研发和营销于一体，整合塞拉尼斯亚洲区各个业务部门以及聚合物乳液和泰科纳高性能工程材料的客户应用及研发中心。塞拉尼斯上海商务技术中心充分利用其出色的高新基础设施为客户提供世界级的服务。

该项目于2010年底完工，2011年1月正式运行。这一占地超过12600平方米的综合性实体集聚了300多位塞拉尼斯的科学家、设计工程师和技术专家。他们齐心协力，加速塞拉尼斯技术创新，以更短的交货时间、更大的弹性和价格优势，为客户提供更好的服务；创造更多的附加值；推动塞拉尼斯向全球顶尖化工企业迈进。

## 二、齐头并进，多管齐下

塞拉尼斯在中国的顺利发展，与正确的发展战略规划、合理的经营业务结构密不可分。塞拉尼斯主要经营四大业务：高性能工程材料、特种消费品、特种工业品、乙酰基中间体。四大业务齐头并进，帮助公司快速稳健发展，2011年塞拉尼斯净销售额达到68亿美元。

（一）乙酰基中间体业务占公司净销售额的40%多，其产品有醋酸、醋酸乙烯单体、醋酐和其他乙酰基衍生品。凭借几十年的丰富经验、对研发的专注、先进的加工技术以及有利的生产成本，塞拉尼斯已经成为全球领先的醋酸生产商和全球最大的醋酸乙烯生产商。

乙酰基中间体产品这些是生产着色剂、颜料、黏合剂、涂料、纤维、药品以及多种等其他产品的原材料。作为化工行业的领先者，乙酰基中间体依靠着领先的技术和全球部署，有利的原料供给地位、领先的技术和良好的产业结构，推动着公司实现2016年的发展愿景。

凭借几十年的丰富经验、先进的加工技术以及有利的生产成本，塞拉尼斯已经成为全球领先的醋酸生产商和全球最大的醋酸乙烯生产商。

（二）高性能工程材料是塞拉尼斯另一个重要的增长业务，包括泰科纳工程塑料业务及由其投资的股权联属关联企业组成。泰科纳是塞拉尼斯旗下的全资子公司，生产和经销广泛的产品系列，满足高要求的应用。与泰科纳的密切合作使得客户能借助泰科纳强大的聚合物科技与应用经验的优势开发益于环保的创新型产品。

作为全球领先者，泰科纳与美洲和欧洲的总装厂商和系统部件供应商建立了深厚的关系，这些关系使泰科纳享有独特市场地位并能有效协助中国和亚洲客户快速进行技术转移，以服务他们的本地客户。

泰科纳在中国正进行着一系列的长期投资，这些投资项目将提供围绕客户应用开发的技术资源和开发设施，并与其在亚洲建造的世界级单体、聚合物和混配生产装置一起，为亚洲客户业务的快速发展提供了有效的推动力。

（三）塞拉尼斯的特种消费品业务包括醋酸纤维产品业务和诺维（Nutrinova）业务。塞拉尼斯作为世界上最大的醋纤丝束生产商，生产的醋纤产品主要用于生产过滤产品。作为业务战略振兴的一部分，塞拉尼斯于2005年剥离了醋酸纤维丝业务，并加强了在美国、墨西哥和欧洲四个厂的醋酸纤维素片和醋酸纤维丝束的生产。振兴战略的目的在于提高效率、减少某些生产区域的产能过剩，集中精力生产和提供具有长期价值的产品和应用。在中国，塞拉尼斯与中国烟草总公司从20世纪80年代即开始合作，分别在南通、珠海和昆明建立了生产醋酸纤维的合资厂，这三家企业在中国烟用醋酸纤维丝束市场占主导地位。

（四）塞拉尼斯特种工业品部门包括聚合物乳液、聚乙烯醇和AT塑料。其中，以聚合物乳液为最大业务部门，在高压聚合生产醋酸乙烯酯/乙烯（VAE）共聚乳液方面拥有独一无二的技术和上游醋酸乙烯单体供应的整合优势，同时对于常压聚合的醋酸乙烯酯均聚物乳液及丙烯酸乳液的生产和技术方面也有深入的研究。塞拉尼斯乳液产品的生产和营销范围遍及全球，且广泛应用于油漆与涂料、黏合剂、玻璃纤维、无纺布、建筑和造纸等诸多领域。

塞拉尼斯以乙酰基产品作为基础，立足于优势技术和产品，不断进行业务结构的调整，使其更好地服务于市场和客户。

## 三、助力客户，创新增长

站在时间的节点回望，塞拉尼斯在中国发展的五十多年时间里创造的是一长串关于创新与发展的故事。这些创新与发展都是立足于我们的优势，关注我们的客户，从而实现发展。“客户至上，创新增长”是塞拉尼斯重要的价值观。塞拉尼斯注重培养全员“以客户为中心”的观念，然后梳理客户发展、推广业务、客户关怀各环节的业务流程，建立“以客户为中心”的业务规则。

作为客户的合作者，我们需要非常了解我们的客户，并向他们虚心学习，我们需要设身处地站在客户的角度上思考为客户提供有针对性和高品质的服务；我们的员工正是通过不断地对自己下一工作环节输出高质量的工作结果，来最终确保对公司客户提供高品质的服务。

以下举几个实例来说明塞拉尼斯基于客户的产品和技术创新。

1. 塞拉尼斯EcoVAE®创新造就环保产品

随着消费者环保意识的增强，全球正在掀起一场“绿色风暴”，塞拉尼斯顺势在2008年先后向北美及亚洲市场推出了一款环保涂料专用乳液。由塞拉尼斯自主开发的EcoVAE®（“ee-coe-vay”，醋酸乙烯–乙烯共聚）乳液技术专门用于生产高质量环保涂料。

塞拉尼斯EcoVAE®水性乳液于2008年6月和11月分别在美国和亚洲市场推出。这款乳液能令承包商和DIY爱好者配制出低VOC和低气味的涂料；可有效降低产品在生产、销售和使用过程中的废气排放，并帮助涂料制造商轻而易举地满足日趋普遍的LEED（美国能源及环境设计先导计划）等绿色建筑标准。此外，EcoVAE还能轻松应对北美及中国日趋严格的废气排放法规。

塞拉尼斯乳液业务部门开发的环保涂料技术目前已在世界大部分国家和地区推广应用。自1994年在欧洲成功推出Mowilith®乳液以来，塞拉尼斯现已成为欧洲地区领先的低排放涂料专用VAE乳液供应商。

换而言之，在北美和亚洲市场上的涂料制造商如采用EcoVAE配方，便能获得独特的优势体验：中欧地区的环保标准历来极高，而Mowilith在欧洲市场积累的15年创新经验成功造就了EcoVAE的卓尔不群。

从客户的角度看来，EcoVAE既能造就耐用且性能出色的涂料，又能满足可持续发展，使环境不受影响。随着日趋严格的VOC法规相继出台，以及人们对“绿色”产品的需求日益增长，开发能让消费者及涂料专业人士满意的高性能产品并非一件易事。但EcoVAE不但低VOC，而且具备耐磨性等出色性能，因此塞拉尼斯相信，有了EcoVAE，涂料制造商便可利用当前大量的市场和法规机会大力拓展业务，而且这种机会优势将在未来愈发明显。

塞拉尼斯的科学家大力开发EcoVAE，旨在迎合当今市场的发展需求，同时引领市场的未来发展趋势。

美国、中国以及整个亚太地区的具有远见卓识的涂料制造商都已积极做好准备，应对日趋严格的行业规定，并转而使用EcoVAE技术，以应对市场对环保产品的需求。

2.泰科纳的制造、技术和商业资源帮助客户迅速完成技术转化

泰科纳工程塑料是塞拉尼斯公司旗下的一个业务，致力于生产和销售全系列工程塑料，其产品被广泛采用于各种条件苛刻的客户应用之中。在美国、德国、巴西和中国的生产、配料和研发机构拥有约2000名员工。

多年来，泰科纳在中国和亚洲各地进行了持续的系列投资，这些投资项目带来的技术资源和开发设施令泰科纳能在本地市场围绕客户应用迅速提供解决方案。同时也在亚洲地区建立起了世界级单体、聚合物和改性聚合物生产设施，其产品为亚洲客户业务的快速发展提供了有效的推动力。

泰科纳的高性能工程塑料产品组合使得客户对材料的选择面非常广。因此，中国的客户能自主开发出质量更优、重量更轻、成本更低的应用产品。泰科纳生产的工程塑料能满足每一位客户的需求，量身定做出具有独特属性的产品。从生产大小各异的部件所需的基材，高级纺织品所需的特殊纤维，到航空和环保汽车所使用的复合材料，都可以找到泰科纳的产品。此外，泰科纳在全球范围内提供超过400种具有特殊性能的各类特级品。

选择正确的材料是开发有竞争力应用产品的一个重要条件。例如，某一汽车系统部件供应商在采用创新性的外嵌注塑成型时通过选用泰科纳热塑性工程塑料，不仅降低了成本而且也提升了天窗系统的性能。天窗上的滑动导轨和导风板结合了Hostaform®共聚甲醛自润滑性以及Celstran®长纤维增强热塑性塑料的强度和轻度。结果，这一注塑成型方法与泰科纳工程塑料的结合带来了高精度和高整合度的产品。

3.科技创新推出TCX™工艺技术

塞拉尼斯凭借化工生产的专业技术，开发出一种全新的使用非粮食作物、替代性原料生产乙醇的生产工艺。新技术将塞拉尼斯领先的乙酰基主要技术与新技术相结合，用天然气、煤和石油焦等基础碳氢化合物生产乙醇。大多数乙醇生产法需用粮食作物作为原料，而TCX新技术则不然。该专有工艺使得我们的生产设施可采用多种碳氢化合物资源如煤、天然气和石油焦等作为原料生产乙醇。这种灵活性使我们得以利用当地最丰沛的自然资源，减少对进口原料的依赖。与塞拉尼斯的其他世界先进技术一样，经过优化的TCX工艺技术同竞争者的工艺与进料相比更具成本优势。TCX技术采用业界一流的

生产工艺，能极为高效地将原料转化为乙醇，确保客户得到高品质且稳定的产品供应。此外，我们能以显著少于初始投资的成本将新乙醇生产设施的产能扩大到初始产能的两倍以上，从而使我们的产能与客户的需求同步增长。由于全球乙醇需求增长，TCX工艺技术提供了新的乙醇来源以满足行业需求。例如，当前中国工业用乙醇的年需求量约为300万吨，年增长率预计为8%～10%，市场需求与本地供给之间形成了较大的缺口。

TCX技术利用当地丰富的碳氢化合物自然资源，为满足需求提供了一种无需粮食作物的选择。利用上述资源意味着TCX技术不会对粮食供应造成影响，也不受气候或作物产量的影响。这项专有技术生产出的高品质乙醇可应用于涂料、油漆、油墨、杀菌剂、药品和燃料的生产。凭借TCX工艺技术，塞拉尼斯能向全球新老客户供应乙醇。塞拉尼斯致力于服务客户，将利用其全球网络向需求不断增长的地区供应这一产品。塞拉尼斯也在寻找机会在商业环境可行的地区将该技术应用到燃料乙醇的生产中。

## 四、可持续发展之道

如果将一个企业比作人体，产品是皮肤，那么企业文化就是其血脉所在。塞拉尼斯始终奉行以绩效为导向的企业文化，而环境监管理念是务实且以商业为主导的。塞拉尼斯周密细致的可持续发展实践配合完善的企业经营战略，双管齐下，不仅降低了公司经营活动对环境造成的影响，还提高了公司的经济效益。

即便面临全球经济危机的严峻挑战，塞拉尼斯依然坚定不移地执行公司内部战略方案，不仅减少了温室气体、废气排放量及废物量，还有效降低了能源及水资源消耗。较之以往，塞拉尼斯现在更专注于社会责任，关注环境监管并为我们的股东、员工和承包商创造价值。

塞拉尼斯前CEO魏德曼曾表示：我们已将塞拉尼斯转型为特种材料制造商，我们有充满吸引力的特种品业务组合，具有巨大的增长潜力。我们将继续执行各项发展战略，努力提升我们在创新技术、市场领导地位和卓越经营方面的优势，从而确保持续的盈利增长，并为各利益相关方创造卓越价值。

付出终有回报，2009年，塞拉尼斯先后荣膺由美国化学理事会（ACC）

颁发的极具声望的大奖："责任关怀持久杰出奖"，该奖项依据美国化学理事会制定的环境、健康与安全（EHS）业绩标准对长期保持领先业绩的杰出企业进行表彰。塞拉尼斯一直力争成为卓越的化工企业，制定了业内最激进的减排目标来不断挑战自我。以全力协助客户创新，开发出质量一流的环境友好型产品为宗旨，始终致力于减少温室气体排放和降低能源消耗。除了严格遵守规定之外，还提高安全事故的衡量尺度，以确保实现预期的持久改进目标；而且与中国同行及政府部门分享先进的安全管理专业知识，以提高中国化工行业广泛的安全意识，以此改进其过程安全规范。

塞拉尼斯相信，对于一个公司而言，经营方式与公司业绩同等重要。尤其在这个充满挑战的经济时代，正确的措施和导向将显得更为重要。只有一如既往地坚守企业核心价值观，并为公司员工和社区安全提供有力保障，依靠世界领先的科学技术和一流的员工队伍，怀抱坚定不移的责任感，以日复一日地勤勉工作为信念，才能再接再厉，不断创造佳绩。

# 创新探索

The Path of Innovation

## 创新为本　转型变革
## 做全球一流的特种化学品制造商

荷兰皇家帝斯曼集团

荷兰皇家帝斯曼集团（DSM，以下简称“帝斯曼”）以科技为立足之本，在全球范围内活跃于健康、营养和材料领域。帝斯曼拥有生命科学和材料科学领域的专长，并运用两者的独特结合不断推动经济繁荣、环境改善和社会进步，为所有利益相关方创造可持续的价值。帝斯曼服务于食品和保健品、个人护理、饲料、药品、医疗设备、汽车、涂料与油漆、电子电气、生命防护，替代能源以及生物基材料等终端市场，在全球范围内创造可持续的解决方案，促进营养、增强和保证产品功效、提高产品性能。帝斯曼全球22000名员工为公司创造了约90亿欧元的年销售额，其中10%从事研发工作。

帝斯曼的核心价值观是可持续发展。我们认为公司的一切行为都应该是可持续的。事实上，可持续发展不仅是公司的核心价值观，也已经成了公司主要业务推动力之一。例如，公司开发的营养、制药和生物医学解决方案，能够满足全球不断扩大并老年化的人口的需求。公司生产的性能材料可以用于生产重量更轻的汽车和飞机，因此降低燃油消耗。公司还生产用于风力发电和太阳能电池的材料，开发了不与食物供应链形成竞争的生物燃料技术，与我们的创新合作伙伴一起，为实现可持续的生物经济做出贡献。

在一百余年的历史上，帝斯曼经历了几次重大的转型，从煤矿、大宗化学品、特殊化学品到生命科学和材料科学公司。跨越一个多世纪的成功转型、变革与发展，使帝斯曼进入一个新时代，并将迎来新的飞跃。

## 一、成立之初：荷兰国有矿业公司

公司前身是1902年成立的荷兰国家煤矿公司。帝斯曼开发的煤田主要为烟煤，不适合作为家用能源，但很适合生产可用于多种工业用途和大型高炉的焦炭。于是，帝斯曼成了大型焦炭生产商，并生产大量适销的副产品，包括焦炉煤气以及利用焦炉煤气提取的苯和甲苯等化学品。副产品业务让帝斯曼从煤炭中获得了更多的价值，因此煤炭市场的周期性波动对公司影响较小。

帝斯曼的主要副产品——焦炉煤气最初主要用于市政供热，但到了20世纪20年代，法国和德国工程承包商开发了一种新技术，让焦炉煤气成为经济实惠的氢气来源。氢气是生产氨水的重要原材料，而氨水则是生产氮肥的主要中间材料。因此，帝斯曼决定向外部承包商购买氨水和氮肥生产技术，利用自有的焦炉煤气，大规模生产化肥。从而，帝斯曼从煤炭和焦煤产品中获得的价值进一步提高。

在开始生产化肥之前，帝斯曼与几乎控制了荷兰整个市场的农场合作社建立了密切的关系，并与外国代理商建立了经销网络，从而保证了市场的存在。帝斯曼于20世纪30年代初建立了第一家化肥工厂。

很重要的一点是，荷兰政府给予帝斯曼很大的经营自由，允许公司自主选择、实施多元化策略。帝斯曼是一家全国有企业，但是，1913年，荷兰政府指示帝斯曼最高管理层按私营企业的方式进行经营。与其他国有企业不同，帝斯曼没有垄断权，而是必须同其他企业开展竞争。荷兰财政部负责公司的总体支出，但是帝斯曼可以保留盈利以支持自己的公司运营。1939年之后，帝斯曼根据盈利纳税，同时向荷兰政府，也就是其唯一的股东给付红利。

## 二、二战后的进一步多元化：塑料和纤维中间体

二战结束后，帝斯曼决定进一步拓展升级其煤炭工业，计划在扩张已有化学品业务的同时进入新的业务领域。在该计划的开展和实现过程中，帝斯曼于1940年建立的专门研究机构发挥了极其重要的作用。

经过细致的考虑，帝斯曼决定进军塑料和纤维中间体领域。塑料和纤维中间体是当时炙手可热的新兴产业，美国的杜邦公司、英国的ICI公司和德国的IG Farben公司等领军企业都显示了很高的成长速度。此前，帝斯曼的中心实验室已经就塑料生产技术开展研究，表明塑料很适合帝斯曼的业务结构，因为帝斯曼可利用其已有的煤炭和焦煤产品作为原材料大规模生产塑料。帝斯曼之所以决定进入纤维中间体，是因为在二战之后，荷兰政府没收了德国一家公司在荷兰的已内酰胺（一种主要纤维中间体）的生产专利，并将该专利转让于帝斯曼。

同时，帝斯曼还加大了进军化肥市场的力度，于1949年开始生产复合化肥（含氮、磷和钾，因此称为NPK）。3年之后，帝斯曼建成了一家尿素工厂。

20世纪60年代后期，帝斯曼开始生产几种与前期产品密切相关的新产品。中心实验室开发了用尿素作为原料生产三聚氰胺的工艺，以及用已内酰胺为原料生产赖氨酸的生产工艺。帝斯曼还开展了聚乙烯研究，为公司开发EPDM合成橡胶奠定了坚实的基础。

起初，帝斯曼之所以实施多元化策略，是因为公司希望从煤炭和焦煤业务中获得更高的价值。所有化学品业务都采用煤炭和焦煤副产品作为原材料。但是，到了20世纪50年代末，煤炭和化学品之间的原材料纽带日益成为束缚公司发展的绳索。已内酰胺和塑料市场是日新月异的，竞争对手都采用更廉价的天然气和石油作为原材料，帝斯曼面临与许多企业的强大竞争。

为了维持公司在化学品市场的强大地位，帝斯曼公司管理层决定扩张化学品业务领域，建设大规模的化学品工厂，进一步实施多元化，最重要的是采用更廉价的原材料，例如利用天然气生产化肥，利用石油生产其他化学产品，尽管这样就与公司已有的煤炭和焦煤业务产生矛盾。1961年，帝斯曼启用石脑油裂解装置，并在1967年之后使用由鹿特丹港口输送的石脑油。1968年，帝斯曼与其他西北欧地区的化工公司一起开始建造一个乙烯管道网络，以降低乙烯基的运输成本，使自己的乙烯生产厂可以实现最优化的产能。

通过上述扩张和转型，到1955年，化学品业务占帝斯曼经营利润的比例

从1935年的29%上升到43%，到1965年更进一步上升到了86%。在此期间，帝斯曼化学品业务组合也发生了巨大的变化。1955年，塑料和纤维中间体占化学品销售总额的10%，10年之后，这个比例上升到了47%。

## 三、20世纪60年代末到70年代：帝斯曼完成“飞跃式前进”，完全转型为化学品公司

在20世纪60年代，欧洲经历了一次煤炭危机。相比石油和天然气，煤炭工业的经济效益很低，而且在荷兰提高煤炭开采产能的空间十分有限。1962年，帝斯曼公司的煤炭和焦煤业务首次出现亏损。3年之后，即1965年，荷兰政府宣布关闭国内所有煤矿。

在这种情况下，帝斯曼必须找到新的发展方向。帝斯曼认为公司现有化学品业务规模太小，因此希望与荷兰国内己内酰胺的主要客户AKU公司合并。可是，这个愿望落空了（1969年，AKU公司与KZO合并形成AKZO公司），帝斯曼只好单干。

面对这个挑战，帝斯曼的管理层并没有退缩，决定公司应该在20世纪50年代和60年代发展起来的化学品业务的基础上，启动“飞跃式前进”项目。要实现这一前进，就不能再依赖财政部的财力支持；1967年帝斯曼成为Naamloze Vennootschap（一家有限责任公司）。政府对公司的控制退一步到只决定公司监事会成员的任命和对公司政策的最后批复。帝斯曼必须取得外部的资金以支持公司的经营投资。另一方面，帝斯曼与其他公司组建合资公司变得更为容易。

转变煤炭相关业务的“飞跃式前进”项目有几条分支。首先，帝斯曼尝试向后一体化，保证化学产品生产的原材料供应。帝斯曼在荷兰天然气开采和经销领域已有所投资，曾经计划与皇家荷兰壳牌公司在林堡省共建冶炼厂，但该计划在1971年宣告失败，因此，帝斯曼决定参与北海石油和天然气田的开发。

此前，帝斯曼的产品大多属于中间体，供应给其他公司生产终端产品。但帝斯曼在那时决定向终端市场靠拢。于是，帝斯曼“飞跃式前进”项目的第二个分支就是向前一体化。1967年，帝斯曼收购了塑料产品生产商Curver公司，4年之后又收购了纺织品公司Macintosh Confectie的大部分股权。20世纪70年代初，帝斯曼还收购了几家建筑公司，1970年，公司收购了荷兰树脂

生产商Synres公司。对于帝斯曼而言，并购成了进入新市场并创造增长机会的新路径。

除了向前一体化，帝斯曼还实施横向多元化，开始生产PVC、聚丙烯和ABS等塑料制品和丙烯腈等纤维中间体，因为公司拥有生产上述所有产品的必要原材料，而且，这些产品都是主流产品，拥有巨大的市场，可以实现大规模生产。

为了开展“飞跃式前进”项目，帝斯曼对公司组织结构进行大改组。公司管理层认为，从煤炭和焦炭公司转型为化学品公司，不仅意味着公司要生产新的产品，要进入新的市场，也意味着公司要采用新的经营方式：帝斯曼必须实现各业务部门的独立管理。于是，帝斯曼分三步实施机构改组，将原来按职能部门划分（包括各职能单元，如研发、生产、市场和人事，所有这些部门都由最高管理层控制和协调）变成按业务部门划分的组织设置。每个业务部门都有各自的生产、市场和人事部门。帝斯曼保留其中心研发机构并且从那时起，研发项目在很大程度上由业务部门的需要决定并给予经济支持。到1975年，组织结构实现完全变革。

与此同时，帝斯曼不懈努力扩张精细化学品业务。1971年，帝斯曼的精细化学品业务部门，即特殊化学品的销售额达到100万荷兰盾，到1981年，该部门的销售额飙升到了9100万荷兰盾（不过，这还只占帝斯曼化学品业务销售总额的1%。精细化学品在当时还是小众产品）。帝斯曼的精细化学品包括苯基甘氨酸（一种用于抗生素中的氨基酸）和酶。由于精细化学品的研究与环境研究相交叉甚至重叠，因此，这意味着帝斯曼跨入生物技术领域的第一步。

“飞跃式前进”项目是帝斯曼从煤炭和焦炭公司转型为化学品公司的最后推动力。1970年，帝斯曼的化学品销售额为7亿荷兰盾，而10年之后则达到了79亿荷兰盾。不过，其他公司也实现了扩张，这导致化学品行业出现产能过剩现象，压缩了利润空间。1974年后，帝斯曼的利润大幅下降，不得不削减成本。



## 四、20世纪80年代：大宗化学品整合，精细化学品及材料行业增长

1979年第二次石油危机之后，全球经济出现下滑，包括帝斯曼在内的许

多化学品公司发现，多元化策略并没有让他们幸免于周期性波动。于是，帝斯曼选择了当时化学品行业通行的“双战略”。大宗化学品业务（帝斯曼依然认为大宗化学品为其核心业务）的目标是整合和精简，而具有高利润潜力的知识密集型新产品则承担增长的任务。对于这些新产品，研究是必不可少的。

20世纪80年代初，上述“创新推动增长”的战略并没有得到开展，因为帝斯曼在1982年遭受巨大亏损，这也是公司有史以来第一次。这次亏损给公司产生了巨大影响，也导致了公司开展又一轮合理化调整。1983年，帝斯曼决定撤出建筑行业，于是出售了建筑公司的权益。同时，帝斯曼还削减了研究预算，压缩了研发团队规模。

不过，1984年，帝斯曼摆脱了1982年的危机之后，全力研究寻找新的增长性业务，因为公司已经清楚认识到，大宗化学品业务已经到了增长的极限。帝斯曼的目标对准精细化学品（包括生物技术）和材料，将它们认定为公司的主要增长领域。在一定意义上，帝斯曼是顺从了行业趋势，但这个选择是与公司的技术能力相称的。

帝斯曼的中心研究机构将这个新战略方向演绎成为公司长期（5～10年）发展计划。这个计划起初由总公司运作，等形成具体项目计划，可以进行商业化推广之后，将交由各个业务部门经营。这样就保证了发展计划和公司战略之间的紧密协调，也确保中心研究机构和各个业务部门之间能协同努力。

公司发展计划促成了帝斯曼旗舰产品之一的诞生：帝斯曼迪尼玛Dyneema®，世界上最强的纤维。20世纪60年代初，帝斯曼的研究人员意外发现，聚乙烯可以制成超高强度的纤维，之后开展了大量的基础研究，经过反复的实验和测试，从而形成了今天的迪尼玛产品——在同等直径下强度超过钢材15倍的超强纤维。

20世纪80年代也是帝斯曼精细化学品业务发展至关重要的时期。对于精细化学品业务，帝斯曼的战略是通过自主增长和针对性收购实现关键数量。1985年，帝斯曼及其日本合作伙伴东曹株式会社（Tosoh）共同组建荷兰甜味剂公司，生产人工甜味剂阿斯巴甜。帝斯曼在20世纪70年代的酶和氨基酸研发工作为这个业务提供了必要的知识基础。同样，利用这个知识基础，帝斯曼还于1987年收购了荷兰制药中间体公司Andeno，建立了氨基酸业务部门。帝斯曼还与世界最大的酶生产商Novo公司合作，取得了关于酶生产的关键技术和知识。此外，帝斯曼还与许多外部研究机构建立网络，强化公司的生物技术知识基础，并寻求长期发展机会。

## 五、20世纪90年代：专注于核心业务，国际化

1990年，帝斯曼完成了一个广泛研究，从化工行业到帝斯曼自身的前景探索（DSM2000）。研究发现，化工行业前景仍十分乐观，因为化工行业能够催生出许多其他行业的新发展。然而，另一些研究表明，对一个化工业务而言，其产品能达到一定的规模和数量并在市场上占领先地位是至关重要的。由于资源有限，帝斯曼不可能实现所有业务都达到关键的规模和数量，因此公司决定专注于一些关键业务，并尽力保持或达到市场领导地位，这些领域包括：基础化学和材料、性能材料、精细化工和塑料产品。通过自主性增长以及并购和联盟，帝斯曼在这些领域达到了市场领先地位。

对于某些产品（例如性能材料和精细化工），帝斯曼的目标是扩张市场，达到全球化规模。而对于其他产品则专注于达到在欧洲的市场领导地位。

20世纪90年代中期，帝斯曼的增长战略转向于高附加值的产品，例如性能材料、特种化学品和精细化工产品。其中最重要的原因之一，是作为帝斯曼从前的最大股东，荷兰政府分两次（1989年和1996年）抛售了帝斯曼的股份，这意味着帝斯曼必须面对私人股东和投资机构的不同需求。公司最高管理层认为，高附加值的产品能够确保公司赚取更稳定的收益（对经济周期的敏感度更小），从而公司的股票对私人投资者更具吸引力。

1998年，帝斯曼收购吉斯特–布罗卡德斯（Gist-brocades）公司，迈出了从大宗化学品向精细化学品转型的重要一步。帝斯曼和吉斯特–布罗卡德斯于1994年与肯孚（Chemferm）联手组建了合资公司。吉斯特–布罗卡德斯生产盘尼西林和为食品行业提供香味增加剂和防腐剂等配方。通过收购该公司，帝斯曼还获得了发酵和酶技术。吉斯特–布罗卡德在食品和饲料产品用酶方面拥有丰富的经验，弥补了帝斯曼在这个领域的空白。帝斯曼前几年在精细化学品领域形成的能力也与吉斯特–布罗卡德极为相称。在并购吉斯特-布罗卡德之后，帝斯曼在生命科学产品业务的销售额提高了一倍以上，约占帝斯曼总销售额的26%。

帝斯曼将它在精细化工领域的现有业务与吉斯特–布罗卡德一起合并归入生命科学产品群，反映出这些业务活动的重要战略意义。从那时起，帝斯曼的业务由三个产品群组成：生命科学产品、性能材料和聚合物及工业化学品。公司将聚合物及工业化学品业务所产生的现金流投入到另外两个产品群以实现增长。除了产品组合的转变，帝斯曼还在转变其销售区域方面做出努力。

到2000年，帝斯曼希望其60%的销售额发生在欧洲，20%在美洲，其余20%在亚洲和全球其他地区。

## 六、2000年及之后：转型为生命科学和材料科学专业公司

2000年，帝斯曼公布了它的愿景2005：聚焦与价值战略。这一战略是对世界经济的不断全球化和因此而产生的在石油化工行业、制药和食品行业的聚集趋势的应对。这一战略旨在将帝斯曼从当时的主要的大宗化学品生产商转型成为一个占领先地位的多元化的特种化学品制造商。这就要求帝斯曼必须退出石油化工业，并且能够在生命科学和性能材料两方面取得快速的增长，即那些有高附加值、强劲的增长能力和稳定利润水平的产品。

2001年，帝斯曼将在Energie Beheer Nederland（参与天然气和石油开采活动）的业务权益出售给了荷兰政府。2002年，帝斯曼将聚乙烯、聚丙烯和乙烯业务权益出售给了一家沙特阿拉伯公司SABIC，并用所获得的收入收购了瑞士制药公司罗氏的维生素和精细化学品业务，该交易于2003年9月完成。这一并购为帝斯曼生命科学产品群带来了遍布于50多个国家的7500名员工。正如其对吉斯特–布罗卡德斯的并购，对罗氏的这一并购为帝斯曼的销售和利润带来了极大的收益。并被购的维生素和精细化工部被重命名为帝斯曼营养产品部。

在2000年至2005年期间，帝斯曼的产品组合还发生了多个改变。2000年并购美国Catalytica制药，成立其现在的帝斯曼制药产品部。2001年成立帝斯曼工程塑料产品部，2005年出售烘焙辅料（除了烘焙酶）业务单员和苯乙烯–丁二烯橡胶业务，同年并购树脂生产商利康树脂，以扩大其在性能材料领域内的涂料树脂产品组合。到2005年，帝斯曼几乎80%的销售额来源于生命科学产品和性能材料。另外，帝斯曼的产品群进一步得以调整，其财力基础更为坚实。帝斯曼的股东也因此而获利：在愿景2005期间，帝斯曼的整个股东回报率为215%。

每三到五年，帝斯曼会进行一轮公司战略对话。公司内的许多人员被邀请其中，讨论公司的业务机会、挑战、风险、成功因素和绩效指标等。其讨论的结果就是公司接下来三到五年的发展战略。每一个业务集团也会有一个相类似的流程来讨论各业务的具体发展战略。通过这些途径，确保公司内部有足够的支持来保证战略的实施，并且成功的可能性也随之提高。

2005年10月，帝斯曼宣布了下一年的五年战略："愿景2010——扬长出击"战略，并于2007年9月宣布加速实施该战略的一系列更新目标。主要目标是完成公司向生命科学和材料科学公司的转型。而完全转向于这两个领域的原因，是帝斯曼能够完全迎合从全球四大关键趋势而衍生出的市场需求，即公司所提出的"气候与能源"、"健康与安康"、"功能与性能"以及"新兴经济体"。

帝斯曼完成转型的最后一步，是出售非核心业务，并完成有选择的并购。帝斯曼向Orascom出售了其化肥和三聚氰胺业务，向Teknor Apex出售了热塑弹性体业务，向LANXESS（朗盛）出售了其他弹性体业务，并对其他一些更小的业务进行剥离。2010年底帝斯曼与全球领先的微量营养素创新者Martek（马泰克）公司达成并购协议。

愿景2010还包括了一系列的创新目标。帝斯曼希望成为一个以创新为本的企业，目标到2010年实现10亿欧元额外创新销售，扩展技术基地，设立长期以市场为导向的增长平台。帝斯曼于2006年成立创新中心以推动创新进展。值得一提的是，这个创新中心由新兴业务领域和其他一些创新增长平台组成，这些平台使用了帝斯曼在生命科学与材料科学领域专业之所长和两者的交叉创新。目前，新兴业务领域包含帝斯曼生物医药、帝斯曼生物基产品和服务以及帝斯曼高级涂层。为了更好更快地发展创新，帝斯曼引入了开放式创新的理念，即与其他任何可能的合作者合作创新。

最后，愿景2010为各项业务设立了增长和利润目标，在新兴经济体的增长目标（包括在中国实现10亿美元销售额）。

尽管经历了2008年的金融危机，但帝斯曼努力完成了愿景2010的各项目标。为强调和突出转型的完成，帝斯曼于2011年启用了全新的公司品牌：缤纷科技，美好生活™。公司整装待发，向着下一步的目标迈进。

帝斯曼目前所实施的战略（2011—2015战略）——"专注目标，锐意进取"是在全球经济面临空前挑战的情况下开始的。预计到2050年，全球人口总数将从现在的70亿增长到90亿。另外，人口老龄化、城市化和日趋富足也是显著的特征。总的来说，这些都需要更多的社会资源。而这些可以归结到三个全球关键趋势：全球重心转移、气候与能源、健康与福利。帝斯曼将致力于为其客户提供创新和可持续的解决方案，以应对由这三大趋势而来的社会和市场需要。

帝斯曼的雄心是充分使用其在生命科学和材料科学的独特能力，以四大增长支柱为动力，即高增长经济体、创新、可持续发展和并购与合作，将这四大动力带入下一个发展阶段。同时帝斯曼将最大化地利用这四大增长支柱，使之互相支持，并产生出更多的业务机会。通过这些途径，帝斯曼能够实现其为我们和我们的后代创造更美好生活的使命，实现专注增长和成为真正全球化公司的目标。

## 七、帝斯曼在中国

帝斯曼自1963年起与中国开始贸易，十几年前开始在华投资。帝斯曼中国地区总部和研发中心位于上海。目前，帝斯曼在中国拥有22个生产场地在内的31个分支机构，员工约3000人。帝斯曼在中国的业务健康稳步发展，2011年的销售额超过20亿美元。

2011年10月，帝斯曼中国科技中国在上海开幕，证明了公司在中国实现长期增长的决心。中国科技中心的开幕，标志着帝斯曼在中国的发展进入了一个新的阶段。经过在中国和亚洲市场将近50年的经营，帝斯曼正形成本地化经营模式，并对中国的创新和可持续发展做出贡献。

帝斯曼的各个业务部门都在高增长经济体积极寻求增长机会。帝斯曼将持续密切关注中国市场，预期到2015年，帝斯曼在中国的销售额将增长到30亿美元。为了支持这个增长目标，帝斯曼希望在此期间在中国投资10亿美元。此外，帝斯曼还将三个业务部门的总部从欧洲转移到亚洲，分别位于中国上海、香港和新加坡。

帝斯曼还在许多领域建立了合作伙伴关系和合资企业。帝斯曼抗感染产品部与中化集团组建了各持50%股份的全球合资企业，这是帝斯曼公布公司新战略以后的重要里程碑之一。帝斯曼还与中石化集团在南京建成世界最大的己内酰胺工厂，总投资将达到3亿美元。帝斯曼和中石化还将在中国建设世界级复合树脂工厂。

# 创新探索

The Path of Innovation

## 探索全球特殊化学品集团的重组与发展之道

朗盛

朗盛（LANXESS）是全球领先的特殊化学品供应商，总部位于德国勒沃库森，在全球30个国家拥有48个生产基地，员工16700多名。朗盛的核心业务包括开发、生产并销售塑料、橡胶、化学中间体产品和特殊化学品。2011年销售总额约为88亿欧元，其中朗盛大中华区2011全年销售额突破了9.9亿欧元，同比增长24%。去除汇率变化以及产品线调整等影响因素，销售额增长18%。朗盛在大中华区的员工人数约1000名，在上海、北京、广州、香港、无锡、青岛、铜陵、溧阳、南通、常州拥有10家下属企业（含3家合资公司），6个研发中心。

### 一、重组：剥离与收购并举

2005年1月31日，经整合拜耳集团化学品及聚合物业务，朗盛挂牌成为一家在德国上市的独立公司。朗盛（LANXESS）由法语动词“lancer”（意指“向前开拓”）和英语名词“success”（成功）合二为一。

公司成立初期，朗盛面临重重困难。一方面，当时朗盛极度依赖成熟却收益低下的业务，急需向增长领域实现转变，吸引新的投资者，挽留住当时的股东。另一方面问题则来自于德国本土的运营，公司当时受到德国工会制订的解雇协议限制，该协议旨在保护德国员工权益。为赢取未来的发展，朗盛在业务领域展开了深层次的变革。

朗盛通过了一个总额为15亿欧元的战略剥离方案以优化其业务组合，其中包括2006年出售力施展聚合物业务（Lustran Polymer），这是朗盛最大规模单个剥离计划，其出售金额达到9亿欧元。朗盛还出售了iSL-Chemie业务部和Borchers有限公司。

在剥离业务的同时，公司也制定了一个战略收购计划，帮助公司走上快速发展的轨道。2006年12月，朗盛完成收购南非CISA公司，此举为朗盛迈向针对化工业的全球铬矿最大供应商打下了坚实的基础。一年之后，公司收购了巴西最大的合成橡胶生产商Petroflex公司，该公司之后成为巴西朗盛弹性体公司。2008年，朗盛并购位于上海金山的氧化铁颜料生产厂，实现了在华的第一笔并购，金山工厂是中国最大、最先进的黄色和黑色氧化铁颜料生产基地。并购进一步巩固了朗盛无机颜料业务部门（IPG）的市场领先地位，确保了原料供应的独立性。2009年，公司收购位于江苏地区的三羟甲基丙烷（TMP）的工厂，同期在印度完成了对于Gwalior化工有限公司的收购，进一步巩固其高品质工业中间体（AII）的地位与产品线。2010年，公司继续迈开收购步伐，出资3.1亿欧元收购帝斯曼公司的弹性体业务，即以Keltan为品牌的三元乙丙橡胶（EPDM）。

朗盛通过一系列收购和扩张，聚焦亚洲市场，让公司不断成长，成为特殊化学品全球领导者，也是全球最大的合成橡胶生产商，奠定了一家独立运营企业的牢固地位，为赢取未来的成功打下了坚实基础。

在运营方面，成立伊始，朗盛重新定义了企业组织结构，朗盛旗下的各个业务部在各自领域独立运营，确保管理层具备较强的自主意识，又提高了适应外部挑战的必要的灵活性。

## 二、发展策略：价格优于销量决策

朗盛的质量为本策略让客户可以得到行业内中最顶级的产品，朗盛也能在原材料价格日益攀升的年代，交出比同行更为出色的答卷。

为了确保稳定的有机增长，朗盛拥有多样化的产品组合，涵盖了满足众多领域所需的各类产品。最重要的领域包括轮胎、化学品、汽车、农业和农用化学品行业以及电子、皮革、水处理、医药、油漆、家具、印刷出版、制鞋和包装行业。与此同时，公司还非常注重维护多元化的小客户群。

“我们积极管理我们的产品组合，聚焦特殊化学品以及以技术为依托的产品。因而，朗盛能够为客户提供所需的特殊化学品，而且产品具备非同一般的高品质。”集团首席执行官贺德满博士（Dr.Axel C.Heitmann）如是说。

朗盛以质量为本的策略，与一系列成功的并购举措，帮助公司在持续增长的道路上阔步前行。朗盛2011财年销售额和利润同时创下历史新高，其中销售额同比增长23%，达到87.75亿欧元。常规业务范围内的息税折旧及摊销前利润同比攀升25%，达到11.46亿欧元，首次突破10亿欧元大关。

公司2011年常规业务范围内的息税折旧及摊销前利润边际增长率为13.1%，2010年该数字为12.9%。公司净收入达到5.06亿欧元，相比2010年同期增长1/3，大幅超越销售增长速度及息税折旧及摊销前利润的增长幅度。这些成绩都得益于价格优于销量的正确决策。

继2011年的良好成绩，朗盛2012年第一季度实现开门红，常规业务范围内的息税折旧及摊销前利润同比增长约15%，达到3.69亿欧元。第一季度集团销售额同比约增长15%，达到24亿欧元。这其中9%主要得益于集团的产品提价策略，成功抵消了原材料成本的上涨。鉴于今年集团取得了良好的开端，预计2012年朗盛常规业务范围内的息税折旧及摊销前利润有望比2011年同期增长5～10个百分点。这意味着，公司将超越2011年同期创下的历史纪录。

与此同时，朗盛股票在短短几年间，从开盘价15.75欧元飙升至60欧元。朗盛股票2005年1月31日正式挂牌交易，仅仅一年之后，便完成了首次股息派发，成为全球股票市场上耀眼的明星。

## 三、创新与绿色解决方案提供发展潜力

全球的经济发展也为世界的环境形成了挑战。朗盛充分意识到绿色机动化、农业发展、城市化浪潮以及水资源保护等全球发展趋势对于其全球业务的重要影响。这四大发展趋势为公司带来了巨大的发展空间。为了帮助解决这些全球大趋势带来的各项挑战，推动全球客户获取成功，朗盛以世界级的专业技术和源自德国的独创精神，针对这些领域推出了绿色解决方案，借助产品创新推动世界各地的可持续发展，为各行业提供卓越的产品。在过去的2011财年，集团资本支出在2010年的5.01亿欧元基础上提升36%，达到6.79亿欧元；研发支出为1.44亿欧元，同比提高24%，研发部门的员工在2011年增加了200名，达到730名。而在2012年，朗盛预计资本支出为约6亿欧元，研发投入同比提高40%，研究人员的数量也将按需增加。

举例而言，朗盛宣布2012年为“绿色机动化年”，并推出了一系列创新型化工产品，助推环保节能的机动化浪潮。为了确保在技术领域的领导力，公司大力投资创新技术，这些技术帮助客户获得更优质的产品并生产顶尖的高附加值可持续性发展产品。

2011年，朗盛集团在“绿色机动化”领域的产品和技术销售收入占集团销售总额的17%，约为15亿欧元。这一数字在2015年将大幅提升到27亿欧元。

在应对全球环境挑战方面，除了推出质量卓越的产品，朗盛还身体力行。2007年，朗盛将气候保护列为其全球使命，时至今日，朗盛已经交出了出色的成绩单：从2007年至2012年，朗盛德国工厂的温室气体排放减少了约80%。

## 四、中国策略

公司成立伊始，全球客户还是把朗盛当作拜耳的一部分，朗盛在短期内也得益于这种诠释。当时，美国和德国的客户继续购买朗盛的产品，因为他们对企业及其产品十分了解并信任。然而，朗盛在中国的开局则不同。公司选择了用全新的朗盛品牌向市场推出产品，朗盛在中国以全新的方式定义品

牌形象，依托具有中国特色的市场营销和客户分析，制定出以立足中国发展为驱动力的公司战略。

面对中国市场，朗盛设定了四个目标：寻找朗盛完美融入中国市场的切入点，确定现有客户业务的切入点，明白中国客户购买化工产品的意愿，了解中国客户对朗盛产品和市场营销手段的看法。

朗盛的13个业务部都在中国开展业务，中国的生产基地生产工程塑料、橡胶、颜料和皮革化学品，客户涵盖在中国经营的本土公司和跨国公司。其中，朗盛的合成橡胶、高科技塑料是轮胎和汽车零部件的关键材料。朗盛抓住了中国汽车行业和轮胎行业的蓬勃发展，以及绿色机动化的大趋势的契机，其三大橡胶业务部门以及生产高科技塑料的高性能材料业务部推动中国乃至全球业务强劲增长。

由溶聚丁苯橡胶（SSBR）和钕系顺丁橡胶（Nd-PBR）产品在市场上持续受到欢迎，杜力顿®（Durethan®）和保根®（Pocan®）产品的销售增长尤为强劲。以高科技塑料产品取代原有的金属部件，能够有效降低汽车车体重量，提高燃油效率、减少碳排放，从而使绿色机动化成为可能。除此之外，市场对朗盛的Keltan三元乙丙（EPDM）橡胶产品的需求也呈井喷式增长，该产品主要用于生产汽车门密封条和雨刮器。与此同时，朗盛所有业务部门均提升了产品价格，有效转移了原材料价格上涨带来的影响。

朗盛关注中国市场的特殊需求并做出相应调整的战略取得了成效，朗盛大中华区的增长势头强劲。2011年朗盛大中华区（包括港澳台地区）销售业绩再创历史新高，销售额突破9.92亿欧元（18亿美元），同比增长24%。去除汇率变化以及产品线调整等影响因素，销售额增长了约18%。大中华区销售额占集团总销售额的11%。

为展示集团服务全球机动化发展大趋势的承诺，2012年9月6日，朗盛集团在上海举办了“机动化日”活动。该活动构建一座交流平台，各界嘉宾共同探讨如何应对绿色机动化带来的挑战。

本质而言，朗盛中国已经实现了长足的发展，从建立之初，把德国制造的产品引入中国市场，到如今，立足中国，在当地生产德国设计的产品。在未来几年中，朗盛更计划不仅仅在中国生产、设计新产品，同时面向中国市场，并出口至欧洲和北美市场。

## 五、持续投资中国

自朗盛集团成立以来，中国一直在集团的增长战略中处于尤为重要的地位。朗盛在中国持续投资，最新投资举措包括：在江苏省常州市新建一座皮革化学品工厂，打造全新的皮革化学品工厂，这一地处江苏省东部的工厂预计在2013年前建成投产；与台橡公司（TSRC）共同出资成立朗盛-台橡（南通）化学有限公司生产丁腈橡胶，该工厂已于2012年5月投产，初始年产能为3万吨丁腈橡胶，主要用于满足中国市场需求。

除生产基地，朗盛还在中国建立多个研发中心。朗盛在青岛投资约1000万欧元成立的高性能橡胶研发中心，由朗盛工业橡胶制品、丁基橡胶和高性能顺丁橡胶业务部共同运营管理。研发中心毗邻青岛科技大学，朗盛将与这所知名大学携手，共同开展密切合作。

朗盛在无锡建有皮革化学品研发中心、半结晶产品研发测试中心和针对材料保护品的微生物检测实验室。此外，朗盛为北京橡胶工业研究与设计研究所的丁二烯橡胶研究提供大力支持，自2007年以来朗盛便与该研究所展开联合研发合作。

2012年中，朗盛宣布，新建一个亚太应用开发中心。该中心选址香港科技园区，将于2012年下半年投入使用，与已有的无锡研发中心互为补充，以开发和评估用于汽车产业的材料解决方案。

## 六、中国——坚实朋友和战略合作伙伴

朗盛在中国的发展已经远远超越了业务合作伙伴范畴，它已经视中国为其战略合作伙伴。

朗盛长期专注于开发可持续发展解决方案，并在全球范围内对气候友好技术与制造流程进行投入。这些环保努力为公司赢得了许多嘉奖，例如：朗盛无锡生产基地采用严格的管理方法，科学地循环使用清洗反应釜产生的废水，以此极大降低了耗水量，使水消耗减少了80%多，每吨产品耗水量也因此降低了55%。朗盛无锡生产基地被中国国家环保总局评为中国第一家“国家环境友好企业”，中国邮政总局特此发行了牡丹主题纪念邮票以表彰朗盛

在环保方面的贡献。

朗盛非常重视其行业领先地位，积极开展社会服务和教育工作。2007年开始，朗盛将最杰出的青年交响乐团带入中国，这支交响乐团是由中德两国最具天赋的青年音乐家组成的，是“朗盛欧洲青年古典音乐节中国巡演”活动的组成部分。通过向杰出的青年人才提供各类学习机会，朗盛展示出其一贯承诺，即协助社会，投资未来。

朗盛对其中国员工的投入得到了媒介和独立研究机构的广泛认可。朗盛化学（中国）有限公司凭借出色的人力资源政策，在2010年和2011年连续两年荣获由国际企业研究基金会（CRF）颁发的“年度中国杰出雇主奖”。这一殊荣并非仅仅源于优秀的人力资源政策，更是肯定了朗盛的管理文化和企业精神，正如朗盛品牌所言："朗盛为化学注入非凡活力”。

# 后 记

作为中国石油和化学工业联合会2012年的七项重点工作之一，以“调结构、转方式”为主题的《创新探索》一书终于在枫叶红遍、层林尽染的季节付梓了。

“调整产业结构、转变增长方式”是我国“十二五”乃至今后更长一段时期的工作重点，在石油和化工行业显得尤其重要。在“十一五”末，我国的石油和化工行业已经跃居世界第二位，在“做大”方面已经引领风骚，但是在“做强”方面，我们还有很长的路需要走。

于是，联合会的领导和专家们汇聚在一起，开始了《创新探索》的构思。迎着2012年的岁初雪花，典型企业名单诞生了。春暖花开时节，调研组分别由联合会的几位会领导带队，奔赴祖国各地，开始了紧张而有序的实地考察。所到之处，我们一次次地被感动着、震撼着。我们欣喜地看到，这些典型企业，在令人难以置信的环境下迎难而上，顽强转型发展，创造了一个又一个奇迹，为中华民族屹立世界之林做出了应有的贡献。荡气回肠的典型事迹激励着我们白天考察，晚上讨论。很快，第一批初稿完成了。

拿到初稿后，联合会领导多次主持召开专题会议，对典型材料逐个会商，反复推敲，提出了具体修改意见，要求与企业再次沟通、交流，力求精彩、完美。

2012年5月，在联合会召开的全国石化行业“调结构、转方式”经验交流大会上，10家典型企业代表登台发言，通过媒体报道后，立刻在全行业引起强烈反响，进一步坚定了我们做好这项工作的信心。此后，联合会委派专人对书稿进行修订，并与企业再次进行交流，最终形成定稿。

李勇武会长亲自为本书写序，李寿生、李润生、赵俊贵、周竹叶副会长以及潘德润主任对每篇经验进行了分析点评，他们孜孜以求的精神令人十分感动。此外，为了丰富本书的内容，我们还专门开辟了“它山之石”专栏，收入了5家跨国公司的典型经验，对我们提升国际竞争力，建设百年企业，具有很好的借鉴作用。

典型企业对联合会的工作进行了热烈回应。企业的老总们不仅安排了专门人员配合工作，而且在百忙之中亲自介绍经验和体会。延长石油集团、天津渤海集团、鲁西化工集团、烟台万华公司、软控股份公司等一批企业还为本书的出版提供了大力支持。

28家典型企业的相关人员配合这项工作付出了艰苦努力；联合会相关部门的同志参与了调研工作，提出了许多好的建议，有的同志还亲自执笔撰写材料；中国化工经济技术发展中心专门组织工作班子，为本书的出版做了大量的组织编写工作；化学工业出版社为本书的出版提供了支持，在此一并表示感谢！

由于水平有限，加之此项工作本身也是一种创新探索，不足之处希望广大行业专家和读者谅解和指正。

编　者

2012年10月